SHAKESPEARE

O QUE AS PEÇAS CONTAM

EDIÇÕES DE
Janeiro

BARBARA HELIODORA

SHAKESPEARE

O QUE AS PEÇAS CONTAM

TUDO O QUE VOCÊ PRECISA SABER
PARA DESCOBRIR E AMAR A OBRA DO MAIOR
DRAMATURGO DE TODOS OS TEMPOS

Este livro foi revisado segundo o Acordo Ortográfico da Língua Portuguesa de 1990, em vigor no Brasil desde 2009.

Editora
ANA CECILIA IMPELLIZIERI MARTINS

Coordenadora de produção
CRISTIANE DE ANDRADE REIS

Assistente editorial
ALINE CASTILHO

Copidesque
SILVIA MARTA VIEIRA

Revisão técnica
LIANA LEÃO
ROBERTO ROCHA

Projeto gráfico e capa
ANGELO ALLEVATO BOTTINO

Imagem de capa
JANET & ANNE JOHNSTONE / BRIDGEMAN IMAGES

Revisão
MICHELE MITIE SUDOH

H417s

Heliodora, Barbara

Shakespeare: o que as peças contam: tudo o que você precisa saber para descobrir e amar a obra do maior dramaturgo de todos os tempos / Barbara Heliodora. - 1. ed. - Rio de Janeiro : Edições de Janeiro , 2014.

il. ISBN 978-85-67854-21-2

1. Shakespeare, William, 1564–1616. 2. Literatura - História e crítica - Teoria, etc.I. Título.

14-15745 CDD 822 CDU 821.111-2

EDIÇÕES DE JANEIRO
Praia de Botafogo, 501, 1º andar, bloco A
22250-040 | Rio de Janeiro, RJ
Tel.: (21) 3796-6708
contato@edicoesdejaneiro.com.br
www.edicoesdejaneiro.com.br

Este livro é dedicado
às minhas filhas,
Priscilla, Patricia e Marcia;

aos meus netos,
Guilherme, Julia, Laura e Sophia;

e aos meus bisnetos,
Pedro, Isabela e Felipe.

SUMÁRIO

WILLIAM SHAKESPEARE

ÀS VEZES A FAMA ATRAPALHA. O simples fato de tentar entender a obra de Shakespeare a partir de um ponto de vista de muita erudição e pompa, de enquadrá-lo nesta ou naquela categoria, de aprisioná-lo no rol de homenageados e ilustres impede o reconhecimento de um aspecto importantíssimo: William Shakespeare foi essencialmente um autor popular.

Aqueles que nunca leram uma peça de sua autoria adoram argumentar que "ele escreve em verso...", como se isso fosse justificativa forte o bastante para evitar passar perto da obra do autor. Adotando este tipo de postura, muita gente mais perde do que ganha. Como não lembrar, por exemplo, que todos os autores de teatro desde a Grécia Antiga até o tempo de Shakespeare escreviam em verso? Primeiramente porque o texto em verso traz beleza, sonoridade. Depois porque houve um tempo, antes do século XX, em que se acreditava na forma como parte da natureza das artes. Por último, pode-se dizer que os versos ajudam o ator: quando são ditos com entonação e ritmo devidos já sugerem o caminho para expressar o conteúdo de uma boa história.

William Shakespeare nasceu em 1564 e morreu em 1616. Foi um excepcional gênio criador teatral e dramático, sem nunca perder as referências de sua época e sem nunca deixar de ser, principalmente, um homem de seu tempo. Shakespeare aprendeu a escrever teatro seguindo o exemplo de seus antecessores imediatos, Christopher Marlowe, Thomas Kyd e Robert Greene, que inauguraram esse rico período do teatro denominado elisabetano. Ele escreveu precisamente o mesmo teatro que seus colegas estavam produzindo. Coube-lhe com certeza algum talento extra e foi este o diferencial em relação aos seus contemporâneos e o fator primordial que explica a longeva permanência do autor e de sua obra até os nossos dias.

O pai de William chamava-se John. Era fabricante de luvas e cintos de pelica, além de comercializar a carne dos animais cuja pele curtia. John era filho do agricultor Richard, que trabalhava nas terras de um ramo menor da importante família Arden. John declarou sua independência ao mudar-se da rural Snitterfield para Stratford-upon-Avon. Na cidade, conseguiu comprar duas casas na rua Henley, que hoje podem ser visitadas, sendo conhecidas como *Shakespeare's Birthplace* (Local de Nascimento). Na verdade, ninguém sabe em qual das duas casas geminadas William nasceu, pois em uma morava a família e na outra John tinha seu local de trabalho. Hoje, a residência é mobiliada com peças da época, mas sem a pretensão de terem sido de fato da família do autor teatral.

William foi o terceiro filho de John e Mary Shakespeare a nascer na rua Henley, o primeiro filho homem e o primeiro a chegar à idade adulta. Ninguém sabe exatamente o dia em que ele nasceu, mas há boas pistas. Na época existia uma lei (por causa da eterna presença da peste bubônica) segundo a qual as crianças tinham de ser batizadas no máximo dentro de uma semana após o nascimento, preferivelmente até o primeiro domingo. Na Igreja da Santíssima Trindade ainda existe o livro no qual se lê que "Gulielmus, filius Johannes Shakespeare" foi batizado no dia 26 de abril. Como ele faleceu no dia 23 de abril, o aniversário é comemorado sempre nesta última data, que coincide com o dia de São Jorge. Com isso, a Inglaterra passou a festejar seus dois "padroeiros" em um dia único.

Se na ocasião do nascimento do menino todos tivessem sido alertados para o fato de o mundo estar recebendo seu mais famoso dramaturgo, é claro que não teriam sido poupados esforços para que sua vida fosse esquadrinhada e acompanhada em todos os aspectos. O pai de William tornou-se prefeito de Stratford e viu seu filho prosperar enormemente, a ponto de poder dizer ter enriquecido com o teatro. Com os recursos auferidos pelo trabalho, William comprou a segunda maior e melhor casa da cidade e viveu plenamente o seu tempo. Persiste a reclamação infundada sobre a falta de documentação que comprove todos os momentos de sua existência, tanto particular quanto profissional. No entanto, em comparação com o que se sabe sobre outros autores seus contemporâneos, a vida e as atividades de Shakespeare são bastante conhecidas, registradas em documentos oficiais, cartas, menções e referências feitas por atores e autores que atuavam na mesma época que ele.

Naquele tempo, o mais comum era que os filhos dos moradores da cidade fossem aprender as primeiras letras com o sacerdote da paróquia, em uma escolinha chamada *petty school* (por influência do francês *petit*, "pequeno"). Depois, com seis ou sete anos, eram encaminhados para a *grammar school* local, fundada na metade do século XV, no reinado de Henrique VI. Toda a documentação escolar da época de Shakespeare perdeu-se no tempo, mas como a frequência era gratuita e sabe-se que John Shakespeare ocupou uma série de postos na administração de sua cidade, não há dúvidas de que o jovem William frequentou este colégio

Soam estranhas as elucubrações a respeito de Shakespeare ter sido obrigado a abandonar o colégio aos treze anos, a fim de ajudar o pai que, inexplicavelmente, havia falido. Cabe relembrar que o colégio era gratuito, o que leva a crer que a família não tinha a despesa de formação escolar.

Stratford era ponto de parada na estrada principal que ligava o norte e o sul da Inglaterra, com tropas tendo de passar por lá quando havia levantes no norte ou guerras com a Escócia. O condado tinha participado nos acontecimentos da Guerra das Rosas (1455-1485), o imponente e histórico castelo de Warwick ficava a poucos quilômetros de lá, e só um pouco mais distante estava Kenilworth, o castelo do conde de Leicester onde houve uma fantástica festividade por ocasião da visita da rainha Elizabeth, em 1575, quando Shakespeare tinha onze anos, e ele pode ter caminhado até lá com o pai para assistir aos festejos. A floresta de Arden, que aparece várias vezes em suas peças, era ali perto, cheia de lendas que a tradição oral preservava, e o condado é uma parte particularmente bela da Inglaterra.

Sua formação parece ter sido sólida e, ao que tudo indica, ele partiu para Londres com um ótimo aproveitamento do currículo da *grammar school.* Esse nível de conhecimento somado à sua aguçada inteligência, sem dúvida, deixou William preparado para assimilar tudo o que a vida à sua volta lhe oferecia.

Um outro aspecto da atividade escolar pode ter sido de grande ajuda: em um caderno (chamado *the commonplace book*), o aluno devia anotar pensamentos e bons sentimentos, expressados de forma elegante e agradável, uma ótima preparação para um futuro escritor. E se os primeiros quatro anos eram dedicados quase unicamente ao aprendizado de latim, nos três últimos havia aulas de lógica e retórica, tudo igualmente positivo para estimular o talento de William.

Aos 18 anos, William se casou com Anne Hathaway, de 26. Há registros esparsos a respeito do enlace, que aconteceu no mês de novembro de 1582. Foi necessária uma dispensa especial para que os jovens se casassem, pois o período era vedado pela igreja para a celebração de bodas. A documentação oficial do casamento nunca foi encontrada, e pode ter sido propositadamente "apagada" por puritanismo, já que a primeira filha do casal, Susanna, nasceu em 26 de maio do ano seguinte, apenas seis meses após ocorrer o matrimônio.

Dois anos mais tarde, Anne e William tiveram um casal de gêmeos, Hamnet e Judith. Hamnet morreu com onze anos, em 1596, mas as duas filhas cresceram e se casaram, sendo que a linhagem direta acaba nos netos do dramaturgo.

Os anos passados entre o nascimento dos gêmeos, em 1585, e a violenta crítica a Shakespeare escrita por Robert Greene, em 1592, são chamados "os anos perdidos" e constituem inesgotável fonte de toda espécie de especulação sobre a vida do poeta. De todas as muitas histórias, no entanto, a que sempre pareceu mais confiável foi escrita por John Aubrey (1626-1697), segundo informações de Christopher Beeston (1579-1638), ator que representara na mesma companhia que Shakespeare. Nos últimos anos do século XX, Beeston parece ter sido finalmente confirmado, com a descoberta do fato de Shakespeare ter passado algum tempo contratado por uma família como tutor de seus filhos e também organizando espetáculos para a família.

Há correntes que questionam a produção de Shakespeare, alegando que ele não tinha preparo para desenvolver obra de tal relevância. Isso se deve, sobretudo, à ausência de documentação escolar somada a uma falta de informação sobre os "anos perdidos". Quando estavam sendo completados 50 anos da morte de Shakespeare, aventou-se a possibilidade de sir Francis Bacon (1561-1626) ter escrito as peças. A teoria não foi adiante naquele momento, porém foi retomada quase cem anos mais tarde, aí sim, com certa dose de escândalo e repercussão.

A maioria das imputações de ignorância e mau comportamento feitas a Shakespeare tem origem nos escritos da americana Delia Bacon (1811–1859) que dedicou boa parte de sua obra a artigos e livros que apontavam sir Francis Bacon como autor das obras de Shakespeare. Além disso, ela o denunciava como "o ladrão de Stratford", com base na mítica história de que Shakespeare deixara a cidade por ter roubado um alce nas terras de sir William Luce. Segundo a autora, ele era tido como "um homem vulgar e analfabeto", que trabalhava em "um grupo de atores sujos, vira-latas". Tudo não passa de suposição, uma vez que nada do que se sabe sobre a vida de Shakespeare tenha peso bastante para confirmar essas afirmações.

Na direção oposta à preconceituosa argumentação de Delia Bacon, estudos realizados no século XX comprovaram que a *grammar school* de Stratford era uma das que pagavam aos seus professores os mais altos salários de toda a Inglaterra. Por força de localização privilegiada, podia contar com mestres graduados pela Universidade de Oxford, o que sugere ter o jovem William recebido uma sólida educação. Além de doses maciças de latim, o currículo ali ensinado incluía regularmente o estudo (e até mesmo a encenação) das comédias de Plauto e Terêncio, assim como o estudo das tragédias de Sêneca, tanto por sua rica linguagem retórica quanto pela grande preocupação que tinha o trágico latino com valores éticos e morais, bem como com a natureza do mal e sua presença constante na vida humana.

Como ninguém conseguiu provar nada – apesar de ter sido fundada a Associação Bacon com o objetivo de levantar fatos sobre a vida do autor –, outros escritores, com a mesma fome de encontrar informações originais a respeito de Shakespeare, saíram em campo e novas histórias vieram de toda parte. Apesar de o conde de Essex ser o mais cotado nos dias de hoje – com associação, debates, seminários que defendem essa autoria –, a verdade é que enquanto Shakespeare foi vivo e trabalhou ninguém duvidou de sua identidade. Como será possível aceitar que o erudito e vaidoso Ben Jonson (1572-1637) escrevesse seu fantástico elogio para a primeira edição da obra dramática completa de Shakespeare se as peças não tivessem sido de fato escritas por seu amigo? Por que seus colegas de palco, Hemings e Condell, se dariam o trabalho de promover essa mesma primeira edição, cheia de elogios póstumos na apresentação, se o amigo não fosse o autor dessas peças que os dois conheciam tão bem? Mas a fome por descobertas surpreendentes é inesgotável, como comprova a numerosa lista de nomes que alguns artigos e livros sugerem ser do verdadeiro autor dos textos de Shakespeare:

William Alexander, conde de Stirling
Anthony Bacon (irmão de sir Francis)
Barnabe Barnes
Richard Barnfield
Sir John Bernard
Sir Charles Blount (Lorde Mountjoy, conde de Devonshire)
Richard Burbage (primeiro ator da companhia de Shakespeare)
Robert Burns, escritor
William Burns
Robert Cecil (conde de Salisbury, secretário da rainha)
Henry Chettle
Samuel Daniel
Thomas Dekker, dramaturgo

Robert Devereux, segundo conde de Essex
Walter Devereux, primeiro conde de Essex
John Donne, pensador e poeta
Michael Drayton, dramaturgo
Sir Edward Dyer
Rainha Elizabeth
Henry Ferrers
John Fletcher, dramaturgo
John Florio
Robert Greene, dramaturgo
Bartholomew Griffin
Thomas Heywood, dramaturgo
Os jesuítas
Ben Jonson, dramaturgo
Thomas Kyd, dramaturgo
Thomas Lodge, poeta, dramaturgo
John Lyly, poeta, dramaturgo
Christopher Marlowe, poeta, dramaturgo
Mary, rainha da Escócia
Thomas Middleton, dramaturgo
Anthony Munday, dramaturgo
Thomas Nashe
Henry, Lorde Paget
George Peele, dramaturgo
Henry Porter
Sir Walter Raleigh
Os rosa-cruzes
Thomas Sackville, Lorde Buckhurst, conde de

Dorset, dramaturgo
Sir Anthony Shirley
Elizabeth Sidney, condessa de Rutland
Mary Sidney, condessa de Pembroke
Sir Philip Sidney
Wentworth Smith
Edmund Spenser, poeta
William Warner
Thomas Watson
John Webster, dramaturgo
Anne Whateley
Robert Wilson
Thomas, cardeal Wolsey
Henry Wriothesley, conde de Southampton

O fato de Mary da Escócia, por exemplo, ter morrido em 1587, antes de Shakespeare começar a escrever, ou de Robert Greene ter morrido em 1592 e Christopher Marlowe em 1593, ou seja, quando Shakespeare estava começando a carreira, não parece atrapalhar a imaginação dos que querem apresentar seus candidatos ao posto de autor da obra dramática mais famosa do mundo.

Muito embora ninguém saiba exatamente quando Shakespeare resolveu se dedicar ao teatro, costuma-se lembrar de pelo menos duas companhias teatrais que se apresentaram em Stratford quando John Shakespeare era prefeito. O filho certamente deve ter visto os espetáculos. É igualmente possível que pai e filho tenham ido a Kenilworth, a cerca de quinze quilômetros, para os extraordinários festejos que o conde de Leicester promoveu por ocasião de uma visita da rainha, como foi mencionado. Sejam estes ou não fatores determinantes, o fato é que Shakespeare chegou a Londres em algum momento entre 1588 e 1590.

Capital do país, centro que atraía todos os que tivessem qualquer assunto a tratar com o governo, ou no qual o governo pudesse ter alguma influência, Londres era tanto o centro da disputa pelo poder e de incríveis intrigas como também o eixo no qual a cultura e as artes eram mais incentivadas. E a época era particularmente rica em ideias e acontecimentos. Ainda era recente a execução de Mary da Escócia (1587), e foi em 1588 que se deu o episódio da grande armada espanhola, enviada por Felipe II como braço armado do Vaticano, tendo por objetivo destronar Elizabeth e fazer voltar o catolicismo ao poder. A derrota da Espanha, a grande potência europeia daquele momento, serviu para elevar a Inglaterra ao grupo de países de primeira grandeza na Europa.

Se a época era excitante na área política, o que dizer do teatro, se foi exatamente na temporada que vai do outono de 1587 até a primavera de 1588 que, com a estreia de *Tamerlão*, de Christopher Marlowe, e *A tragédia espanhola*, de Thomas Kyd, explodiu nos palcos londrinos o fantástico e riquíssimo período de memoráveis dramaturgias e encenações que leva o nome de teatro elisabetano. Toda uma série de outras peças, dos mais variados gêneros, foi estreando, em uma verdadeira avalanche de textos de novos autores.

Estes foram responsáveis por uma dramaturgia rica e flexível, que era não só entretenimento de primeira qualidade como também o portal para toda espécie de novos horizontes, pois tratava do vasto leque de temas que se passavam nos mais variados países e épocas. Foi esse o teatro que Shakespeare encontrou quando chegou a Londres.

É provável que ele tenha começado sua carreira no teatro como ator, mas mesmo assim ele precisaria de algum período de aprendizado, pois a profissão era exigente e todos os integrantes de grupos teatrais sabiam que um mau ator ou um espetáculo amadorístico afastavam o público, que estava descobrindo o encanto desse novo teatro. A novidade era que, no palco, eram contadas histórias maravilhosas com uma linguagem linda, atraente o bastante para os ingleses da época irem ao teatro "*to hear a play*" ("ouvir uma peça"), já que a sonoridade das falas e o ritmo dos versos constituíam realmente uma atração especial.

Se ninguém sabe ao certo em que ano William Shakespeare chegou a Londres, fato é que a partir desse momento sua vida é documentada com considerável fartura. É razoavelmente provável que ele tenha sido ator contratado da companhia dos Pembroke's Men (assim chamada por ter como patrono Lorde Pembroke), mas que também tenha trabalhado com os Strange's Men. As duas companhias desapareceram durante os quase dois anos que os teatros de Londres ficaram fechados em função da mais grave epidemia de peste registrada neste período histórico. Conta-se que os Pembroke's Men, para encerrar as atividades, venderam o principal acervo da companhia: os textos das peças que montavam. Destas, cinco eram títulos shakespearianos, tendo sido todas compradas pela nova Chamberlain's Men, cujo nome era o do posto que seu patrono, Lorde Hunsdon, ocupava na corte de Elizabeth I. Na organização da nova companhia foram também assimilados o acervo e os atores do grupo de lorde Strange.

As atividades de Shakespeare nos primeiros anos de sua vida londrina são um pouco nebulosas. Porém, a publicação, em 1592, do panfleto de Robert Greene denominado "A Groatsworth of Wisdom Bought With a Million of Suffering" (em tradução livre, "Um tostão de sabedoria comprada com um milhão de sofrimento", o primeiro documento em letra de forma referente ao Homem de Stratford, como o chamam os que não querem que Shakespeare seja ele mesmo) é prova definitiva de que, a essa altura, ele já estava fazendo sucesso. Ninguém gastaria tempo atacando autores desconhecidos ou fracassados.

Greene fora o criador da comédia romântica elisabetana, com as peças *James IV* e *Friar Bacon and Friar Bungay*, de 1591. Já perto da morte, depois de uma vida alternada entre a total devassidão e os períodos de arrependimento e autoflagelação, ele escreve um panfleto (publicado após sua morte) queixando-se da ingratidão dos atores, e aconselha os colegas dramaturgos, Christopher Marlowe, Thomas Nashe e George Peele, a desconfiar deles:

A esses cavalheiros seus outrora conhecidos, que gastam seus talentos fazendo peças, R.G. deseja melhores atividades, e sabedoria que evite suas ações extremas.

As mais virulentas queixas de Greene se voltam para Shakespeare, a quem faz as piores acusações:

Fiquem alertas, todos os três, se não ficarem avisados pela minha miséria: pois em vocês (como em mim) não é provável que esses parasitas se agarrem; esses bonecos (quero dizer) que falaram das nossas bocas, esses palhaços adornados com nossas cores. Não é estranho que eu, a quem todos eles têm sido devedores; não é provável que a vocês, a quem eles todos têm sido devedores, devamos todos (se estiverem vocês no caso em que eu estou agora) ser logo esquecidos por eles? Sim, não confiem neles: pois agora há um corvo novato, embelezado com as nossas plumas, que, com o seu coração de tigre envolto em pele de ator, supõe ser tão capaz de produzir bombasticamente um verso branco tão bom quanto o melhor de vocês; e, sendo um Johannes Factotum absoluto, é em seu próprio conceito o único sacode-cena do país. Quem me dera poder persuadir seus raros talentos a serem empregados em atividades mais proveitosas, e deixar esses macacos imitarem suas excelências passadas, e nunca mais deixá-los conhecer suas admiradas invenções.

São vários os indícios de que Shakespeare seria o objeto dessas críticas mais violentas: "coração de tigre envolto em pele de mulher" é uma fala da terceira parte de *Henrique VI*, no ato II, cena IV, linha 137, peça de Shakespeare que alcançara considerável sucesso; o Factotum, faz-tudo, vem do fato de o poeta ser não só autor e ator mas também capaz de pegar textos de má qualidade e reformulá-los com sucesso; sacode-cena é obviamente uma brincadeira com o nome Shakespeare, sacode-lança (shake-spear).

O texto de Greene, por sua agressividade, atesta o sucesso do jovem ator-autor vindo de Stratford, e ainda ajuda a promovê-lo, já que, três meses depois da publicação, o editor William Chettle agregou a uma publicação subsequente seu pedido de desculpas a Shakespeare, a respeito de cuja integridade ele só tinha ouvido elogios.

Durante os quase dois anos em que os teatros ficaram fechados em função da violenta epidemia de peste (de meados de 1592 até meados de 1594), William Shakespeare trabalhou para ser reconhecido como poeta, já que a escrita para o teatro era tida como atividade menor. Ele compôs dois longos poemas, "Vênus e Adonis" e "A violação de Lucrécia", ambos na linha do que estava mais em moda, de tom um tanto erótico, sobre temas da Mitologia e da Antiguidade clássica. Os poemas foram dedicados ao conde de Southampton, grande patrono das artes. Com esse gesto, que previa algum pagamento por parte do homenageado, é bastante plausível a ideia de que tenham vindo de Southampton as cem libras usadas por Shakespeare para entrar de sócio na companhia dos Lord Chamberlain's Men, para a qual escreveu com exclusividade até o fim da carreira. Além disso, a partir do início dos anos 1590, já começavam a circular ao menos os primeiros sonetos da série de 154 que Shakespeare escreveu e que foi publicada em 1609.

O longo período de fechamento dos teatros foi fatal para vários grupos, mas a reorganização em 1594 estabeleceu definitivamente as duas grandes companhias que dominariam o teatro inglês por quatro décadas: a Lord Chamberlain's Men, da família Burbage, da qual Shakespeare era sócio, e a Lord Admiral's Men, de Philip Henslowe e Edward Alleyn. Ambas se apresentavam com frequência na corte, ambas mostravam alto nível de produção e interpretação, com a Chamberlain's tendo Richard Burbage como primeiro ator e com Edward Alleyn ocupando a mesma posição na Admiral's.

A partir de 1594 o nome de Shakespeare aparece em folhas de pagamento de espetáculos na corte e há vários outros tipos de referência a suas atividades na mesma companhia, como autor ou ator. Ao que parece, ele nunca foi um grande ator, e pouco se sabe com certeza a respeito de sua carreira; diz a tradição que ele foi o velho Adam em *Como quiserem* e o Fantasma em *Hamlet*. Já houve estudiosos que alegavam ser ele o intérprete dos reis que apareciam em suas peças, e quem afirmasse que ele fazia papéis de homens mais idosos mas cruciais para a ação, como o rei Duncan em *Macbeth*. Outras correntes defenderam a atuação de Shakespeare como o duque de Éfeso, em *A comédia dos erros*, o rei da França Carlos VI, em *Henrique V*, frei Pedro ou Tomás em *Medida por medida*, o duque de *O mercador de Veneza* e o duque de *Otelo*, todos papéis secundários, porém significativos.

É preciso notar, no entanto, que, apesar de Shakespeare trabalhar incessantemente em Londres até o início de 1611, ainda neste mesmo ano, em uma questão judicial, ele se declarou residente de Stratford. Na verdade nunca abandonou Stratford, nem a família. Todo o muito dinheiro ganho no teatro foi direcionado para sua cidade. Lá Shakespeare investiu regularmente, não só em terras como também em vários outros negócios. Quando, em 1605, adquiriu o direito de receber os aluguéis de algumas propriedades que anteriormente tinham sido da Igreja católica, é descrito como William Shakespeare de Stratford-upon-Avon. É na cidade natal que ele mantém suas raízes, comprando New Place, a segunda melhor casa do lugar, para sua moradia, e comprando também a casa chamada Hall's Croft, para a filha mais velha, Susanna, que depois da morte do pai se mudou para a imponente residência.

O sucesso econômico levou Shakespeare não só a tornar-se um cidadão importante de Stratford como também a renovar, em 1596, o pedido feito por seu pai ao Colégio de Armas vinte anos antes, para que lhe fosse concedido um brasão de armas com o lema "*Non sanz Droict*", o que o faria ser reconhecido como um *gentleman*. Vários atores, colegas do filho William, também obteriam o direito de serem chamados assim; porém, como o título foi concedido a John Shakespeare, William já seria *gentleman* filho de *gentleman*, um degrau acima na escala social, um símbolo de status na época.

Em Londres, só se conhece um único investimento de Shakespeare, fora suas diferentes ligações com o teatro: em seus últimos anos na capital, ele comprou a Gatehouse, local da antiga portaria de Blackfriars, o velho e vasto mosteiro cujas paredes abrigavam as mais variadas atividades, inclusive o pequeno teatro de palco italiano pertencente aos Chamberlain's Men. Nunca se soube qual teria sido o objetivo de Shakespeare ao fazer tal aquisição já que, pouco tempo depois, ele se mudou para Stratford, sem ter, ao que parece, jamais utilizado essa propriedade.

Tendo perdido seu único filho homem, Shakespeare tratou sua filha mais velha, no testamento, como eram tratados na Inglaterra os filhos mais velhos: ela foi sua herdeira universal, com a exceção de doações específicas para sua irmã, Joan, e alguns amigos do teatro, e do que tem causado sempre grande comoção: ele deixa para sua mulher, Anne, a "segunda melhor cama". É possível que por lei a esposa já herdasse alguma coisa, mas como Susanna herdaria tudo, inclusive a casa e tudo o que havia nela, talvez o poeta estivesse apenas garantindo que Anne pudesse ficar com a cama que preferia. Contudo, ninguém sabe a razão exata que justifica esse gesto, o que o torna motivo de especulação.

Um dos argumentos usados pelos que querem que Shakespeare seja outra pessoa é o fato de ele não ter deixado, no testamento, uma única palavra a respeito de suas peças; mas a verdade é que, naquele tempo, não havia nada a respeito de direitos autorais. Todos os autores, inclusive Shakespeare, vendiam suas peças por um preço fixo (em torno de seis libras) para a companhia de atores que as quisesse montar, depois do que o autor não tinha mais qualquer direito sobre o texto, tanto para publicação como para montagem.

As companhias não gostavam, na verdade, que os textos fossem publicados, porque quem tivesse o texto em mãos podia montá-lo.

A última peça que Shakespeare escreveu sozinho, a trigésima sexta, ainda em Londres, foi *A tempestade*, em 1611; depois disso, instado pela companhia, escreveu *Henrique VIII*, em colaboração com John Fletcher, que o sucedeu como principal dramaturgo na companhia Lord Chamberlain's Men. Estes, aliás, desde a morte da rainha Elizabeth, em 1603, tinham o patrocínio do novo rei, James I, passando a companhia a ser conhecida como The King's Men ("Os Homens do Rei"). Mais recentemente, têm sido atribuídas à mesma parceria as peças *Os dois parentes nobres* e *Eduardo III*.

Em abril de 1616, ele vivia seus tranquilos últimos anos em Stratford. Sem qualquer informação precisa a respeito das verdadeiras circunstâncias, consta que William Shakespeare, depois de sair uma noite para tomar umas cervejas com amigos, inclusive Ben Jonson, apanhou um resfriado e morreu ao fim de uma semana, no dia 23, quando completava 52 anos.

Não houve sinal razoável que sugerisse, ainda que levemente, que o filho de John e Mary Shakespeare viesse a ser o maior autor dramático de todos os tempos. Gosto de acreditar que ele foi alçado a essa condição de forma muito justa, especialmente por causa do grande caso de amor com a humanidade vivido ao longo de toda a vida. Em todas as suas peças Shakespeare explora o potencial humano que o fascina, e pelo qual cultiva curiosidade inesgotável. Nas ações dos homens Shakespeare encontrava sua essência, e por isso mesmo seu talento encontrou a melhor expressão na forma dramática.

A riqueza do que Shakespeare tem a dizer sobre a humanidade que tanto amava aparece em centenas ou milhares das falas que escreveu. Dando um passeio por suas peças, podemos encontrar exemplos do muito que a leitura de cada uma delas pode nos trazer em termos de prazer e de enriquecimento.

O TEATRO QUE NASCIA EM LONDRES

SHAKESPEARE CHEGOU A LONDRES EM 1588, com o teatro em plena efervescência. No reinado de Henrique VIII, o primeiro monarca realmente renascentista da Inglaterra, o país vinha passando por ampla transformação, em particular desde a separação da Igreja católica, precipitada pela questão do divórcio de Catarina de Aragão. Dada a importância dos parentes espanhóis da rainha, Henrique não conseguiu as mesmas facilidades que os reis geralmente tinham quando se tornava mais conveniente terminar o casamento.

Entre os representantes dos comuns, eleitos pelo povo no Parlamento, já era considerável a porcentagem de protestantes de várias denominações; mas a nobreza, que ascendia automaticamente a esse mesmo Parlamento, era toda católica, e por motivo de conveniência (ou talvez sobrevivência!) política, após o estabelecimento da Igreja inglesa, Henrique

VIII "enobreceu" uma série de comerciantes bem-sucedidos e protestantes, equilibrando o voto dos lordes.

Muito além da importância política dessa atitude do rei e de seus reflexos na economia e na estrutura social do reino, a ideia de que, a qualquer momento, por algum sucesso comercial ou feito heroico, um indivíduo poderia ser "enobrecido", estabeleceu uma mudança comportamental. Os integrantes da classe média passaram a estudar mais, a investir em casas e roupas melhores e mais elegantes, e a cultivar mais as artes. A meta era manter-se apto para a sonhada possibilidade de ser alçado ao segmento mais privilegiado do país. O teatro foi a mais alta expressão de toda essa transformação.

O inglês moderno é oficialmente datado de 1500, portanto o reinado de Henrique VIII (1509–47) foi o primeiro no qual a literatura passou a ser toda produzida, com algumas variações semânticas, no idioma que se fala até hoje. Naquele momento os avanços estavam apenas começando e vieram a florescer plenamente no reinado de Elizabeth, filha de Henrique e de sua segunda mulher, Ana Bolena. O teatro, introduzido na Inglaterra no século XII por meio de dramatizações religiosas que a Igreja católica usava em todas as áreas da Europa que dominava, já tinha saído das igrejas e se transformado bastante, quatrocentos anos mais tarde.

Essa expansão do teatro foi principalmente motivada pelo fato de os primeiros diálogos terem sido transformados em vasta série de pequenas dramatizações muito bem recebidas pelo público. Sua popularidade fez com que, em inúmeras cidades, fossem regularmente apresentados os chamados "ciclos", ou seja, conjuntos de pequenas peças que contavam a história bíblica, desde o Gênesis até o Juízo Final. Como os ciclos só eram realizados na época de Corpus Christi, foi preciso buscar um caminho para ter apresentações em outras épocas do ano. Foi quando apareceu um novo segmento temático – as vidas de santos –, com espetáculos promovidos nas várias datas de celebração dos biografados.

Já no século XIII, começaram a aparecer grupos de ingleses que, querendo fazer teatro o tempo todo, abandonavam suas profissões para se tornarem atores. Era um passo muito arriscado, porque não existia o ofício de ator, e sem pertencer a uma profissão reconhecida, esses cidadãos itinerantes poderiam ser presos em função da sua condição de "homens sem amo". Esses grupos, no entanto, ganharam força e, o que é mais interessante, fizeram aparecer autores, já que, fora da igreja, ficavam proibidos de apresentar as peças religiosas.

O caminho não foi fácil: as peças escritas por esses autores eram muito primárias, porém, já que muitas vezes se inspiravam em acontecimentos da vida real – crimes, roubos ou adultérios –, iam conseguindo atrair público. Seu maior mérito era o de confiar na capacidade da plateia para entrar em sintonia com o que era dito, estimulando a sua imaginação para que completasse o que era falado ou feito em cima da carrocinha. Essa carroça tinha diversas funções: servia de residência para os atores, de meio de transporte e de palco. A verdade é que esses espetáculos, até mesmo os melhores, eram realmente primários e simplórios. Com o passar do tempo tinham tudo para perder a graça e não atender mais às demandas do público do século XVI, que vinha querendo aprimorar-se também do ponto de vista cultural e artístico.

Nesta altura, o teatro romano – no qual as ações sempre aconteciam fora de cena e eram apenas comentadas nos diálogos – era estudado, e até mesmo montado, tanto nas conhecidas *grammar schools* como nas universidades. Influenciadas por essa corrente, novas formas dramáticas começaram a aparecer. Aos poucos, os autores foram aprendendo a organizar enredos mais amplos; a leitura dos romanos ia estimulando maior preocupação com a linguagem e a forma no diálogo. Em 1551, aparece *Gorboduc*, obra de dois poetas, Thomas Norton e Thomas Sackville. Foi a primeira tragédia senecana não só em inglês como no verso branco[1] que os elisabetanos iriam adotar como forma ideal para sua dramaturgia, e alcançou razoável sucesso, principalmente entre a plateia mais erudita, merecendo várias edições até o final do século.

Dois anos depois, em 1553, aparece a primeira comédia inglesa nos moldes romanos, *Ralph Roister Doister.* Uma segunda comédia, *Gammer Gurton's Needle*, foi montada dois ou três anos mais tarde. A diferença dessa nova dramaturgia começava a ser notada pelo fato de os autores, em lugar dos modestos artesãos que armavam as peças religiosas como atos de fé, serem homens de alto nível cultural. A primeira comédia foi composta pelo diretor do famoso *grammar school* de Eton, e a segunda, por um professor da Universidade de Cambridge.

1 Versos brancos são aqueles que possuem métrica, mas não rima. (N.E.)

Essas obras não chegaram a alcançar o grande público. Foi somente ao fim de muitas tentativas e com o amadurecimento das transformações sociais que o teatro conseguiu, afinal, alcançar um nível até então inédito e motivador do surgimento de talentos como Shakespeare.

Quando Elizabeth assumiu o trono, em 1558, a Inglaterra estava praticamente falida. O entusiasmo do perdulário Henrique VIII, pai da rainha, havia colocado as finanças em estado caótico. Elizabeth já tinha pelo menos três décadas no trono quando, com a vitória sobre a invencível armada espanhola, em 1588, consegue algum respiro administrativo. Ali, realmente começa o que hoje chamamos de teatro elisabetano.

Foi um grupo de jovens poetas – quase todos nascidos em modesta classe média, em locais onde provavelmente tiveram oportunidade de ver o que restava do popular teatro medieval, associando muito contato com o teatro romano em seus estudos – que conseguiu realizar a proeza de aproveitar o que de melhor havia em cada uma das correntes da dramaturgia. O instrumento usado para operar esse milagre literário e cênico foi a poesia. Esse grupo, conhecido em seu conjunto como *university wits* – o que seria em tradução algo como a reunião dos espíritos universitários, ou melhor, dos talentos universitários –, ao ver o sucesso da poesia de sir Philip Sidney (1554-1580), de algum modo percebeu que era preciso propor algo novo. Especialmente porque as peças apresentadas nos teatros profissionais não estavam mais atraindo nem satisfazendo um público agitado com mudanças, com descobertas geográficas e científicas, com acontecimentos políticos marcantes, entre eles a execução de Mary Stuart e a vitória inglesa sobre os espanhóis.

Sem nenhum embasamento teórico, tendo como únicos guias a necessidade e a vontade de agradar ao público, já em 1584 aparece *The Arraignment of Paris* (*A indiciação de Páris*), de George Peele, que aproveitava a popularidade das poesias e baladas sobre a Guerra de Troia e os deuses gregos. Em 1588, aparece *Endymion*, de John Lyly, que se passa em um banco lunar. Em 1588, vem *Friar Bacon and Friar Bungay*, de Robert Greene, que mistura história com comédia romântica. Até que, finalmente, na temporada entre 1587 e 1588, duas obras fazem realmente o teatro elisabetano explodir, obtendo mais sucesso que todas as centenas de peças igualmente poéticas e cheias de ação. Essa explosão de criatividade dura até o fechamento dos teatros pelos puritanos, em 1642.

Não se sabe exatamente qual das duas estreou primeiro, mas costuma-se admitir que a teatralidade de *The Spanish Tragedy* (*A tragédia espanhola*), de Thomas Kyd, já captou a imaginação da plateia um pouco antes da esplendorosa estreia do *Tamburlaine* (*Tamerlão*), de Christopher Marlowe. A primeira não é apenas uma tragédia sangrenta e senecana, mas também uma tragédia de vingança, o molde para *Hamlet*, de Shakespeare. Já a segunda possui tom épico: a primeira parte mostra apenas a implacável ascensão de Tamerlão, sendo trágica só para os vários reis que ele vence e mata, tudo envolto na poesia de Marlowe. É com estas duas peças notáveis – ambas servindo de modelo e inspiração para uma enorme quantidade de autores – que o teatro elisabetano realmente ganha força.

Quando Shakespeare chega a Londres encontra um rico e variado panorama da nova dramaturgia de poetas, que não obedecia a nenhuma regra ou estética predeterminada, e que era aprovada ou não simplesmente pelo teste do palco: o que funciona no palco, o que chega bem ao público, é aceito e imitado. Olhando para as peças que Shakespeare escreveu em seus primeiros anos, encontramos uma variedade de gêneros que pode muito bem sugerir que ele tenha inicialmente observado o que estava sendo apresentado e concluído que seu sucesso dependia da habilidade para dominar aquelas formas dramáticas.

Em 1576, James Burbage, antigo carpinteiro, achou que Londres estava suficientemente madura para ter um teatro, isto é, um edifício construído especialmente para que nele fossem apresentadas peças teatrais. Ele arrendou um terreno ao norte da muralha da cidade, para escapar dos preconceitos contra a sua arte, e lá ergueu o Theatre, inspirado nos pátios quadrados das hospedarias onde o seu grupo costumava se apresentar país afora. Os que cercavam o palco pagavam menos. Mas também havia opções para bolsos mais recheados e o teatro oferecia lugares um pouco mais caros para quem quisesse ficar sentado. Ninguém na plateia ficava muito longe do palco.

O Theatre, construído em torno de um pátio central, era quadrado: em um dos lados havia a única porta de entrada para espectadores, onde era cobrada a entrada; junto à parede oposta ficava o "palco exterior", de madeira, que se projetava para o centro do pátio. A maioria do público ficava de pé, no pátio, em volta do palco, que devia ter em torno de um metro e vinte centímetros de altura. Nas duas paredes laterais e acima da porta de entrada, havia dois níveis de arquibancadas, cada uma com apenas duas filas de assentos, que custavam mais caro. Ao fundo do palco exterior, já dentro da própria estrutura do edifício, ficava o "palco interior", que podia ser separado do exterior, maior, por uma cortina, e acima deste (na altura da arquibancada superior), havia o "palco superior", usado quando a ação ia para o alto das muralhas de uma cidade, ou para o famoso balcão de Julieta. Havia um clima de intimidade, e a poesia do texto dito pelos atores ajudava a criar a misteriosa química que une palco e plateia durante o chamado milagre cênico que resulta do bom espetáculo teatral.

Neste livro, você vai encontrar uma apresentação inicial das peças de Shakespeare, com um resumo do enredo de cada uma delas e de seus personagens, entremeado por citações de trechos. A intenção principal ou primordial é, sem dúvida, derrubar o falso mito que envolve o teatro de William Shakespeare e o define como coisa dificílima, privilégio de poucos eleitos. A ideia aqui, ao contrário, é mostrar Shakespeare como um autor altamente popular, que transitava bem entre o drama e a comédia e escrevia para o grande público, confiando na inteligência e na imaginação do espectador e sempre oferecendo tanto o divertimento quanto a informação.

O APRENDIZADO

A COMÉDIA DOS ERROS (1594)
TRABALHOS DE AMOR PERDIDOS (1598)
TITUS ANDRONICUS (1594)
OS DOIS CAVALHEIROS DE VERONA (1598)
1 HENRIQUE VI (1590)
2 HENRIQUE VI (1591)
3 HENRIQUE VI (1592)
RICARDO III (1592)

CHEGANDO A LONDRES em algum momento entre 1588 e 1590, Shakespeare parece ter ficado fascinado pela variedade de formas e gêneros apresentados nos palcos da cidade. Resolvido a seguir a carreira de dramaturgo, passa a escrever, já de início, em vários desses gêneros, como a comédia romana, a comédia romântica, a tragédia senecana e a peça crônica, numa tentativa de dominar todo o vocabulário teatral que iria usar. Nesse período, as peças de Shakespeare têm, de modo geral, elencos muito numerosos. Delas serão relacionados, em todos os casos, apenas os personagens principais.

A COMÉDIA DOS ERROS
(1594)

PERSONAGENS

EGEU, MERCADOR DE SIRACUSA
ANTÍFOLO DE SIRACUSA E ANTÍFOLO DE ÉFESO,
GÊMEOS, FILHOS DE EGEU E EMÍLIA
DRÔMIO DE SIRACUSA E DRÔMIO DE ÉFESO,
ESCRAVOS GÊMEOS DOS ANTÍFOLOS
ADRIANA, MULHER DO ANTÍFOLO DE ÉFESO
LUCIANA, SUA IRMÃ
EMÍLIA, ABADESSA EM ÉFESO, MULHER DE EGEU
DUQUE DE ÉFESO

POR TER ESTUDADO PLAUTO, autor romano de comédias, não é de espantar que Shakespeare tenha escrito sua primeira comédia segundo a fórmula romana, em que o riso é usado para corrigir um vício ou resolver um problema. Para construir esta peça, Shakespeare aproveita a trama de *Os gêmeos Menaechmi*, na qual Plauto conta a história de gêmeos idênticos separados quando pequenos durante uma tempestade. A busca de um pelo outro e as confusões causadas pela incapacidade das pessoas de os distinguir geram a trama. Porém, o jovem dramaturgo, ao que parece, não aprova o final criado pelo autor romano e faz algumas mudanças radicais no enredo.

Para aumentar a confusão, por exemplo, os gêmeos, agora chamados Antífolo de Siracusa e Antífolo de Éfeso, têm como escravos um par de gêmeos igualmente idênticos (Drômio de Siracusa e Drômio de Éfeso). Mas a alteração principal é a introdução de elementos sentimentais e românticos que ele usa para criar uma parábola a respeito da infelicidade implícita na separação da família.

A peça começa com Egeu chegando a Éfeso, atrás não só do filho perdido na tempestade há muitos anos, quando contava com poucos meses de idade, mas também do outro filho, que há cinco anos partira em busca do irmão. A separação da família acontecera há anos, em um naufrágio, quando um dos gêmeos, junto com a mãe, é levado pela correnteza em direção diversa da do pai e do outro filho, que voltam para a cidade natal de Siracusa. Agora a família está dispersa e, exceto por Egeu e um dos filhos, ninguém sabe da existência do outro.

O duque de Éfeso tem pena de Egeu, que vem da inimiga Siracusa, mas o condena à morte se ele não conseguir pagar uma multa, imposta a todos os mercadores oriundos daquela cidade até as cinco horas da tarde.

O Antífolo que cresceu em Éfeso nada sabe a respeito de sua origem ou família, tendo sido separado também da mãe. Foi adotado e cresceu para tornar-se um cidadão importante na cidade e agora é casado com Adriana. Em lugar da megera da peça de Plauto, Adriana é bonita e ciumenta, e tem uma irmã linda e solteira, Luciana.

Toda uma série de confusões entre os dois pares de gêmeos leva a um divertido episódio no qual Adriana arrasta para dentro de casa, para almoçar, o cunhado, que ela pensa ser o marido, o que leva Antífolo de Siracusa a se apaixonar por Luciana. Depois do almoço, Luciana, a inexperiente irmã solteira, procura dar conselhos ao cunhado (que não é o cunhado, mas seu irmão gêmeo solteiro), e fica assustada quando este se declara a ela:

LUCIANA

Por que anda esquecido dos deveres
De marido? Ouve bem, caro cunhado,
Em plena primavera dos amores
Acaso já se encontra o seu fanado?
Se casou só por causa do dinheiro,
Pela mesma razão, tenha cuidado;
Ou, se a trair, que seja mais discreto:
Mascare o falso amor com certo zelo,

Não deixe que ela o veja nos seus olhos;
Não proclame você a sua culpa.
Dê ao vício a aparência da virtude,
Dê ao pecado um ar de santidade.
Seja falso em segredo, sem magoá-la;
Que ladrão vai gabar-se de seus furtos?
É um erro duplo atraiçoar o leito
E deixar que ela o veja, quando à mesa.
A vergonha encoberta tem bom nome –
Os atos maus dobram co'as más palavras.
Pobres de nós, mulheres! Sendo crédulas,
Só pedimos que finjam que nos amam;
Aceitamos o aspecto pela essência;
A nossa vida é feita por vocês.
Volte pra casa, pois, gentil irmão;
Conforte minha irmã, chame-a querida,
Quem mente até merece louvação
Quando a lisonja cura uma ferida.

ANTÍFOLO DE SIRACUSA

Gentil donzela, cujo nome ignoro,
E não compreendo como sabe o meu,
A não ser que esse encanto me revele
Não milagre terrestre, mas divino.
Ensine-me a pensar e a responder,
Explique a este cérebro terreno,
Perdido em erros, fraco, débil, rude,
O sentido de frases tão estranhas.

Por que busca tornar em tal mistério
A verdade mais pura de minha alma?
Por que, qual Deus, há de querer criar-me?
Pois que crie – eu me entrego ao seu poder.
Mas se ainda sou eu, eu lhe garanto
Que a sua irmã não é minha mulher,
E que a seu leito eu nunca prestei jura.
Muito mais para si é que eu me inclino;
Não tente, com o seu canto de sereia,
Afogar-me nas lágrimas da irmã:
Cante para si mesma, que eu me rendo;
Nas ondas louras desses seus cabelos
Estou pronto a mergulhar e a me entregar,
Pois sei que ali, feliz, eu julgarei
Que é bom morrer, quando se morre assim.
Deixe que o amor, que é luz, se afogue neles.

LUCIANA

Suas palavras são de um tresloucado.

ANTÍFOLO DE SIRACUSA

Não sei; só sei que estou apaixonado.

LUCIANA

É dos seus olhos que nasce o pecado.

ANTÍFOLO DE SIRACUSA

Quem olha o sol, sempre acaba ofuscado.

LUCIANA

Olhe onde deve, pra ficar mais puro.

ANTÍFOLO DE SIRACUSA

E o que adianta, amor, olhar pro escuro?

LUCIANA

Diga amor à irmã, e não a mim.

ANTÍFOLO DE SIRACUSA

À irmã da irmã.

LUCIANA

Não pode ser assim.

ANTÍFOLO DE SIRACUSA

Só a você, que me trouxe esta calma,
Luz dos meus olhos, alma de minh'alma,
Meu sonho de esperança, meu tormento,
Meu céu na terra, flor do firmamento.

LUCIANA

À minha irmã é que isso é devido.

ANTÍFOLO DE SIRACUSA

Então direi irmã ao seu ouvido.
É com você que vou querer viver;
Somos livres, podemos escolher.
Dê-me sua mão.

LUCIANA

A sua jura é vã.
É melhor eu falar com a minha irmã.

As confusões são incríveis; uma joia é entregue a um irmão e cobrada do outro; o ciúme de Adriana cresce, achando que o marido está querendo conquistar sua irmã; as negativas que parecem mentira ou loucura levam-na a procurar um médico (mais louco que qualquer um dos outros personagens) para curar seu marido, Antífolo de Éfeso, que se refugia em um convento. A abadessa sai do convento e indaga o que houve com o jovem marido, e a confissão de Adriana de que ela o persegue dia e noite com seu ciúme, reclamando até mesmo na frente dos outros, leva a diretora do convento a comentar:

ABADESSA

Então foi isso que o enlouqueceu.
A língua de uma esposa enciumada
Tem mais veneno que a de uma cobra.
Pelo que vejo, o homem não dormia;
Não há cabeça que resista a isso.
Diz-me que à mesa não lhe dava paz –
Comer assim só traz indigestão;
E dela nasce a febre que alucina –
Pois o que é febre, se não é loucura?
Confessa que o irritava sem cessar;
Mas se um homem não pode divertir-se,

Vai no caminho da melancolia,
A qual, num passo, chega ao desespero,
Atrás do qual, em bando, chegará
Tudo o que amarga e prejudica a vida.
O sono, a mesa, a vida sem repouso,
Enlouquecem o homem e o animal;
O seu ciúme é que causou o dano
Deixando louco o seu marido humano.

Chega a hora também de o duque fazer cumprir a sentença de morte de Egeu; mas este se salva quando os enganos, ou erros, são esclarecidos: descobrem todos que havia dois gêmeos (aliás, dois pares de gêmeos), e os desencontros se esclarecem. Para completar, descobre-se que a abadessa é a mulher de Egeu e a mãe dos dois Antífolos. É com o reencontro da família que todos reconquistam a identidade e a felicidade perdidas, e a peça acaba com a alegria dos dois Drômios, escravos gêmeos, também alegres no reencontro de, ao menos, parte de sua família.

Como se pode ver nesses trechos citados, o fato de o poeta escrever seu teatro quase todo em verso não atrapalha ninguém – muito pelo contrário, a forma ajuda a ressaltar sentimentos e situações, e mantém a linguagem no nível informal em que se estabelecem normalmente as relações familiares e, socialmente, entre pessoas que se conhecem bem, somando tudo numa ação dramática divertida e bem desenvolvida.

TRABALHOS DE AMOR PERDIDOS
(1598)

PERSONAGENS

REI FERDINANDO, DE NAVARRA
BIRON, LONGAVILLE, DUMAINE, NOBRES,
COMPANHEIROS DO REI
A PRINCESA DA FRANÇA
MARIA, KATHERINE, ROSALINE,
DAMAS QUE SERVEM A PRINCESA

COMPOSTA ENTRE 1590 E 1593, e bastante diferente de todas as outras comédias de Shakespeare, *Trabalhos de amor perdidos* é uma peça sofisticada que, ao que parece, foi encomendada para ser apresentada em uma casa nobre e assistida por uma plateia restrita de jovens instruídos e requintados, que se divertiriam com os duelos verbais que têm lugar entre os principais personagens. Embora tenha sido mais tarde ampliada para montagem no teatro profissional, mantém alguns momentos no diálogo que não se sabe por que seriam engraçados ou a que estariam se referindo. São poucos, e não chegam a atrapalhar o desenvolvimento da trama.

Uma das regras sobre teatro que a Renascença herdou de Roma dizia que o sério e o cômico não podiam jamais se misturar. Mas, na Inglaterra, o teatro se desenvolveu livre de todos esses preceitos, como já mostrara a comédia anterior do dramaturgo inglês.

Dizem que Shakespeare não inventava enredos, mas nesta comédia ele pegou um acontecimento histórico – a recente visita que a princesa Marguerite de Valois fez ao seu marido Henrique de Navarra, de quem estava separada, para negociar interesses no ducado da Aquitânia –, juntou a ele uma alegre crítica à moda das academias, que apareceram em quantidade na Itália e na França, onde jovens nobres se comprometiam com a vida de estudo e, para completar, como contraste a tantos intelectuais, armou um grupo de aldeões caricatos ou ignorantes, calcados nos tipos da *commedia dell'arte* italiana.

Com esses três elementos, Shakespeare armou uma situação de sua exclusiva criação: o rei Ferdinando de Navarra resolve fundar uma academia, na qual ele e seus três grandes amigos, Biron, Longaville e Dumaine, vão se comprometer a passar três anos dedicados aos estudos. Até aí, tudo bem. Mas em um excesso de entusiasmo, o rei determina que durante esse tempo eles não poderão ver mulheres, dormir mais que três horas por noite nem piscar de dia; só poderão fazer uma única refeição diária, e passarão um dia por semana sem comer. Biron, o mais brilhante deles todos, espera que não sejam incluídos no contrato esses excessos contra a natureza, acrescentando que todos seriam perjuros em muito pouco tempo.

Na verdade, o rei esquecera que receberiam naquela semana a visita da princesa da França, que vinha negociar a Aquitânia, e que sempre viajava acompanhada por jovens tão lindas quanto ela, conhecidas como o seu "esquadrão volante". Não podendo recebê-las no palácio por causa do juramento, o rei manda armar uma grande tenda no jardim, onde as moças ficarão hospedadas. Mas é claro que, quando elas chegam – a princesa, acompanhada de três damas –, ficam logo apaixonados por elas o rei e seus três amigos. A isso misturam-se namoros entre os personagens cômicos, que supostamente ficam obrigados a seguir as regras da academia, mas que, com o bom senso que a natureza lhes deu, acham aquilo tudo uma bobagem.

Muito embora Shakespeare crie aqui situações e diálogos mais sofisticados do que de costume, a posição de Biron sobre as regras da academia é expressada em uma linda e longa fala dirigida ao rei e aos outros dois amigos, na qual a natureza, o bom senso e a admiração pelas mulheres denunciam a insensatez dos juramentos:

BIRON

Atentem para a jura que fizeram:
Jejuar e estudar sem ver mulher;
É traição contra a própria juventude.
Passar fome? Com corpos assim jovens?
Muita doença nasce da abstinência.
Senhores, nós juramos estudar,
Mas banimos, com as juras, nossos livros:
Quando e onde, senhor, e vocês dois,
Teriam descoberto, só nas letras,
As métricas fogosas com que os olhos
Dessas belas tutoras nos dotaram?
(...)
Artes mais lentas fixam-se no cérebro
E, esbarrando com um trabalho estéril,
Muito labutam pra colheitas fracas;
Mas o amor aprendido em belo olhar
Não fica limitado só à mente,
E, agitando-se com os elementos
Com força corre como um pensamento,
E a toda força dá força dobrada,
Para além da função do seu ofício.
Ao olho empresta uma visão precisa:
O olhar do amante cega o de uma águia;
O ouvido amante ouve o menor som,

Se um fio de suspeita ergue a cabeça;
Sentimento de amor é mais sensível
Que o chifrinho de um frágil caracol;
Mais sutil do que Baco em paladar.
Não tem o amor a bravura de Hércules,
A colher pomos nos jardins de Hésperus?
É sutil como a Esfinge, e musical
Como os cabelos da lira de Apolo.
E quando fala o amor, a voz dos deuses
Embala em harmonia o próprio céu.
Nenhum poeta ousa usar da pena
Sem a tinta dos ais de algum amor,
E, então, seus versos domam os selvagens
E ensinam aos tiranos a humildade.
Isso aprendi dos olhos femininos;
Deles tirou sua chama Prometeu;
Eles são livro, arte, academia,
Em que o mundo se mostra e se alimenta;
Sem eles, nada atinge a perfeição.
Se em nada mais se encontra a excelência,
Abjurando as mulheres foram tolos,
E serão tolos mantendo tal jura.
Pela sabedoria, que amam todos,
Ou pelo amor, que ama os homens todos,
Pelos homens, autores das mulheres,
Pelas mulheres, que nos fazem homens,
Perdemos nossa jura pra encontrar-nos,
Ou nos perdemos, respeitando a jura.

Para um autor iniciante, *Trabalhos de amor perdidos* é um indicador precioso do talento do poeta: ele brinca com ideias e palavras, é tão autêntico e hábil no falar dos iletrados quanto no dos jovens nobres, sem contar a divertida figura de dom Adriano de Armado, que gosta de usar palavras pomposas mesmo quando não sabe bem o que elas significam.

Mas há também momentos que revelam a sua inexperiência, como no caso da cena em que os quatro heróis são derrotados ao tentar pregar uma peça nas moças, ficando tudo meio sem graça; e ainda quando não chega a funcionar um espetáculo apresentado pelos aldeões, que sem dúvida serviu de aprendizado para o perfeito sucesso que terão futuramente os artesãos na peça *Sonho de uma noite de verão.*

Seguindo o enredo, quando, após vários tropeços, os quatro casais parecem prontos para definir sua vida, a notícia da morte do pai da princesa exige que elas partam imediatamente, para cumprir o luto. Nas despedidas as moças impõem aos seus apaixonados algum tipo de pena, a ser cumprida ao longo do ano de recolhimento que o luto impõe; e quem faz as exigências mais específicas é a princesa, talvez pelas dificuldades de se realizar um casamento real:

PRINCESA

É pouco tempo
Para fazer-se acordos permanentes.
Não, meu senhor; já perjurou-se muito,
Com culpas muito altas; e, portanto,
Se pelo meu amor, e não o creio,

Quer fazer algo, eis o que lhe ordeno:
Não creio em jura sua, mas procure
Com toda pressa uma ermida remota,
Bem longe dos prazeres deste mundo;
E fique lá até que os doze signos
Completem o seu círculo anual
Em vida austera e antissocial.
Não mude a oferta feita em sangue quente;
Se jejum, frio, chão duro e andrajos
Não murcharem a flor do seu amor,
Passando a prova de um amor perene,
Então, quando chegar o fim de um ano,
Venha pedir-me, mostre-me tais méritos,
E pela mão virginal que beija a sua
Eu serei sua; e até esse momento
Hei de fechar-me em abrigo de luto,
Chovendo as lágrimas do meu lamento,
Em lembrança da morte de meu pai.
Se não, que se separem mão e mão,
Pois perde, cada uma, um coração.

Ao falante e piadista Biron, a bela Katherine, que forma com ele o casal mais brilhante de todos, impõe uma pena bem moldada à personalidade dele: que passe um ano fazendo rir os doentes que gemem de dor. E, talvez refletindo sobre a opção de não concluir a peça com os tradicionais casamentos, pela voz de Biron, Shakespeare ainda faz um divertido comentário:

O fim não é o das peças antigas
Ninguém casou; tivessem mais bondade
Teríamos comédia de verdade.

Mas a comédia, mesmo que meio tristonha (é a única de Shakespeare sem final feliz), se afirma quando os aldeões apresentam, para o rei e seus amigos, uma sequência de suas canções, uma sobre a primavera e outra sobre o inverno, que dizem em parte:

PRIMAVERA

Quando a prímula e a violeta azul
E a mimosa, branca como a neve,
O miosótis e a rosa taful
Enchem o prado de alegria leve.

INVERNO

Quando o gelo faz franja no telhado,
E o pastor com seu sopro esquenta a mão,
E enche a casa de lenho rachado
E o leite até congela no latão.

E concluí-se a comédia em um tom agridoce que é o melhor possível nas circunstâncias da situação final.

TITUS ANDRONICUS (1594)[2]

PERSONAGENS

TITUS ANDRONICUS, NOBRE E GENERAL ROMANO
MARCUS ANDRONICUS, IRMÃO DE TITUS
LAVÍNIA, FILHA DE TITUS
SATURNINUS, PRIMOGÊNITO DO ANTIGO IMPERADOR DE ROMA, POSTERIORMENTE PROCLAMADO IMPERADOR
BASSIANUS, IRMÃO DE SATURNINUS E NOIVO DE LAVÍNIA
TAMORA, RAINHA DOS GODOS, PRISIONEIRA DE TITUS E DEPOIS MULHER DE SATURNINUS
LUCIUS, QUINTUS, MARCIUS E MUCIUS, FILHOS DE TITUS
AARON, MOURO, AMANTE DE TAMORA
DEMETRIUS E CHIRON, FILHOS DE TAMORA

2 A tragédia é citada em uma peça montada em janeiro de 1591. Sendo assim, a opinião geral é a de que *Titus* deve ter sido escrita por volta de 1588 ou 1589, e revisada para publicação cinco anos mais tarde. (N.E.)

A ÚNICA CÓPIA DE *TITUS ANDRONICUS*, cuja edição data de 1594[3], foi encontrada na Suécia, em 1904. Esta peça, porém, já era conhecida, por ter sido publicada na primeira edição das obras completas, chamada *First Folio*[4].

Primeira criação de Shakespeare a ser publicada, sem que haja, no entanto, indicação de ter sido montada, a peça *Titus* já foi chamada por um vitoriano preconceituoso de uma pilha de horrores sem nenhum nexo. Os acontecimentos da trama, entretanto, não são piores que os de outras peças da mesma época; e, naturalmente, apareceram os que negavam que Shakespeare fosse seu autor, ou pelo menos o único autor, insinuando que sua participação seria muito pequena.

Hoje a visão é outra. Há cerca de trezentos anos foi encontrada uma publicação popular, muito parecida com a nossa literatura de cordel, contendo o que seria a história original que teria dado origem ao enredo da peça, sendo que as alterações introduzidas por Shakespeare colaboram para emprestar significado mais amplo à ação. A mudança principal é a que introduz a questão da escolha do novo imperador romano, um ponto relevante, já que a preocupação com as questões políticas é uma das características básicas da dramaturgia do poeta inglês.

---

3 Nesta cópia o nome de Shakespeare não aparece, mas já em 1598 o crítico Francis Meres (1565–1647) publicou uma obra com o título *Palladis Tamia*, em que *Titus Andronicus* fica incluída entre as "excelentes tragédias" de Shakespeare. (N.E.)

4 Publicada em 1623, sete anos após a morte de Shakespeare, a obra que foi editada por seus companheiros de palco John Hermings and Henry Condel conta com 36 peças, algumas delas até então inéditas. (N.E.)

É preciso lembrar que *Titus*, escrita pouco tempo depois de Shakespeare chegar a Londres, é obra de um jovem que até então só conhecia os problemas políticos e sociais de Stratford. Trata-se, dessa forma, de uma obra de aprendiz, e mesmo assim bastante superior à maioria das peças escritas na mesma época. De qualquer maneira, não é difícil encontrar no texto sementes das grandes obras da maturidade de Shakespeare, pois Titus, como Lear, comete um erro ao fazer uma escolha precipitada, o que detona toda a ação da peça. Tamora não deixa de ser um rascunho da futura Lady Macbeth, como Aaron, o mouro, é o rascunho para Iago, de *Otelo*. A responsabilidade política vai ter peso considerável não apenas nas peças históricas de Shakespeare, mas também nas tragédias e até nas comédias.

Mesmo nessa primeira tentativa de compor uma tragédia ao estilo das de Sêneca, sanguinolenta e com intensas discussões, a linguagem de Shakespeare já é extraordinariamente teatral, criando personagens de temperamentos variados, expressados de modo a deixar bem claro para o público que tipo de pessoa cada um deles é.

Nessa peça, tudo começa com Titus chegando triunfante após ter derrotado os godos, trazendo consigo prisioneiros a rainha Tamora e seus três filhos, um dos quais o velho guerreiro mata como sacrifício e em honra de seus filhos mortos na guerra. A coroa de imperador lhe é oferecida, mas ele não se considera apto para o posto; quando lhe pedem que então indique o novo imperador, Titus comete o erro que detona toda a sequência de horrores, indicando o mau e corrupto Saturninus, em lugar do correto e brilhante Bassianus, só pelo fato de o primeiro ser o mais velho dos dois filhos do imperador morto.

Saturninus jura eterna amizade a Titus e oferece-se para se casar com sua filha Lavínia. Esta já está noiva de Bassianus, que tem o apoio dos irmãos de Lavinia ao reclamá-la para si. O mal-estar é completado quando Saturninus resolve então casar-se com Tamora, que dedica a Titus um ódio sem limites. Aaron, o mouro amante de Tamora, é um verdadeiro gênio do mal, e junto com Chiron e Demetrius, os filhos da rainha, planeja a morte de Bassianus. Os boçais Chiron e Demetrius entram em uma disputa para saber qual dos dois ficará com Lavínia, e o requinte da crueldade de Aaron fica claro nos conselhos que dá aos dois quando os vê engalfinhando-se:

AARON

Que é isso? Façam planos como amigos:
Intriga e estratagema é que farão
O que desejam; têm de resolver
Que o que não podem ter como queriam
Precisam conquistar como puderem.
Nem Lucrécia, eu garanto, era mais pura
Que essa Lavínia, o amor de Bassianus.
Trilha mais rápida que penas lânguidas
Precisamos buscar, e eu sei qual é.
Senhores, 'stá saindo uma caçada,

E as belezas do reino lá irão:
Os caminhos da mata são imensos,
E cheios de locais não frequentados,
Feitos pro estupro e para as vilanias:
Isolem lá a sua bela corça,
Ferindo à força, e não pela palavra;
Pois só assim terão o que hoje aspiram.
À mente santa da imperatriz,
Consagrada à vingança e à vilania,
Vamos dar parte desse nosso intento.
Ela irá afiar, com seus conselhos,
Nossos esquemas, e impedir que briguem,
Pra que ambos possam ter o seu desejo.
A corte é a casa onde mora a fama,
A mata é implacável, surda e muda.
Ataquem lá, rapazes, um e outro,
Longe do olhar do céu tenham prazer,
Gozando do tesouro de Lavínia.

Os notórios exageros da peça têm boa contribuição da dupla: a fim de ter a certeza de que Lavínia não revelará os responsáveis por seu estupro, Chiron e Demetrius lhe cortam a língua e as duas mãos, dando lugar à patética cena em que ela guia uma vara com a boca e os braços para revelar sua história.

Enquanto isso o requinte maligno de Aaron o leva a convencer Titus de que se cortasse uma de suas mãos e a mandasse de presente ao imperador salvaria a vida dos seus dois filhos acusados de assassinar Bassianus. A proposta é mentirosa e as cabeças dos dois rapazes são enviadas ao velho pai.

É durante a cena da caçada que Aaron, em um recanto escondido da floresta, se encontra com Tamora. Nesse momento Shakespeare mostra sua capacidade para outro tipo de fala; pois a imperatriz, apaixonada, se expressa em tom suave, e Shakespeare evoca, pela palavra e a imaginação, todo um mundo de encanto amoroso, criado com termos e imagens que não haveria na plateia quem não os identificasse.

TAMORA

Meu belo Aaron, por que 'stás tão triste,
Quando tudo se exibe em alegria?
As aves cantam em todos os galhos,
A cobra, ao sol, se enrola de alegria,
As folhas verdes tremulam ao vento,
Deixando o chão molhado com suas sombras;
À sombra delas sentemos, doce Aaron,
E enquanto o eco caçoa dos latidos
E dá resposta aguda ao som da trompa,
Como se ouvíssemos caçada dupla,
Sentemo-nos pr'ouvir a gritaria.
E depois do conflito, que supõe-se
Houve entre Dido e o príncipe errante,
Quando, apanhados por feliz tormenta,
Em discreta caverna se ocultaram,

Nós podemos, nos braços um do outro,
Passado o jogo, ter sono dourado,
Enquanto trompas, cães, aves canoras
Serão pra nós o canto de uma ama,
Um acalanto pra embalar o filho.

Pitorescamente, quando essa mesma Tamora tem um filho negro, cujo pai é Aaron, e manda matá-lo para que o marido Saturninus não descubra a traição, o mouro defende a todo custo a criança, e só confessa seus crimes com a condição de o menino ser cuidado e criado.

Da história original – e do romano Sêneca, que usa a cena em *Tiestes* – Shakespeare pega de empréstimo o momento de horror final, quando Titus finalmente vinga a morte dos filhos e a violação de Lavínia, convidando Saturninus e Tamora para um banquete preparado pessoalmente por ele, no qual a rainha come uma torta feita com a carne dos dois filhos que mutilaram Lavínia. A mortandade é geral, pois, mesmo antes de matar seus grandes inimigos, Titus mata a própria filha, que não pode continuar a viver nas condições em que os dois jovens godos a deixaram.

Mas, diferentemente da história original, que acaba neste momento, em Shakespeare a tragédia termina com a reposição do Estado em uma ordem política que restaura os valores perdidos, com Lucius, último sobrevivente dos 25 filhos de Titus, agora sendo eleito o novo imperador.

OS DOIS CAVALHEIROS DE VERONA (1598)

PERSONAGENS

VALENTINO E PROTEU, OS DOIS CAVALHEIROS
DUQUE DE MILÃO
SÍLVIA, FILHA DO DUQUE DE MILÃO
JÚLIA, NOIVA DE PROTEU
TÚRIO, RIVAL DE VALENTINO
EGLAMOUR, ROMÂNTICO APAIXONADO POR SÍLVIA
LANÇA, CRIADO DE PROTEU
MÚSICOS

A COMÉDIA ESCRITA EM 1591 não possui traços de obra-prima mas tem o mérito de destacar um Shakespeare que marca a própria trajetória num dos gêneros mais populares do teatro. Se na *Comédia dos erros*, o autor teve a facilidade do uso da fórmula de Plauto e, se em *Trabalhos de amor perdidos*, buscou seguir o tom e a sofisticação destinados a um público elitizado, em *Os dois cavalheiros de Verona,* Shakespeare pela primeira vez opta pela forma essencial de suas comédias românticas, as mais bem-sucedidas, tanto do período mais lírico quanto da maturidade; o amor verdadeiro de dois (mais tarde três e até mesmo quatro) casais tem de início uma série de dificuldades ou tropeços, que culminam em muitos apertos e confusões.

Esta é a primeira tentativa de Shakespeare de compor uma comédia romântica, e a peça, mesmo bem-sucedida, revela que ainda se trata da obra de um aprendiz em vários detalhes. A começar pelo título, que indica a origem dos personagens Valentino e Proteu, enquanto no texto não há uma única referência à cidade italiana de Verona. E se ambos vão para a corte de Milão, o duque que a governa é por vezes chamado de imperador; e, quando Valentino é expulso de Milão, sem que ninguém saiba ou explique por que, vai para Mântua e acaba ficando em uma floresta ali perto, como chefe de um grupo de foras da lei, que, como ele, também foram banidos de suas cidades.

Mais importante é o fato de vermos aqui Shakespeare empregando pela primeira vez recursos dos quais lançará mão, e cada vez melhor, no resto da carreira; o primeiro é o disfarce de Júlia, que se traveste de rapaz – o jovem Sebastian – para ir em busca do amado. Como os papéis femininos eram interpretados por jovens atores aprendizes, não é de espantar que Shakespeare tenha tornado a usar esse recurso em várias outras ocasiões. E é em *Dois cavalheiros* que ele tem pela primeira vez a ideia de usar uma escada de corda para alcançar um andar mais alto (o palco superior), onde está a amada do protagonista – aqui a ideia é de fuga e não funciona, mas em *Romeu e Julieta* ela será muito importante.

Os dois protagonistas, ambos cavalheiros de Verona, são usados para que parte dos problemas seja enfrentada antes que o amor alcance seu objetivo. Graças à apresentação de um chocante teste de fidelidade no amor e na amizade, fica evidente a fraqueza moral de Proteu, que trai o amigo e também o seu amor. Júlia, noiva de Proteu, e Sílvia, filha do Duque de Milão, são personagens encantadoras e sementes das heroínas das grandes comédias futuras.

Nos textos desses primeiros anos da carreira, Shakespeare usa muita rima, que descobriu, nessa nova dramaturgia, conquistar o público, com a leveza e a sonoridade da poesia. Muito especialmente, neste caso, Shakespeare fala de gente cujos sentimentos, emoções e pensamentos serviam para mostrar que os personagens eram todos tão humanos, bons, maus, tristes, divertidos, piedosos ou pecadores quanto o público que ia ao teatro ver as peças.

Assim, temos em primeiro plano Valentino, que está de partida para Milão, onde espera que a vida na corte o enriqueça muito de ideias e de conhecimento. O cavalheiro lamenta que o amigo Proteu não vá com ele, embora compreenda que, já tendo encontrado seu amor em Júlia, ele não queira se afastar de casa:

VALENTINO

Não adianta insistir, Proteu querido;
Jovem que fica em casa é limitado.
Não fora o amor que o acorrenta aqui
Ao doce olhar de seu honrado amor,
E eu preferia que me acompanhasse
Pra ver as maravilhas deste mundo,
Do que (morando no tédio do lar)
Gastasse a juventude em tolo ócio.
Mas, já que ama, que o amor cultive,
Como eu farei, co'o amor que inda não tive.

Logo depois, o pai de Proteu é aconselhado a mandar o filho viajar, atividade considerada fundamental para a formação do jovem. Assim, Proteu vai também a Milão, onde o duque o recebe de braços abertos, já que Valentino lhe fez os maiores elogios ao ser anunciada sua chegada. Proteu encontra Valentino já apaixonado por Sílvia, a filha do duque, mas se esquece tanto da noiva deixada para trás, com a qual ele trocara anéis na despedida, quanto da longa amizade e, dizendo-se perdidamente apaixonado por Sílvia, denuncia ao duque o plano de fuga que ela e Valentino faziam, e ainda afirma que o plano do amigo é casar com Sílvia e, por esse caminho, roubar o trono do duque.

A intriga de Proteu funciona na medida em que ele vê Valentino ser expulso de Milão e o duque não se opor à sua corte, apesar de preferir sempre o tolo Túrio, que é muito rico e também pretendente de sua filha. Sílvia, no entanto, continua fiel ao seu amor Valentino e recusa as investidas de Proteu, que chega a oferecer a ela o anel que Júlia lhe dera. Júlia, cansada de esperar por notícias, se veste de rapaz, vai para Milão com o nome de Sebastian e lá é aceita quando oferece a Proteu seus serviços de pajem, tendo como primeira missão oferecer o próprio anel a Sílvia em nome de seu noivo traidor.

Valentino foge, dizem que para Mântua, mas quando está atravessando uma floresta é apanhado por um grupo de jovens fora da lei que, como ele, foram expulsos de Milão por ações sem gravidade. Como estão sem destino, os jovens logo pedem a Valentino para ser seu chefe, e ele aceita, desde que se comprometam a agir com critério e jamais abusar de moças que possam capturar.

Ajudada por sir Eglamour, um romântico "servidor do amor", Sílvia foge para a floresta em busca de Valentino, é pega pelos jovens bandidos e salva por Proteu e seu pajem, que vinham atrás dela. Nesse momento, Proteu aproveita para insistir em suas declarações de amor. Na verdade, começa a forçar Sílvia a receber seus abraços e beijos, quando Valentino, que vira toda a cena, aparece. Proteu, finalmente, fica tão envergonhado que se arrepende de tudo o que fez e pede o perdão do amigo. Por seu lado, Valentino é tão bom e generoso que não apenas perdoa, como também cede tudo o que pudesse ter do carinho de Sílvia ao amigo. Diante disso, o pajem Sebastian cai desmaiado e então se descobre que ele é Júlia disfarçada.

A essa altura, o grupo dos bandidos aparece com o duque e Túrio aprisionados, e Valentino os liberta imediatamente. A covardia de Túrio fica provada quando ele se recusa a lutar com Valentino por Sílvia e abre mão de sua amada. O duque consente que sua filha Sílvia case-se com Valentino, seu verdadeiro amor; Júlia perdoa Proteu, que está arrependido; e a comédia acaba com alegria não só para os dois casais, mas também para os jovens bandidos, todos perdoados pelo duque.

A trama, portanto, é cheia de leves e previsíveis peripécias, mas o clima romântico, a liberdade na troca de ambientes, a variedade de temperamento dos personagens fazem com que, no palco, *Os dois cavalheiros de Verona* resulte em um espetáculo alegre e agradável.

Entre os vários momentos em que o talento desse novo dramaturgo busca o próprio caminho, há um bem típico, que mostra a capacidade de Shakespeare de explorar oportunidades inesperadas; é possível que alguém da companhia para a qual ele escreveria até o final da carreira, a Lord Chamberlain's Men, naquele momento tivesse um cachorro simpático capaz de ficar quieto no palco pelo tempo que o ator precisasse dele, talvez até com certo ar de estar prestando atenção ao que é dito. O fato é que Lança, o pajem de Proteu, que devia embarcar com ele para Milão, tem uma divertida cena de despedida com seu cachorro, Azedo, da qual podemos ler aqui mais um trecho do início da peça que ilustra o talento do jovem Shakespeare:

LANÇA

> Vai levar uma hora para eu parar de chorar. Toda a família dos Lança tem esse defeito. Recebi meu quinhão, como o filho pródigo, e lá vou eu para a corte imperial com o senhor Proteu. Acho o meu cão, Azedo, o cão mais desnaturado que existe: minha mãe chorando; meu pai gemendo; minha irmã gritando; nossa empregada uivando; nosso gato torcendo as mãos; a casa toda na maior complexidade; e nem assim esse vira-lata sem coração deixou rolar uma só lágrima. É de pedra; de uma pedrinha de pedra; e não há nele mais piedade que num cão.

À medida que a ação avança, Lança e o cão têm ótima contribuição a fazer, pois o cãozinho de raça que Proteu quer mandar para Sílvia foge, e Lança generosamente faz o sacrifício de oferecer Azedo em seu lugar. É claro que Sílvia não aceita o vira-lata, principalmente por ter sido mandado por Proteu, e Lança tem um novo diálogo com o cão, no qual reconhece que Azedo não se comportou bem na ocasião.

Um recurso que é usado aqui pela primeira vez, e será frequente em comédias escritas mais tarde, é o da canção, cantada por músicos que Túrio contratou para agradar Sílvia, mas que, neste caso, é ouvida por Júlia/Sebastian na taverna em que ela se refugiou a caminho de Milão.

MÚSICOS

Quem é Sílvia? O que é ela,
De quem cantam tais louvores?
Santa, boa, sábia é ela,
Do céu tem muitos favores,
Pra ser admirada e bela.

Além de boa é bonita?
Beleza é par de bondade.
O amor os seus olhos fita,
Sonhando com claridade
E, grato a ela, a habita.

Sílvia ganha recitais,
Porque a tudo Sílvia excede:
Melhor que as coisas mortais
Que têm a terra por sede.
Eis suas loas musicais.

Esse, realmente, era o caminho para agradar quem ia ao teatro para *ouvir* uma peça, como se dizia na época.

I HENRIQUE VI
(1591)

PERSONAGENS

HENRIQUE VI, REI DA INGLATERRA
HUMPHREY, DUQUE DE GLOUCESTER, TIO DE HENRIQUE VI, PROTETOR DO REINO
TALBOT, GENERAL INGLÊS COMANDANTE DE TROPAS NA FRANÇA
JOANA D'ARC, HEROÍNA FRANCESA
SUFFOLK, EMISSÁRIO DE HENRIQUE VI
MARGARET, ESCOLHIDO POR SUFFOLK COMO NOIVA DE HENRIQUE

DEPOIS DE ENVEREDAR PELO TERRENO da comédia romana (*A comédia dos erros*), da comédia sofisticada (*Trabalhos de amor perdidos*), da tragédia senecana (*Titus Andronicus*) e da comédia romântica (*Os dois cavalheiros de Verona*), Shakespeare volta sua produção para peças que exploram a história da Inglaterra. Habilidoso, faz criações geniais e inventa um novo gênero teatral: a peça histórica. Importante não confundir com a peça crônica, que apenas conta a história de um rei, juntando uma série de episódios que seguem a cronologia da vida do inspirador da obra.

Já na peça histórica, a vida e a carreira de determinado monarca é escolhida como fio condutor para apresentar um tema a partir do qual o autor sente necessidade de expressar-se. Nada mais espantoso do que um jovem autor que, logo no início da carreira, tenha escrito uma sequência de três peças em torno de Henrique VI, o último rei da dinastia Lancaster. Seu avô, Henrique IV, tomara a coroa do primo Ricardo II, sendo sucedido pelo filho Henrique V; esses dois Lancaster foram competentes e retiveram com segurança a coroa, mas Henrique V morre muito cedo, e seu filho, Henrique VI, herda a coroa aos nove meses de idade. Com esse dado histórico em mãos, Shakespeare desenvolve uma temática que costura uma série de ações que deixam claro para a plateia que, quando quem usa a coroa não sabe governar, o país sofre.

Assim, nesse contexto, vê-se que, quando o novo rei Henrique VI cresce, infelizmente, falta-lhe o talento e até o desejo para governar, e é no reinado dessa figura de grande bondade e total incompetência que os primos York sentem-se à vontade para alegar serem eles os verdadeiros herdeiros.

A ação da peça começa após o funeral de Henrique v, quando já chegam notícias da França sobre a perda de boa parte das terras conquistadas pelo rei morto. A rivalidade entre os vários tios do infante Henrique VI prenuncia as dificuldades que terão as tropas inglesas, que começam a receber homens e armas em quantidade insuficiente, graças aos desentendimentos na administração. Tudo isto é ilustrado por meio da figura de Talbot, o heroico comandante das tropas inglesas, também vítima da falta de apoio resultante das inimizades pessoais.

Essa divisão marca os primórdios da Guerra das Rosas, empreendida entre os Lancaster e os York, entre os anos de 1455 e 1485. Shakespeare, já neste início de carreira, manipula com segurança mais de trinta personagens. No intuito de deixar o público acompanhar com maior facilidade o conflito, inventa uma cena passada no Jardim do Templo, em Londres, na qual os partidários dos York dizem que, para firmar sua posição, a partir daquele momento usarão no chapéu uma rosa branca, e os partidários dos Lancaster resolvem ostentar uma rosa vermelha.

No lado francês aparece a figura de Joana d'Arc, vista pelos ingleses como bruxa e prostituta, que inspira as tropas e alcança várias vitórias, embora acabe prisioneira e condenada à morte. Talbot e seu filho são mortos na mesma batalha, e vale a pena lembrar ao menos trechos da fala de Talbot, que, já morrendo, recebe o corpo do filho morto:

Minh'outra vida onde está? Esta acabou.
Onde o jovem Talbot, que brilhou?
Morte triunfante, embora limitada,
De ti sorrio, com a honra de John.
Quando me viu de joelhos cair
Sua espada sangrenta me veio cobrir
(...)
Ponham-no em meus braços, meus senhores:
A minh'alma não suporta mais dores.
Adeus, soldados! Minha é a melhor nova:
Meus velhos braços são de John a cova.

Henrique VI só aparece em cena no ato III, agora já com vinte anos, ainda imaturo, porém com o forte apoio do protetor Humphrey, duque de Gloucester, o mais íntegro e fiel de seus tios. Para alcançar uma paz favorável com a França, Suffolk é mandado como embaixador para negociar o casamento do rei com a rica herdeira do conde de Armagnac; no caminho, no entanto, acidentalmente Suffolk aprisiona Margaret, filha de Reignier, rei titular de Jerusalém e das Duas Sicílias, mas que não possui poder nem fortuna, e, apaixonando-se por ela, resolve fazê-la rainha da Inglaterra, em união sem qualquer vantagem política ou econômica para o rei. A peça termina com o corrupto Suffolk contente com a conquista de Margaret:

Assim Suffolk venceu; e assim vai ele
Como foi Paris certo dia à Grécia;
Na esperança de sorte igual no amor,

Mas tendo mais sucesso que o troiano.
Margaret manda no rei, sendo rainha;
E eu no rei e no reino, com ela minha.

Se, por um lado, essa fala completa a ação dessa primeira peça da trilogia sobre Henrique VI, em boa parte dedicada à perda da França, por outro, já deixa preparado o que será o clima da peça seguinte.

2 HENRIQUE VI (1590)[5]

PERSONAGENS

HENRIQUE VI, REI DA INGLATERRA
MARGARET, RAINHA DA INGLATERRA
HUMPHREY, DUQUE DE GLOUCESTER,
 TIO DO REI E PROTETOR DO REINO
DUQUESA DE GLOUCESTER
SUFFOLK, MINISTRO DO REI, AMANTE DA RAINHA
CARDEAL WINCHESTER, TIO DO REI, LOUCO POR PODER
DUQUE DE YORK, QUE AMBICIONA A COROA
JACK CADE, QUE SE APRESENTA COMO HERDEIRO,
 EM LEVANTE ARMADO PELO DUQUE DE YORK

---

5 O título original desta peça, segundo os in-quartos de 1594, 1600 e 1619 é *A primeira parte da disputa entre as duas famosas casas de York e Lancaster, com a morte do bom Duque Humphrey [The First Part of the Contention of the Two Famous Houses of York and Lancaster, with the Death of the Good Duke Humphrey]* (N.E.)

ESTA PEÇA TEM, assim como a anterior, uma ação que é válida em si. Isto é, guarda independência em relação às suas duas companheiras, mas, ao mesmo tempo, se integra perfeitamente no plano geral do conjunto. A história começa com a corte tomando conhecimento dos termos do contrato de casamento de Henrique com Margaret, que o tio e protetor Humphrey de Gloucester começa a ler mas, de tão chocado, não consegue continuar. O rei, no entanto, fica encantado com a noiva e até promove Suffolk de conde a duque.

A incompetência do rei faz com que a luta pelo poder agora atinja a própria Inglaterra. Nesse cenário, três grupos que se rivalizam: um chefiado pela rainha e Suffolk, outro comandado pelo tio cardeal Winchester, estes dois satisfeitos com o domínio sobre o rei, e um terceiro, o do duque de York, que quer tomar a coroa para si. Os três, reconhecendo que nada poderão enquanto Gloucester continuar a defender Henrique, unem-se contra aquele, sendo ajudados pela ambição da duquesa de Gloucester, sua mulher, que é tola o bastante para contratar bruxos para ajudá-la a convencer o marido a tomar para si a coroa. A facilidade com que o rei se deixa enganar é ilustrada com uma cena em que falsos milagres são imediatamente desmarcados por Gloucester.

A destruição de Gloucester começa quando a duquesa é pega planejando a morte do rei e Gloucester é acusado de ter conspirado contra o monarca, conseguindo que ele abra mão do posto de protetor do reino. Uma vez acusado, Gloucester sabe que não há de sobreviver e é efetivamente assassinado por ordem de Suffolk e Winchester, depois de ver a mulher ser humilhada e banida.

O conflito entre os York e os Lancaster continua fervilhando, mesmo que oculto. Quando irrompe uma revolta na Irlanda, Suffolk e Winchester manobram a fim de enviar York para sufocá-la, sem pensar que com isso estão dando a ele a única coisa que lhe faltava, um exército. York parte, mas antes arma um levante popular, com Jack Cade, homem esperto do povo, porém manipulável, fazendo-se passar por um candidato ao trono que na realidade já morrera. Shakespeare mostra o desastre da situação com o ignorante Cade fazendo discursos sobre seus planos de governo; proclamando não ter medo de espada nem de fogo, e brada aos companheiros:

> Sejam bravos, então; pois seu capitão é bravo e promete reformas. Na Inglaterra, sete pãezinhos de meio penny serão vendidos por um penny; a caneca de três doses vai ter dez doses; e eu vou fazer ser crime beber cerveja aguada. E o reino será comum a todos.
>
> (...)
>
> Obrigado, bom povo... não haverá dinheiro; todos vão comer à minha custa, e vou vestir todos com uma mesma libré, para todos se amarem como irmãos, e me adorarem como seu senhor.

Sentindo-se cada vez mais estimulado, Cade determina, a princípio, que sejam mortos todos os advogados, por mandarem criminosos para a forca, e acaba condenando à pena de morte também aqueles que souberem ler e escrever.

Em um monólogo, York fala de conquistar a coroa "agora ou nunca", e revela as razões para provocar o levante:

> Como instrumento desse meu intento
> Eu seduzi em Kent um cabeçudo,
> John Cade de Ashford,
> Para armar confusões, como ele sabe,
> Sob o título nobre de John Mortimer.
> (...)
> Esse diabo será meu substituto,
> Pois se assemelha ao John Mortimer morto
> Muito de perto em rosto, andar e fala:
> Por ele hei de saber que pensa o povo,
> Como o afeta o reclamo dos York.
> Digamos que o prendam ou torturem;
> Não sei de dor que lhe seja infligida
> Que o faça dizer que eu é que o mandei.
> Se prosperar, e é provável que o faça,
> Então eu volto da Irlanda com a tropa,
> Pra colher o que o safado plantou;
> Pois 'stando morto Humphrey, e o estará,
> E afastado Henrique, venho eu.

O quadro do mau governo precipita o conflito entre os vários grupos. O corrupto Cardeal Winchester sofre uma terrível morte, provavelmente por envenenamento, e agonizando toma consciência de seus grandes pecados, agravados por ser ele, ao menos em nome, um religioso, e Suffolk acaba banido e morto na nau em que se dirigia à França.

Como indício da inversão de valores, Margaret mostra-se melhor guerreira do que o marido rei, e é ela quem organiza as forças para defender a coroa. Derrotadas as tropas da rainha na batalha de St. Albans, essa segunda etapa de Henrique VI termina, assim como a primeira, apresentando um desfecho para a crise que conduz o enredo, mostrando a vitória de York e seus partidários, mas já prometendo a ação que ocupará a terceira parte.

3 HENRIQUE VI
(1592)[6]

PERSONAGENS

HENRIQUE VI, REI DA INGLATERRA
MARGARET, RAINHA DA INGLATERRA
EDWARD, PRÍNCIPE DE GALES, FILHO DE MARGARET
RICHARD, DUQUE DE YORK, QUE LUTA PELA COROA
EDUARDO, CONDE DE MARCH, FUTURO REI EDUARDO IV
GEORGE, DUQUE DE CLARENCE; RICARDO, DUQUE DE GLOUCESTER; EDMUND, CONDE DE RUTLAND, FILHOS DE EDUARDO
CLIFFORD, COMANDANTE DAS TROPAS LANCASTER
LADY ELIZABETH GREY, FUTURA RAINHA DE EDUARDO IV

6 O título original desta peça segundo o in-octavo de 1595 e o in-quarto de 1600 é *A verdadeira tragédia de Ricardo, duque de York, e do bom rei Henrique Sexto [The True Tragedy of Richard Duke of York, and the Good King Henry VI]*. A peça conhecida como *1 Henrique VI* foi publicado pela primeira vez no Primeiro Fólio de 1623, a primeira edição das obras dramáticas de William Shakespeare. (N.E.)

NA TERCEIRA PEÇA sobre o triste reinado de Henrique VI, a ação é mais violenta e sangrenta, atingindo a própria coroa. A ação começa com Henrique, que se tornara prisioneiro dos York, chegando a Londres, e firmando um acordo segundo o qual ficará no trono até a morte, com a condição de nomear Richard de York seu herdeiro. O rei deserda portanto o próprio filho, Edward. A decisão deixa a rainha Margaret furiosa e a impulsiona a organizar um ataque contra o próprio marido para desfazer o acordo. As tropas da rainha vencem a batalha de Wakefield, onde, junto com o implacável Clifford, Margaret captura o jovem Rutland, filho do duque de York, que é então torturado e morto pelos dois. Logo depois, capturam o próprio duque de York, que a rainha trata com violência e deboche, antes de Clifford o matar. É dela uma das mais violentas falas da peça, que, em parte, diz:

É quem queria ser rei da Inglaterra?
Foi quem levou festança ao Parlamento,
Pregou sermão sobre sua linhagem?
Onde 'stá a filharada pra ajudá-lo –
Eduardo bonitão, George mulherengo,
E onde anda o prodígio corcunda,
Dicky, o moleque, sempre resmungando
E estimulando o pai em seus motins?
Veja, York: meu lenço eu manchei com o sangue
Que o bravo Clifford, com a ponta da faca,
Fez jorrar bem do peito do menino;

Se a água sai de seus olhos com a morte,
Eu lho dou pra secar as suas faces.
Pobre York, se eu não o odiasse tanto
Lamentaria o seu mísero estado.
Por favor chore, pra alegrar-me, York.
O quê? O ódio o secou de tal modo
Que por Rutland não cai uma só lágrima?

Para completar sua maldade e provocar os três filhos do duque, Margaret faz cortar a cabeça de York morto, fincando-a no alto de um mastro na entrada da cidade de York, adornada com uma coroa de papel. Por ocasião de nova batalha, em Towton, Shakespeare cria uma cena que marca para a plateia todos os erros dessa terrível guerra. A total inversão de valores é vista quando a rainha e Clifford expulsam Henrique do campo de batalha, alegando que ele atrapalha a mulher, que atua melhor que ele como general. Sozinho, longe da luta, Henrique reflete sobre a tristeza de sua condição como rei:

Minha rainha, Margaret, e mais Clifford
Me expulsam das batalhas, proclamando
Que só prosperam quando eu estou ausente.
Quisera eu, Deus, morrer neste momento!
Que há no mundo senão sofrimento?
Oh, Deus, como seria boa a vida
Se eu fosse apenas um homem do campo,
Sentado sobre um monte, como agora,

Talhando em lenhos relógios de sol,
Nos quais veria passar os minutos,
E quantos deles fazem uma hora,
E quantas delas formarão um dia,
E quantos dias passarão num ano,
Quantos anos na vida de um mortal.
Sabendo disso, repartia o tempo:
Por tantas horas olho o meu rebanho,
Por tantas horas devo descansar,
Por tantas horas fico contemplando,
Por tantas horas devo divertir-me.
Tanto tempo estão prenhes as ovelhas,
Em tanto tempo se desmama a cria,
Em tanto tempo posso tosquiá-la.
E assim minutos, horas, dias, anos,
Bem vividos, na forma que lhes cabe,
Levariam o velho à sepultura.
Que bela a vida assim! Que paz! Que encanto!
Não é mais doce a sombra que a folhagem
Dá ao pastor que vela o seu rebanho
Do que a que dá dossel todo dourado
Ao rei, que vê em tudo a falsidade?
Por certo ela é mil vezes mais suave.
E, ainda, o rude queijo do pastor,
E o magro caldo que carrega ao campo,
E o sono bom que tira sob as árvores,
E usufrui com segurança e gosto,
São bem melhores que o manjar dos reis,

Do que seus vinhos em copos dourados,
Do que o esculpido leito em que se deita
Para encontrar cuidados e traições.

A melancólica cena acaba com um "quadro-vivo" que denuncia os horrores de uma guerra civil como a das Rosas, em que os Lancaster e os York, parentes, lutaram por mais de trinta anos. Entram em cena "um filho que matou o pai" e, logo após, "um pai que matou o filho", que circunstâncias sobre as quais eles não têm nenhum controle colocaram-nos em campos opostos. Nessa batalha as forças da rainha são derrotadas e o filho mais velho de York, Eduardo, é proclamado rei.

Sabendo que a rainha imediatamente partiu para a França com o filho Eduardo, para pedir auxílio ao rei francês, o conde Warwick, que sempre apoiou os York, a ponto de ser chamado "o fazedor de reis", parte depressa para tratar do casamento de Eduardo IV com a irmã do rei Luis, da França, garantindo assim o apoio do tradicional inimigo ao novo rei.

Henrique, deposto, que estava fugido na Escócia, volta à Inglaterra disfarçado, só por saudade de sua terra, e é imediatamente preso. Eduardo IV, encantado com o novo poder, recebe visita de Lady Elizabeth Grey, que vem lhe fazer um pedido e por quem ele se apaixona imediatamente. O arrebatamento faz com que Eduardo tome uma decisão equivocada, a de se casar com Lady Grey, traindo a palavra que Warwick havia empenhando à França e se casando com uma mulher sem dote, sem peso político, muito mais velha– que já era, inclusive, mãe de três filhos.

A situação de Eduardo IV vai agravando. Além de, em casa, desgostar seus irmãos, George e Ricardo, que veem seu prestígio diminuído em favor da família da nova rainha, Warwick, sentindo, como embaixador, diretamente os efeitos da ofensa feita à França, começa a apoiar a rainha contra os York, levando consigo para o lado inimigo George de Clarence, irmão de Eduardo que, vendo este arranjar bons casamentos para a família da nova rainha, casa-se com a filha de Warwick.

Mas nessa disputa, a vitória é novamente dos York. Clifford e seu filho são mortos, e em toda a segunda parte da peça vai aparecendo com mais força a figura de Ricardo de Gloucester, o irmão mais moço do rei que o opoia em seu desastrado casamento, ficando claro, ao longo da ação, que a proximidade ao irmão é, na verdade, estratégia para tentar lhe tomar o trono. Durante um longo monólogo que informa bem ao público quem ele é e o que deseja, ele afirma:

> Eu sei sorrir, eu sei matar sorrindo,
> Mostrar-me alegre com o que me tortura,
> Lavar com falsas lágrimas as faces,
> Mudar de rosto a cada situação;
> Afundarei mais barcos que a sereia,
> Matarei mais que o olhar do basilisco,
> Discursarei melhor do que Nestor,
> Como Sinon tomarei outra Troia;

Sei colorir-me qual camaleão,
Mudar de forma melhor que Proteu,
Ensinar truques a Maquiavel;
Capaz disso, eu não pego essa coroa?
Ora, mesmo mais longe a agarrava.

Quando, depois da derrota definitiva dos Lancaster, Ricardo sabe que a rainha Margaret escapou para a França, e a fim de evitar que haja qualquer tentativa de pôr o antigo rei de volta no trono, ele parte rápido para a Torre de Londres, onde está preso Henrique VI e o mata, com total frieza. Em seguida, toma um momento para refletir sobre o que fez:

Eu, sem piedade, sem amor, sem medo;
É bem verdade o que me disse Henrique:
Cheguei ao mundo com as pernas pra frente.
Pois não tinha eu razão pra apressar-me,
Para arruinar o que nos usurpou?
A parteira assustou-se; outras gritaram:
"Jesus, socorro! Já nasceu com dentes!"
O que é verdade e quer dizer, bem claro,
Que hei de rosnar, morder, bancar o cão;
Pois já que os céus assim me deformaram,
Que fale o inferno, me entortando a mente:
Não tenho irmão, não me assemelho a irmão,
E o amor, palavra que abençoa o velho,
Reside em homens que são parecidos,
E não em mim. Eu sou eu só, sozinho.

Para Shakespeare, é exatamente essa ausência de amor, de solidariedade humana, que melhor revela a maldade nos homens. Ricardo volta à corte para dar a boa notícia do assassinato, e a peça acaba com Eduardo, sem contar com a consequência de sua má escolha matrimonial, preparando-se ingenuamente para festas e comemorações, porque "aqui começam as nossas alegrias". Não pode haver final mais irônico, já que a peça que se segue imediatamente é *Ricardo III*.

RICARDO III
(1592)

PERSONAGENS

EDUARDO IV, REI DA INGLATERRA, DA DINASTIA YORK
ELIZABETH GREY, RAINHA DA INGLATERRA
DUQUESA DE YORK, MÃE DO REI EDUARDO IV,
DE CLARENCE E DE RICARDO
MARGARET, VIÚVA DO REI HENRIQUE VI,
DA CASA DE LANCASTER
GEORGE DE CLARENCE, IRMÃO DO REI EDUARDO IV
RICARDO DE GLOUCESTER, IRMÃO DO REI EDUARDO IV,
FUTURO RICARDO III
DUQUE DE BUCKINGHAM, ALIADO DE RICARDO
NA CONSPIRAÇÃO
CATESBY E HASTINGS, SEGUIDORES DE RICARDO
CONDE DE WARWICK, O "FAZEDOR DE REIS",
LIGADO AOS YORK
RIVERS, GRAY, VAUGHAN, LIGADOS À RAINHA ELIZABETH
PREFEITO DE LONDRES
TYRREL, ASSASSINO DOS FILHOS DE EDUARDO IV
HENRY TUDOR, CONDE DE RICHMOND, CANDIDATO À COROA
LORD STANLEY, PADRASTO E APOIADOR DE HENRY TUDOR

HENRIQUE VI, O ÚLTIMO LANCASTER, foi um homem bom e piedoso, porém mau rei em razão de sua fraqueza e incompetência. Sua má gestão, porém, permitiu e estimulou o arrasador conflito doméstico da Guerra das Rosas, e culminou por levar ao trono da Inglaterra o pior de todos os reis, Ricardo III, considerado o primeiro grande protagonista da obra de Shakespeare. A popularidade da peça, desde a estreia, pode ser comprovada, entre outros fatores, por ela ter tido nada menos de seis edições antes da publicação das obras completas de Shakespeare, em 1623.

O fato de Ricardo ter um ombro bem mais alto que o outro e também um braço ressequido favorecia a intenção do autor de mostrá-lo não apenas como um mau rei mas também como má pessoa, já que na época qualquer deformação física era tida como indício de deformação moral.

Além de encontrar farta documentação sobre os crimes e o aspecto físico de Ricardo na biografia escrita por sir Thomas More, não há dúvida de que Shakespeare, no intuito de marcá-lo como corporificação do mal, usou para criá-lo as características do vício da literatura e do teatro da Idade Média, também chamado iniquidade, falso testemunho e duplicidade, entre outros nomes, todos negativos.

A peça abre com um grande e famoso monólogo de Ricardo, graças ao qual o público fica plenamente informado de sua verdadeira natureza e seus verdadeiros objetivos:

> E agora o inverno de nosso desgosto
> Faz-se verão glorioso ao sol de York;

E as nuvens que cobriam nossa casa
'Stão todas enterradas no oceano.
Nossas frontes ostentam as coroas
Da glória; os braços erguem-se em estátua;
E a guerra – com semblante transformado –
Em vez de galopar corcéis hirsutos
Para aterrar as almas do inimigo
Vai saltitar no quarto de uma dama
Ao lascivo tanger de um alaúde.
Mas eu, sem jeito para o jogo erótico,
Nem para cortejar meu próprio espelho,
Que sou rude, e a quem falta a majestade
Do amor pra mostrar-me ante uma ninfa;
Eu, que não tenho belas proporções,
Errado de feições por malícia
Da vida, inacabado, vindo ao mundo
Antes do tempo, quase pelo meio,
E tão fora de moda, meio coxo,
Que os cães ladram, se deles me aproximo...
Eu que nesses fraquíssimos momentos
De paz não tenho um doce passatempo
Senão ver minha própria sombra ao sol
E cantar minha própria enfermidade;
Já que não sirvo como doce amante,
Para entreter esses felizes dias
Determinei tornar-me um malfeitor
E odiar os prazeres destes tempos.
Armei conspirações, graves perigos,

Profecias de bêbados, libelos,
Para pôr meu irmão Clarence e o rei
Dentro de ódio mortal, um contra o outro.
E se o rei Eduardo for tão firme
Quanto eu sou falso, fino e traiçoeiro,
Inda este dia Clarence será preso;
Pois uma profecia diz que G
Será o algoz dos filhos de Eduardo...

Após este monólogo, Ricardo pode "representar" para os outros personagens, se mostrando sempre como um perseguido, vítima de seu físico desagradável, sincero e incapaz de mentir; porém o faz sem iludir a plateia, que já está avisada sobre seu falso comportamento.

Para estruturar a ação em torno da figura e da carreira de Ricardo, Shakespeare vai de encontro à verdade histórica incluindo a figura de Margaret, a viúva de Henrique VI, no elenco. Mas, sabendo que ela, após a morte do marido, nunca mais voltara à Inglaterra, ele não a faz tomar parte em nenhum trecho da efetiva evolução da trama: como a Fúria[7] do teatro medieval, ela aparece, louca, para maldizer os York de modo geral e Ricardo em particular, em uma fala extraordinária que, junto com o monólogo inicial dele, serve de guia aos acontecimentos: à medida que o que ele planeja vai acontecendo, as pragas que ela roga vão também se concretizando.

7 A personificação dos sentimentos era um recurso comumente usado no teatro medieval. (N.E.)

Depois de estabelecer o ambiente na Inglaterra e seus malignos planos para chegar ao poder, o famoso monólogo de Ricardo já mostra que ele começara a agir. George vai preso simplesmente porque tem o nome começando com G, sem que Ricardo lembre ao rei que ele é Ricardo, duque de Gloucester, e que, portanto, tem G no nome. Ricardo aparece, a caminho da cadeia, e diz a Clarence que a rainha fora a responsável por sua prisão, garantindo assim que se agrave a crise entre o rei Eduardo e George de Clarence.

Em seguida, Ricardo interrompe a procissão do funeral de Henrique VI, para enfrentar Anne, viúva de Edward, o filho de Henrique VI, que ele, Ricardo, matara. Argumenta com tal habilidade com a pobre Anne, que, perdida e sem apoio em uma corte York, onde não resta mais nenhum Lancaster, ela acaba concordando em se casar com ele.

O rei Eduardo, doente e quase morrendo, reúne a família para que todos se reconciliem, e, nessa ocasião, mais uma vez, Ricardo faz o papel de bom-moço, o infeliz perseguido, com cinismo total. A rainha Margaret aparece, se regozija por ver os York brigando e, finalmente, avança para lançar sua maldição contra todos eles, em uma fala notável que dirige primeiro à rainha (mulher de Eduardo IV) e depois a Ricardo:

> Se é dado às maldições entrar no céu,
> Abri-vos, nuvens, a meu brado de ódio!
> Que o teu rei seja morto, não na guerra,
> Mas pelo excesso, como assassinado

Morreu o nosso pra fazê-lo rei!
Teu filho Eduardo, príncipe de Gales,
Pelo meu Eduardo, que era o príncipe,
Morra jovem, também pela violência!
Tu, rainha, por mim, que fui rainha,
Sobrevivas à glória, como eu mesma!
Vivas muito, a chorar pelos teus filhos!
Vejas outra, como eu vejo hoje a ti,
Coberta dos direitos que hoje gozas,
Como estás instalada tu nos meus.
(...)
Eu não te esqueço, cão; espera e ouve:
Se o céu possui alguma horrenda praga
Que exceda estas que eu lanço sobre ti,
Guarde-as, até que sazonem teus pecados,
E então derrame sua indignação
Sobre ti, destruidor da paz do mundo!

Enquanto isso, Clarence, na prisão, relata ao guarda o sonho que teve, no qual Ricardo o mata, muito embora continue a pensar que ele é seu protetor na corte. Em seguida, os assassinos que Ricardo contratara, chegam à prisão e, depois de quase desistirem da missão, convencidos pela eloquência de Clarence ("Fostes chamados, dentre o mundo inteiro,/ Para matar um inocente?"; "Meu amigo, há um vislumbre de piedade/ Nos teus olhos."), cumprem as ordens de Ricardo. Quando Eduardo, moribundo, quer perdoar Clarence, Ricardo vem avisá-lo da morte do irmão, e Eduardo morre pensando que é o responsável por mais esse crime.

Morto Eduardo IV, o novo rei deve ser o príncipe Edward, seu filho, que tem dez anos de idade e está em um castelo afastado de Londres, em companhia do irmão, o jovem duque de York, de oito anos. Ricardo e seu grande aliado, seu "segundo eu", o duque de Buckingham, planejam mandar buscar os jovens príncipes e – para aguardar a coroação – os instalam na Torre de Londres. Desde logo Ricardo manda Catesby, seu seguidor, consultar Hastings sobre a possibilidade de a coroa passar para Ricardo. Como Hastings permanece fiel aos príncipes meninos, no dia seguinte ele é enforcado "por traição", e logo depois os mais conhecidos partidários da rainha e dos príncipes, Rivers, Grey e Vaughan, são também executados, sem qualquer julgamento ou sequer acusação.

Fingindo estar sendo ameaçado, Ricardo simula um ataque a si mesmo, se faz novamente de santo e consegue o apoio do prefeito de Londres como candidato à coroa. Com as grandes qualidades de Ricardo sendo proclamadas por seus amigos, está na hora de ser preparada sua coroação.

A notícia da usurpação chega à duquesa, mãe de Ricardo, também à Elizabeth, viúva de Eduardo, e à Anne, quando elas estão tentando visitar os meninos na Torre de Londres e são impedidas; assustada, a ex-rainha manda seu filho Dorset fugir para a Bretanha e lá unir-se ao conde de Richmond.

Ricardo quer que Buckingham mate os meninos, e, como este hesita por uns momentos, encarrega outro, Tyrrel, da tarefa. Quando Buckingham volta e tenta receber o que Ricardo lhe havia prometido por ajudá-lo a conquistar a coroa, esbarra em uma negativa que o leva a resolver juntar-se a Richmond.

Tyrrel mata os dois principezinhos; Anne, que Ricardo mandara anunciar que estava doente, morre; agora rei, enfrentando a ira da rainha Elizabeth, viúva de Eduardo, pelas mortes de seus irmãos e filhos, Ricardo cinicamente se oferece como marido para a filha dela, sua própria sobrinha, que já estava prometida a Richmond. Este aparece representando agora a dinastia Lancaster, já tendo reunido um grande exército para desembarcar em solo inglês. E Buckingham, que o apoiava, é traído pela maré ao chegar, sendo feito prisioneiro e morto por Ricardo.

Na noite da véspera da batalha entre Ricardo e Richmond – apresentada como um grande conflito entre o bem e o mal –, há uma notável cena em que os fantasmas de todos que Ricardo matou aparecem amaldiçoando-o e rezando por sua derrota, para em seguida aparecerem no sono tranquilo de Richmond, abençoando-o e rezando por sua vitória. Ricardo é como sempre valente na batalha, mas é derrotado, e, quando cai morto, a coroa fica presa em um arbusto, e Stanley, o padrasto de Richmond, a entrega ao futuro novo rei.

Com a vitória militar e o casamento com Elizabeth, da dinastia York, acaba finalmente a Guerra das Rosas, e Richmond sobe ao trono como Henrique VII, o primeiro rei da dinastia Tudor, cujo símbolo será uma rosa branca e vermelha.

LIBERDADE DO DOMÍNIO DA FORMA

SONHO DE UMA NOITE DE VERÃO (1595)
O MERCADOR DE VENEZA (1597)
A MEGERA DOMADA (1594)
REI JOÃO (1594)
ROMEU E JULIETA (1596)

SHAKESPEARE JÁ ESTAVA EM LONDRES há cerca de cinco anos e gozava de pleno domínio da forma dramática, em qualquer uma de suas variadas manifestações. Os teatros haviam ficado fechados desde o final de 1592 até meados de 1594, por causa de uma forte epidemia de peste bubônica, e as peças que ele escreve a partir de sua reabertura já o mostram buscando caminhos próprios, mais livre para contar as histórias que o atraem por poderem ser usadas como veículo para expressar suas ideias.

Na época de Shakespeare, ninguém jamais lembrou-se de registrar em que data cada uma delas havia sido escrita, de modo que referências no texto ou de pessoas que tivessem visto o espetáculo, fora as características de cada época, mudam com o amadurecimento do autor; só podemos integrar cada texto em uma época, sem saber realmente, dentre aquele grupo, em que ordem foram escritas. Há nessas peças, do período entre 1594 e 1596, alguns pontos em comum: o tom lírico que aparece em momentos poéticos e o fato de o autor tratar com mais atenção, mas não exclusivamente, de relações interpessoais.

SONHO DE UMA NOITE DE VERÃO
(1595)

PERSONAGENS

TESEU, DUQUE DE ATENAS
HIPÓLITA, RAINHA DAS AMAZONAS,
NOIVA DO DUQUE DE ATENAS
HÉRMIA, ATENIENSE NOIVA DE DEMÉTRIO,
MAS APAIXONADA POR LISANDRO
HELENA, ATENIENSE NOIVA DE LISANDRO,
MAS APAIXONADA POR DEMÉTRIO
LISANDRO E DEMÉTRIO, DOIS FIDALGOS MUITO
SEMELHANTES FISICAMENTE QUE SÃO APAIXONADOS,
ALTERNADAMENTE, PELAS DUAS ATENIENSES
EGEU, PAI DE HÉRMIA
OBERON, REI DAS FADAS
TITÂNIA, RAINHA DAS FADAS
PUCK, OU ROBIN, E SEMENTE DE MOSTARDA,
SERVIDORES DE TESEU
ERVILHA DE CHEIRO, TEIA DE ARANHA E MARIPOSA,
FADAS A SERVIÇO DE TITÂNIA
QUINA, BOBINA, SANFONA, JUSTINHO, BICUDO
E FOMINHA, ARTESÃOS QUE ENSAIAM
PARA COMEMORAR O CASAMENTO REAL

ESSA LINDA COMÉDIA trata basicamente do amor e dos obstáculos a serem vencidos até que ele possa se realizar. Constitui uma trama tripla em que Hérmia, Helena, Lisandro e Demétrio passam por problemas na adolescência, com oposição dos pais às suas vontades. A peça abre quando Hipólita e Teseu se preparam para se casar depois de terem se enfrentado em uma guerra, e os artesãos que vão festejar as bodas do famoso casal ensaiam uma "hilariante tragédia" de amor contrariado, sem saber exatamente diferenciar a vida e a arte. Como se diz muito que Shakespeare não sabe criar enredos e escreve apenas a partir de outros, é preciso lembrar que não existe nenhuma fonte para esta trama básica dos dois casais.

Em cena, quando Teseu anuncia seu casamento com Hipólita para daí a quatro dias, Egeu, pai de Hérmia, aparece para se queixar de que a filha quer se casar com Lisandro, e não com Demétrio, que ele escolhera para marido dela; isso leva Lisandro a dizer

> Em tudo aquilo que até hoje eu li,
> Em lendas ou histórias que eu ouvi,
> O amor nunca trilhou caminhos fáceis.

Nesse contexto, torna-se importante a informação de que nas leis de Atenas, na ocasião da ação, os pais tinham total poder sobre as filhas, podendo até mandar matá-las ou trancá-las em um convento caso se negassem a casar com quem indicassem.

Enquanto Egeu está em conversa com Teseu sobre os planos para seu casamento, Lisandro convence Hérmia a fugir com ele para a floresta, na qual uma rica tia dele os abrigará, podendo, assim, se casar sob proteção. Hérmia conta o plano a sua amiga Helena, para variar triste e queixosa porque Demétrio, por quem ela é apaixonada, não a ama, preferindo casar-se com Hérmia. Mas a notícia deixa Helena contente e a jovem resolve contar o plano da amiga para Demétrio, confiando que assim ele lhe ficaria agradecido e a trataria melhor.

Na floresta Oberon e Titânia, o rei e a rainha das fadas, que andam brigados há alguns meses, se encontram e brigam ainda mais, porque Teseu quer que Titânia lhe ceda, para seu séquito, um pajem da corte dela, do qual ela não quer se separar, já que é filho de uma serva sua que morreu e lhe entregou o filhinho para criar. Oberon, realmente irritado, manda seu diabinho de estimação, Puck (ou Robin), pingar umas gotas de certa flor nos olhos de Titânia quando ela for dormir, a fim de que ela se apaixone pelo primeiro ser que encontrar ao acordar. Para adormecê-la, as fadas cantam uma canção:

PRIMEIRA FADA

Cobra de língua dobrada
Deve sumir, coma doninha;
Batráquios, não façam nada,
Fiquem longe da rainha.

CORO

O rouxinol vai cantar
Sua canção de ninar
Nana, nana, ninou, nana, nana, ninar
Nem feitiço nem encanto
Por aqui podem passar:
A noite é pra descansar.

PRIMEIRA FADA

Larga a teia e vai-se embora
A aranha de perna torta:
O besouro dá o fora
E o verme se comporta.

CORO

O rouxinol vai cantar
Sua canção de ninar
Nana, nana, ninou, nana, nana, ninar
Nem feitiço nem encanto
Por aqui podem passar:
A noite é pra descansar.

SEGUNDA FADA

Vão que tudo está aquietado,
Fique só um guarda postado.

Na floresta está também um grupo de artesãos que ensaia a antiquada *Tragédia de Píramus e Tisbe*, o que diverte muito

Puck, pela total incompetência dos atores, Bobina, o tecelão, Quina, o carpinteiro, Sanfona, o remendão de foles, Justinho, o marceneiro, Bicudo, o funileiro, e Fominha, o alfaiate:

BOBINA

Tem umas coisas nessa comédia de Píramo e Tisbe que nunca vão conseguir agradar. Primeiro, Píramo tem de puxar da espada para se matar, coisas que as madames não suportam. O que é que você me diz disso?

BICUDO

E palavra que vão ter um medo muito perigoso.

FOMINHA

Eu acho que, pensando bem, temos que deixar as matanças de fora.

BOBINA

Nada disso, eu tenho uma ideia para dar jeito em tudo. É só me escreverem um prólogo, e no prólogo avisamos a todo mundo que não vamos fazer mal a ninguém com nossas espadas e que Píramo não é matado de verdade. E para maior garantia, fica dito a eles, também, que eu Píramo não sou Píramo mas Zé Bobina, o Tecelão. Isso tira todo o medo deles.

(...)

PUCK

Que fazem esses trapos barulhentos
Tão próximos ao leito da rainha?
O que é isso, uma peça? Eu vou ouvir
E, se achar que é preciso, viro ator.

Moleque como sempre, Puck faz Bobina ficar com uma cabeça de burro quando sai de cena um momento. Quando Bobina retorna, os companheiros saem correndo, apavorados.

BICUDO

Bobina, você está diferente. O que é isto que estou vendo em você?

BOBINA

O que você está vendo? Só podia ser a sua cabeça de burro, ora essa

QUINA

Deus que o abençoe, Bobina, você está transmudado.

BOBINA

Estou vendo essa sujeira, vocês estão vendo se conseguem me fazer de burro para me assustar.

Em outra parte da floresta, vendo Demétrio maltratar Helena, Oberon ordena a Puck que pingue o suco da paixão nos olhos de um rapaz com trajes atenienses, naturalmente Demétrio. Tentando cumprir a tarefa que Oberon lhe deu, Puck vai alegre pela floresta, com dificuldade para encontrar o rapaz, que deve fazer-se apaixonar por Helena. Em sua missão, o diabinho vai cantando no caminho:

Pela floresta eu corri,
E ateniense eu não vi,
Em cujos olhos pingar
Meu licor que faz amor.
Mas, silêncio! Quem está aí?
Roupas de Atenas eu vi:
É ele que o meu patrão
Diz que não tem coração.
E ali a repudiada
Dorme na terra encharcada.
Nem pôde fazer a cama
Perto de quem não a ama.
Em seu olho indiferente
Jogo esse suco potente:
Que o amor, em seu olhar,
Não o deixe descansar.
Desperte quando eu partir.
Volto pr'Oberon servir.

Como os jovens tinham se perdido na floresta, Puck pinga o suco por engano nos olhos de Lisandro e a confusão chega ao auge quando os dois ficam apaixonados por

Helena, que acha que os dois estão zombando dela, e Lisandro acaba abandonando Hérmia, que fica desesperada e sozinha.

O terceiro ato é todo entregue a uma total confusão: Titânia acorda e se apaixona por Bobina, agora com cabeça de burro, que fica espantado mas encantado com sua condição de amado da rainha, servido por suas fadinhas servas, principalmente Semente de Mostarda, Teia de Aranha e Ervilha de Cheiro. Enquanto esse estranho romance tem lugar, os quatro jovens atenienses vivem toda espécie de desentendimento, até que Oberon se dá conta do que houve e faz com que eles quatro, exaustos, adormeçam na grama, fazendo Puck corrigir a confusão com gotas de uma nova flor.

No quarto ato, Titânia acorda e se dá conta do grotesco episódio de amor com Bobina; este volta a ser quem é e reencontra os companheiros, que estavam tristes sem o seu melhor ator. Teseu e Hipólita, que estavam caçando, encontram os quatro jovens adormecidos; e, já que agora Demétrio ama Helena, Egeu não tem remédio senão consentir que a filha Hérmia se case com Lisandro.

O ato final é todo uma festa: os três casais se casam no mesmo dia, e, em respeito ao esforço dos menos preparados, Teseu escolhe a peça dos artesãos para o entretenimento que deve ter lugar depois da cerimônia e antes da hora de os casais se recolherem para a noite de núpcias. Quando os rapazes jovens riem do que está sendo apresentado, Teseu, como bom governante, chama a atenção deles, pois os artesãos estão fazendo o melhor que podem, e por isso têm de ser respeitados. Aqui, novamente o autor mostra-se preocupado com a questão da boa administração.

Saem todos os humanos e, com as fadas, Oberon abençoa a casa:

Agora, até de madrugada
Aqui teremos cada fada.
O próprio leito do noivado
Será por nós abençoado:
E quem dali vier ao dia
Terá fortuna e alegria.
E assim os três casais de amantes
Sempre serão no amor constantes;
E os erros vis da natureza
Não mancharão sua beleza;
Nenhum defeito ou cicatriz
Lhes virá dar prole infeliz
Ou desprezada por nascer –
Como acontece a tanto ser.
Com este orvalho consagrado,
Fadas, fazei o ordenado!
E – abençoado em cada sala –
Neste palácio a paz se instala:
Todos terão doce repouso
E o seu senhor será ditoso.
Parti agora,

E sem demora,
Vinde encontrar-me à luz da aurora!

Nesta peça, mais uma vez, Shakespeare deixa claro ter lido avidamente as comédias de Plauto pois, tal qual acontecia nas obras do autor romano, Puck vem concluir a peça e pedir aplausos ao público:

Se nós, sombras, ofendemos,
Acertar tudo podemos:
É só pensar que dormiam,
Se visões apareciam,
E que esse tema bisonho
Apenas criou um sonho.
Plateia, não repreenda;
Com perdão, tudo se emenda.
Puck afirma, sem mentir:
Se conseguirmos sair
Daqui sem ninguém vaiar,
Prometemos melhorar.
Juro que não estou mentindo;
Boa noite, eu vou saindo.
Se aplaudirem, como amigos,
Puck os salva de perigos.

O MERCADOR DE VENEZA
(1597)

PERSONAGENS

ANTÔNIO, O MERCADOR DE VENEZA
BASSÂNIO, AMIGO DE ANTÔNIO, APAIXONADO POR PÓRCIA
SHYLOCK, A QUEM ANTÔNIO PEDE DINHEIRO PARA BASSÂNIO
PÓRCIA, RICA HERDEIRA, APAIXONADA POR BASSÂNIO
NERISSA, DAMA DE COMPANHIA DE PÓRCIA
PRÍNCIPE DE ARAGÃO, CANDIDATO À MÃO DE PÓRCIA
PRÍNCIPE DE MARROCOS, TAMBÉM CANDIDATO À MÃO DE PÓRCIA
GRAZIANO, AMIGO DE BASSÂNIO
JÉSSICA, FILHA DE SHYLOCK, APAIXONADA POR LORENZO
LORENZO, JOVEM VENEZIANO APAIXONADO POR JÉSSICA
BALTAZAR, JOVEM ADVOGADO QUE ATUA NO JULGAMENTO DE ANTÔNIO
LAUNCELOT, CRIADO DE SHYLOCK E DEPOIS DE BASSÂNIO

CONTINUANDO A ESCREVER sobre as relações interpessoais, neste período Shakespeare já começa a ampliar seu campo de interesse e a situar os protagonistas de suas tramas em ambientes mais complexos e com problemas mais sérios. Para escrever *O mercador de Veneza*, faz uso de duas situações de contos de fadas: a primeira refere-se a uma escolha que deve ser feita entre três opções, como ocorre em *Cinderela*, *O gato de botas* ou em *Rei Lear*; e, a segunda, a um compromisso inadmissível, o qual firma-se confiando em que o momento de cumpri-lo não favorecerá a má consequência, como a promessa de Idomeneo de sacrificar a primeira pessoa que encontrar ao pisar em terra firme, e, ao chegar, deparar-se com seu filho. O tom lírico domina a comédia (sim, porque haverá um final harmônico), mas pela primeira vez Shakespeare irá usar a prosa em tom sério e em momento significativo.

Em Veneza, Antônio, o bem-sucedido mercador, conta a um pequeno grupo de amigos que está triste mas não sabe por quê. Nesse momento, chega Bassânio, seu grande amigo, e lhe conta que está apaixonado mas não tem dinheiro para fazer a corte como deve ser feita, pedindo-lhe dinheiro emprestado com a promessa de pagar após o casamento.

Em Belmonte, requintada área residencial de Veneza, a jovem Pórcia queixa-se à aia e amiga Nerissa de ser muito infeliz porque o pai, ao morrer, deixara determinado que ela só poderia casar-se com aquele que, entre três arcas, uma de ouro, uma de prata, uma de chumbo, fizesse a escolha correta. Até o momento parecem-lhe horríveis todos os candidatos que se apresentaram. E ela deve receber em breve o príncipe de Marrocos, que também quer tentar a escolha.

Enquanto isso, Antônio, cujo capital está todo engajado em vários navios a caminho de diferentes pontos de comercialização, para atender o amigo pede 3 mil ducados a Shylock, o judeu de quem várias vezes falara mal e fizera pouco em encontros no Rialto, a área comercial da cidade. Shylock diz que faz questão de não cobrar juros de Antônio, já que este condena essa prática, e que, a título de brincadeira, eles assinarão um contrato segundo o qual, no caso de não pagamento em determinado prazo, Shylock poderá tirar do corpo de Antônio uma libra de carne. Bassânio diz que Antônio não deve assinar, porém este, confiando que suas naves lhe trarão bem mais que o necessário dentro do tempo estipulado, assina o documento.

Jéssica, filha de Shylock, está apaixonada pelo cristão Lorenzo e os dois pretendem fugir, no que são ajudados por Launcelot, o esperto criado de Shylock que passa para o serviço de Bassânio. E, quando Shylock sai de casa para ir tratar do empréstimo a Antônio, Lorenzo e seus amigos, aproveitando o Carnaval, raptam Jéssica, que leva consigo joias e dinheiro do pai, tendo se disfarçado de pajem para integrar-se no alegre grupo.

Em Belmonte, com grande solenidade, o príncipe de Marrocos vai fazer sua escolha, lendo antes o que está escrito nas arcas:

A primeira é de ouro com a inscrição
"Eu tenho o que desejam muitos homens".
A segunda, de prata, aqui promete:
"Quem me escolher terá o que merece".
A terceira, de chumbo, afirma, rude:
"Escolhe a mim quem dá e arrisca tudo".

Informado de que na arca certa será encontrado um retrato de Pórcia, o príncipe de Marrocos tem uma longa e bela fala de reflexão, escolhe a de ouro, que é errada, e foge apavorado pelo que lê na mensagem que há dentro, que começa com "Nem tudo o que luz é ouro/ É verdade repetida;/ Muita gente perde a vida/ Só para olhar um tesouro". Aliviada, Pórcia prepara-se para o próximo candidato.

O novo candidato à mão de Pórcia é o príncipe de Aragão, que, após refletir e deixar claro que pensa muito bem de si mesmo, escolhe a arca de prata, também errada e acompanhada por outra mensagem assustadora. O príncipe de Aragão mal acaba de fazer sua escolha e é anunciada a chegada de "um jovem veneziano", que o mensageiro cobre de elogios a ponto de Pórcia mandar que ele pare, pois acredita que esteja anunciando algum parente. A cena acaba com Nerissa exclamando que espera que seja Bassânio, obviamente por saber que Pórcia já andou trocando olhares com ele.

Como sempre, o ato central concentra a essência da ação, e tem três etapas: na primeira, para regozijo de Shylock, correm boatos de desastres com várias naves de Antônio, criando um clima tenso. Shylock, provocado pelos amigos de Bassânio, hesita entre a alegria pelos azares de Antônio e a dor e a revolta pela fuga de Jéssica, e dá uma amarga explicação para o empréstimo em uma fala que tem muito do ressentimento contra o antissemitismo, que contém a seguinte passagem:

> Um judeu não tem olhos? Um judeu não tem mãos, órgãos, dimensões, sentidos, afeições, paixões? Não é alimentado pela mesma comida, ferido pelas mesmas armas, sujeito às mesmas doenças, curado pelos mesmos meios, esquentado e regelado pelo mesmo verão e inverno tal como um cristão? Quando vós nos feris, não sangramos nós? Quando nos divertis, não nos rimos nós? Quando nos envenenais, não morremos nós? E, se nos enganais, não haveremos nós de nos vingar? Se somos como vós em todo o resto, nisto também seremos semelhantes.

Enquanto isso, em Belmonte, Bassânio e Pórcia, apaixonados, aguardam em grande tensão a escolha da arca. Ela tenta adiar o momento:

> Eu lhe peço que aguarde um dia ou dois
> Para arriscar-se, pois se escolhe errado
> Perco sua companhia; aguarde um pouco –
> Algo me diz (mas que não é amor)
> Que eu não quero perdê-lo, e o senhor sabe
> Que não é ódio que aconselha assim.

Bassânio, no entanto, não aguenta a ideia dessa terrível espera e também ele tem sua fala de reflexão antes da escolha, cujo começo e fim são:

O aspecto pode ser contrário à essência –
O mundo muito engana na aparência –
Na lei, que causa chega tão corrupta
Que a palavra sonora e adocicada
Não lhe atenue o erro?
(...)
Mas a ti,
Ó pobre chumbo, que me falas mais
De ameaças que promessas, eu darei
A minha escolha. Que ela seja alegre!

E a reação de Pórcia à escolha certa é de paixão:

Todas as paixões mais se desvanecem:
O medo, os olhos verdes do ciúme.
Amor, modera-te, controla o êxtase,
Faz cair leve a chuva da alegria!

E a prolongada explosão de alegria e felicidade acaba cortada por Salânio e Salério, amigos de Bassânio, que vêm avisar que Antônio perdeu a aposta e Shylock está exigindo o cumprimento do contrato. Pórcia e Bassânio trocam anéis, e ela o autoriza a gastar o quanto for necessário para salvar o amigo, já que Bassânio sente ter sido dele a culpa de Antônio passar esse perigo.

Jéssica e Lorenzo vão para Belmonte, onde pedem abrigo a Pórcia. Ela não apenas os recebe muito bem como, alegando ter de afastar-se por um assunto sério, deixa-os encarregados de dirigir a casa em sua ausência. O motivo da tal ausência é o fato de Pórcia ter resolvido participar do julgamento da cobrança de empréstimo, apresentando-se como Baltazar, advogado de Antônio.

A grande cena do julgamento é em si um notável exemplo da questão da justiça e das leis. Shylock, amargurado com a fuga da filha, tornou-se implacável com Antônio, e enquanto ele insiste na letra da lei, nos termos exatos do contrato, tudo parece ir ao seu favor. Pórcia, como o jovem advogado recomendado por seu tio jurista, apela para a misericórdia, em fala tocante, que começa assim:

> A graça do perdão não é forçada;
> Desde os céus como uma chuva fina
> Sobre o solo: abençoada duplamente,
> Abençoa a quem dá e a quem recebe;
> É mais forte que a força: ela guarnece
> O monarca melhor do que a coroa;
> O cetro mostra a força temporal,
> Atributo de orgulho e majestade,
> Onde assenta o temor devido aos reis;
> Mas o perdão supera essa imponência:
> É um atributo que pertence a Deus,
> E o terreno poder se faz divino
> Quando à piedade curva-se a justiça.

E é com a letra da lei que Shylock é derrotado no tribunal, perdendo sua fortuna em parte para a filha, em parte para Antônio. Bassânio fica mais do que grato ao advogado que livrou o amigo, procura pagá-lo, mas este recusa qualquer coisa, a não ser o anel que ele traz no dedo e que jurara a Pórcia jamais tirar. Bassânio acaba por dar o anel a Baltazar, e depois tem que se explicar à esposa.

Depois da imponente cena do julgamento, o tom lírico da comédia é reposto no início do último ato, com um lindo diálogo entre Jéssica e Lorenzo, que, após lembrar inúmeras das grandes histórias de amor, leva Lorenzo a dizer:

> Como é doce o luar sobre esta encosta!
> Aqui fiquemos, pra que os sons da música
> Encham o nosso ouvido: a noite calma
> Combina com os sons desta harmonia.
> Senta, Jéssica, vê o chão do céu
> Patinado de ouro flamejante;
> Não há uma só órbita, no espaço
> Que, ao se mover, não cante como um anjo,
> Pra acalentar os doces querubins.

Jéssica, Bassânio, Graziano e Nerissa, acompanhados por Antônio, chegam a Belmonte, para comemorar, e a comédia termina em tom de celebrada alegria.

A MEGERA DOMADA
(1594)

PERSONAGENS

NO "PRÓLOGO"
CHRISTOPHER SLY, UM FUNILEIRO BÊBADO
A ANFITRIÃ
UM LORDE
PAJENS, CAÇADORES E CRIADOS QUE SERVEM O LORDE
UMA COMPANHIA DE ATORES

NA "MEGERA DOMADA"
BATISTA, ABASTADO CAVALHEIRO DE PÁDUA
KATHERINA, A MEGERA, FILHA MAIS VELHA DE BATISTA
PETRUCCHIO, CAVALHEIRO DE VERONA,
QUE ESTÁ PRONTO A DOMAR A MEGERA
BIANCA, FILHA MAIS MOÇA DE BATISTA
LUCENTIO, CAVALHEIRO DE PISA, APAIXONADO POR BIANCA
VICENTIO, PAI DE LUCENTIO
TRÂNIO, CRIADO DE LUCENTIO
HORTÊNSIO, CANDIDATO AO AMOR DE BIANCA
UMA VIÚVA

COM DUAS CENAS, temos um "Prólogo" que se inicia quando Christopher Sly, um mendigo bêbado, é levado para o palácio de um lorde rico, banhado, vestido e posto na cama até acordar; assim que acorda é tratado como um nobre que estivera doente e esquecido de sua vida, na qual tem até uma bela e jovem esposa. Justamente enquanto está sendo feita essa brincadeira, aparece em cena uma companhia de atores prontos para apresentar uma comédia, que é, então, a ação principal da peça *A megera domada*.

O jovem Lucentio chega a Pádua, Itália, com a intenção de estudar, mas logo ao chegar vê uma cena, na praça, em que Batista fala com os candidatos à mão de sua filha Bianca, explicando que esta não poderá casar-se antes que a mais velha, Katherina, encontre um marido. O próprio pai, que tem clara preferência pela caçula, não faz cerimônia ao dizer que a filha mais velha é insuportável, intratável, tudo isso na frente da própria, que – não é de espantar – fica revoltada e agressiva. O recém-chegado Lucentio se apaixona por Bianca e, tendo ouvido Batista dizer que precisa de professores para a filha mais nova, logo se oferece, trocando de lugar com seu criado Trânio, que se apresenta no lugar do patrão na fila dos candidatos. Estes, querendo alcançar Bianca, fazem um acordo de cooperação, a fim de encontrar um marido para Katherina. É quando aparece o cavalheiro Petrucchio, que declara seus objetivos ao viajar a Pádua:

> Os que espalham os jovens pelo mundo
> Pra buscar sorte bem longe de casa,
> Onde pouco acontece.

Senhor Hortênsio, o meu caso é este:
Meu velho pai, Antônio, faleceu,
E eu me atirei então nesta aventura,
Pra vencer e casar como puder.
A bolsa tenho cheia, bens em casa,
E então parti, pra conhecer o mundo.

Ao ouvir o cavalheiro, os pretendentes, animados, indagam se Petrucchio aceitaria se casar com uma mulher feia e diabólica; e quando ele responde que se fosse rica poderia ser qualquer dessas coisas, eles logo anunciam ter uma candidata linda e cheia de qualidades, apesar do humor de fera. Petrucchio diz logo que aceita, e já sai à procura do pai, enquanto os outros candidatos continuam a imaginar como alcançar Bianca. Em seguida, quando perguntado se estaria mesmo disposto ao cortejo, Petrucchio responde:

E por que 'stou aqui, senão pra isso?
Um barulhinho me afeta o ouvido?
Será que nunca ouvi leão rugir?
Ou o mar, perturbado pelos ventos,
Dar guinchos como um javali ferido?
Já não ouvi, nas horas de batalha,
Bater de armas, trompas e relinchos?
E falam de uma língua de mulher,
Que não faz a metade do barulho
De uma fogueira para assar castanhas?
Vão assustar meninos com mosquitos!

Seguem-se cenas em que Katherina reclama de Bianca, que está sempre se fazendo de vítima. Em seguida, a primogênita acaba saindo, deixando o campo livre para Batista voltar e, como sempre, proteger sua caçula. Petrucchio mal encontra o pai e já lhe pergunta se não tem uma filha Katherina, que é bela e virtuosa. E, mesmo diante da secura do pai, se apresenta fazendo os maiores elogios à moça e ainda apresenta Hortênsio, seu amigo pretendente ao amor de Bianca, para ser professor das meninas. Batista declara que infelizmente sua filha não serve para ele; Petrucchio muda a situação dizendo que pelo o que vê o pai não quer se separar dela. Depois de Trânio também apresentar Lucentio como candidato a professor, aceito por Batista, Petrucchio diz que não tem tempo a perder, e mesmo antes de ver Katherina já decide marcar o casamento para o domingo seguinte. Pede que o pai a mande falar com ele, sozinha, e antes que ela entre já elabora o plano para domar a megera: se falar alto, reclamará por sussurrar; se amarrar a cara, dirá que tem aspecto suave, e assim por diante.

O primeiro encontro entre Katherina e Petrucchio é uma grande briga, porém não há dúvida de que, desde o primeiro momento, cada um dos dois reconheceu no outro seu verdadeiro par, apesar da animosidade entre ambos, que resulta em diálogos cortantes:

KATHERINA

Burro e você são feitos para carga.

PETRUCCHIO

Bela carga é a que é feita de mulheres.

KATHERINA

Eu não sou pangaré como você.

PETRUCCHIO

Querida Kate, eu não lhe pesarei!
Pois sabendo como é jovem e leve...

KATHERINA

Leve demais pra que você me pegue,
Mas tendo todo o peso que me cabe.

PETRUCCHIO

Só de carne?

KATHERINA

Falou como urubu.

PETRUCCHIO

E urubu, doce pomba, não a pega?

KATHERINA

Mas, pra pomba, tudo isso é comer sapo.

PETRUCCHIO

Vamos, vespa, não está com tanta raiva.

KATHERINA

Se sou vespa, cuidado com o ferrão.

PETRUCCHIO

O remédio que tenho é arrancá-lo.

KATHERINA

Um tolo assim não sabe onde ele fica.

PETRUCCHIO

Quem não sabe onde 'stá ferrão de abelha?
No rabo.

KATHERINA

Na língua.

PETRUCCHIO

Língua de quem?

KATHERINA

Se é por grossura, na sua; e adeus.

O tom continua agressivo, mas Petrucchio confirma a data do casamento. Na frente do pai e dos amigos, ele garante que há um perfeito acordo entre eles de que ela irá se comportar como uma megera diante dos outros, mas será uma seda quando estiver só com ele.

Uma vez encontrado um marido para Katherina, voltam Hortênsio e Lucentio, candidatos à mão de Bianca, à antiga rivalidade, cada um se apresentando a Batista como o melhor marido. Para não restar dúvida de que a busca de casamentos ricos é de parte a parte, Batista declara que se casará com Bianca, no domingo seguinte ao do casamento de Katherina, aquele que apresentar as melhores garantias, ou seja, o mais rico.

O terceiro ato começa com Lucentio supostamente dando aula a Bianca, quando, na realidade, está aproveitando o tempo para conquistá-la, o que efetivamente consegue. Em seguida, entra em cena o casamento: na praça, todos esperam por Petrucchio; Katherina já está achando que passará pela humilhação de o noivo não aparecer. Petrucchio finalmente chega, trajando uma roupa velha e suja, ou meio caricata, e, quando lhe sugerem trocar-se antes da cerimônia, ele alega que Katherina se casará com ele, não com suas roupas.

Depois que noivos e convidados entram na igreja, na praça vão chegando notícias das loucuras que Petrucchio vai fazendo, o que, no entanto, não impede que a cerimônia se realize. Na saída, todos se preparam para o banquete nupcial, quando Petrucchio diz que não terá tempo para a festa, pois quer chegar em casa antes de anoitecer. Katherina grita, reclama, diz que vai ficar, mas Petrucchio, fingindo que a defende de quem a quer segurar, leva a noiva consigo. Os convidados, sem perceber exatamente o jogo do noivo, julgam que ele está partindo para uma vida infernal, e Bianca, como sempre se apresentando como superior, diz que, louca, a irmã teve o que merecia casando-se também com um louco.

O processo da "domação" de Katherina acontece na casa de Petrucchio. No seguinte diálogo, o casal chega exausto e faminto, mas o noivo reclama e ofende os criados dizendo que a comida está insuportável. Por fim, Katherina termina a noite em claro, sem comer:

PETRUCCHIO

Está queimado, como a carne.
Mas que cachorros! Que é do cozinheiro?
Como ousam, vilões, trazer pra mesa
Coisas feitas de um jeito que eu não gosto?
Levem tudo: as bandejas, copos, tudo.
(Atire neles pratos e comida)
Seus cabeças de mula, seus grosseiros!
'Stão reclamando? Eu curo vocês todos.
(Saem os criados)

KATHERINA

Marido, por favor, não se apoquente.
Com boa vontade, a carne estava boa.

PETRUCCHIO

Eu disse, Kate, 'stava queimada e seca,
E eu fico proibido de tocá-la
Porque provoca cólera e enraivece;
Melhor ficarmos ambos em jejum,
Sendo que somos todos dois coléricos,
Do que comer essa carne tostada.
Paciência; amanhã tudo se ajeita;
Mas esta noite jejuamos juntos.
E agora venha ao leito nupcial. *(Saem)*

Em algumas montagens, Petrucchio tem aparecido usando um chicote, ou agredindo Katherina fisicamente; mas não foi isso que Shakespeare escreveu originalmente. O que ele aparentemente quis mostrar é a necessidade do marido em fazer com que Katherina compreendesse que ela não está mais sendo injustiçada e aprendesse, assim, a integrar-se no relacionamento com o marido, o cabeça do casal. E a partir do momento em que ela, percebendo a jogada, passa a concordar com o marido mesmo que ele diga as coisas mais loucas, tudo entra no lugar. E, estando ambos de acordo, eles partem para visitar Batista em Pádua.

A trama de Bianca também tem de ser resolvida. Ela e Lucentio haviam fugido para se casar, mas conseguem esclarecer tudo, enquanto Hortênsio, rejeitado, casara-se com a viúva que o perseguia há tempos.

Como em várias outras comédias, tudo acaba com uma grande festa. Nesta, os três maridos conversam a respeito do casamento, lamentando o destino de Petrucchio, que resolve, diante dessa situação, fazer uma aposta para que se venha a saber qual é a esposa mais obediente. As três estavam em outra sala, e cada um deles deveria mandar chamar a sua para que viesse depressa ao seu encontro.

A dócil e submissa Bianca de outrora e também a viúva, que se mostrara sempre gentil, mandam dizer que estão ocupadas, e que os maridos, se quiserem, que as procurem. Petrucchio, por sua vez, manda chamar Katherina, e ela vai ao seu encontro imediatamente, obedecendo também quando ele a manda trazer as outras duas. Com todas presentes, Katherina tem uma grande fala sobre a obediência das mulheres, que muitas vezes é tida como machista, mas que na verdade, para ela, refletia a posição de harmonia naquela época expressada pela ideia do "encadeamento dos seres": se a mulher deve respeito ao marido, ele por sua vez tem de respeitar tudo ao que ela tem direito em sua posição. Katherina diz, entre outras coisas:

> Seu marido é senhor, é vida, é guarda;
> Seu chefe e soberano, ele é que lhe cuida.
> Ele a sustenta; seu corpo ele dedica
> Ao mais árduo labor, em terra e mar,
> Na noite horrenda e no frio do dia,
> Pra deixá-la no lar segura e quente.
> E só pede a você, por recompensa,
> Amor, beleza e doce obediência.

E no final ela afirma:

> Deixem, então, esse orgulho indevido,
> Pondo a mão sob o pé de seu marido,
> Como sinal de que, se o quer a sorte,
> A mão 'stá pronta – que ela o reconforte.

É importante, porém, notar que Petrucchio não pisa na mão da esposa, mas diz: "Mulher é isso! E agora um beijo, Kate!", deixando Lucentio e Hortênsio invejosos do relacionamento dele com essa Katherina domada.

REI JOÃO
(1594)

PERSONAGENS

JOÃO SEM-TERRA, REI DA INGLATERRA
FELIPE, O BASTARDO, SUPOSTO FILHO
DE RICARDO CORAÇÃO DE LEÃO
HENRIQUE, FILHO DE JOÃO
REI DA FRANÇA
LOUIS, DELFIM DA FRANÇA
ARTUR, REAL HERDEIRO DO TRONO,
FILHO DE GEOFFREY, IRMÃO MAIS VELHO DE JOÃO
LADY CONSTANCE, VIÚVA DE GEOFFREY
BLANCHE, SOBRINHA DE JOÃO
PANDULFO, NÚNCIO PAPAL
HUBERT DE BURGH, ASSESSOR DO REI JOÃO,
INCUMBIDO DE MATAR ARTUR
MELUN, NOBRE FRANCÊS QUE APOIA OS INGLESES

NA VERDADE UM DOS PIORES REIS de toda a história da Inglaterra, o rei João, chamado Sem-Terra, ficou um pouco mais prestigiado durante o reinado de Elizabeth, quando alguém se lembrou de fazer do seu pessoal e mesquinho conflito com Roma uma espécie de prenúncio da criação da Igreja inglesa. A falta de caráter e os vários crimes de João, no entanto, não permitem que se faça dele um bom protagonista, e boa parte do interesse da peça se dirige, então, para Felipe, o fictício filho bastardo de Ricardo Coração de Leão, que João substituíra no trono graças a muita conspiração e manipulação.

No início da peça, chega à Inglaterra um embaixador do rei da França, exigindo que o rei João entregue a coroa ao jovem Artur, seu sobrinho, filho de Geoffrey, o segundo dos três irmãos, que seria o herdeiro legítimo do trono inglês. João, fazendo-se de muito ofendido, imediatamente reúne uma tropa para atacar a França. Como nunca fora guerreiro competente, João dá o comando de boa parte das tropas a Felipe, o Bastardo, a quem ele concede o nome de Felipe Plantageneta.

As tropas inglesas e francesas chegam ao mesmo tempo à cidade de Angiers, e o prefeito, em nome da população, recusa-se a abrir as portas tanto para uma quanto para a outra, alegando que todos ali são súditos do rei da Inglaterra e precisa saber qual das duas vem em nome de seu rei. Felipe sugere que França e Inglaterra entrem em algum tipo de acordo para poder ocupar a cidade, mas fica chocado ao ver que o rei francês, que tanto bradara na defesa de Artur, abandona os direitos do menino quando é proposto o casamento de Louis, Delfim da França, com Blanche, sobrinha de João, o que implica também a cessão à França de várias províncias subordinadas aos ingleses. A indignação de Felipe é expressada em uma das falas mais famosas da peça:

> Oh lucro, que és a distorção do mundo,
> Do mundo que, de si, foi bem pesado
> E feito pra rolar em terra plana,
> Até que o ganho, que essa tara vil,
> Esse domo na estrada, o grande lucro,
> O fez perder o senso da isenção,
> Da direção, do curso, do objetivo.
> Pois essa mesma tara de ganância,
> Palavra cafetina que corrompe,
> Lançado ao caprichoso rei francês,
> O fez negar o auxílio prometido
> A uma guerra honrosa e acertada,
> Por uma paz selada em sordidez.

Felipe termina a fala com uma sugestão irônica de que ele mesmo se tornará desonesto, embora até o final ele continue a ser patriota e íntegro:

> Por que insulto eu todo esse lucro?
> Só porque ele não me quis, ainda,
> E não por poder eu fechar a mão
> Se os seus anjos[8] buscarem minha palma.

---

8 O "anjo" era uma moeda de considerável valor na Inglaterra dessa época.

(...)
Pois enquanto mendigo eu bradarei
Que o maior dos pecados é a riqueza;
E quando rico, eu digo, virtuoso,
Que não há vício igual à mendicância.
Se um rei quebra a palavra pra lucrar,
O ganho é o deus a quem hei de adorar.

Com a vergonhosa paz, ficam abandonados o pequeno Artur e sua mãe, Lady Constance.

Essa paz, no entanto, conquistada à custa da aliança e falta de caráter de dois governantes, naturalmente não pode durar muito, e a situação na Inglaterra fica novamente abalada quando Pandulfo, o núncio papal, maldiz e excomunga João por não aceitar a indicação do Papa para fazer de Stephen Langton arcebispo de Canterbury, e ordena a Felipe da França e ao Delfim Louis que declarem guerra aos ingleses. Como ele excomungou o rei, fica toda a Inglaterra interditada, tornando-se urgente colocar Artur no trono.

Em uma batalha perto de Angiers os franceses são derrotados, e Artur cai nas mãos do rei João; este imediatamente dá ordens ao seu principal assessor, Hubert de Burgh, para que mate o jovem príncipe. O núncio papal, Pandulfo, já prevendo que João irá matar o sobrinho, sugere ao rei da França que ele ataque novamente a Inglaterra, desta vez pedindo o trono para Blanche e Louis, confiante em que, vitoriosos, estes serão gratos e obedientes à Igreja católica.

Em uma prisão na Inglaterra, Hubert de Burgh recebe ordens do rei João para queimar os olhos de Artur, que está sob sua guarda; no entanto, comovido com os pedidos de clemência do menino, o inglês é incapaz de cumprir a ordem. Deixado só, Artur tenta fugir por uma janela do castelo, cai de uma grande altura e morre. João, porém, é informado de que o menino foi poupado, e em uma série de tratativas consegue convencer a nobreza de que Artur está vivo e a salvo. Mas o corpo do menino é encontrado por nobres ingleses que se opõem ao rei João e, apesar de Felipe fazer um apaixonado apelo ao seu patriotismo, os nobres juntam-se às tropas do Delfim Louis, a fim de destroná-lo.

Em desesperada tentativa para ter o apoio de Pandulfo contra os franceses, João entrega a ele a coroa da Inglaterra, para tornar a recebê-la dele, agora como vassalo de Roma. Mas, quando Pandulfo tenta cumprir sua parte no vergonhoso trato, não consegue convencer o Delfim Louis a retirar suas tropas e voltar à França. Assim, após uma batalha de final indeciso, Melun, nobre francês com sangue inglês, à beira da morte, revela aos nobres ingleses que o Delfim pretende executá-los tão logo consiga alcançar seus objetivos. Com isso, os nobres voltam a prestar juramento ao rei inglês, mas apenas pouco antes de sua horrível morte por envenenamento.

Morto João, Pandulfo consegue que seja negociada uma paz honrosa para ambos os lados, e a coroa inglesa passa para Henrique, o filho de João. Para concluir essa sequência de acontecimentos tão constrangedores para o país, Felipe, o Bastardo, tem a famosa fala:

Nunca foi a Inglaterra, nem será,
Pisada por um pé conquistador,
Senão com alguma ajuda dela mesma.
Agora que esses príncipes voltaram,
Vindo os três cantos deste mundo em armas,
Os enfrentamos! Nada nos traz mal,
Sendo a Inglaterra a si mesma leal!

ROMEU E JULIETA
(1596)

PERSONAGENS

ROMEU MONTÉQUIO, APAIXONADO POR JULIETA
JULIETA CAPULETO, APAIXONADA POR ROMEU
O PRÍNCIPE DE VERONA
BENVÓLIO, PRIMO E AMIGO DE ROMEU
MERCÚTIO, PARENTE DO PRÍNCIPE
TEOBALDO, PRIMO DE JULIETA
PÁRIS, CANDIDADO À MÃO DE JULIETA
FREI LOURENÇO, CONFESSOR DE ROMEU E JULIETA
AMA DE JULIETA

SE SHAKESPEARE HAVIA atravessado uma fase realmente lírica, ela tem seu ponto mais alto na composição de *Romeu e Julieta*, uma de suas obras mais populares e única tragédia lírica que escreveu. Copiando a trama muito fielmente de um poema moralizante do inglês Arthur Brooke, que tivera imenso sucesso, em vez de condenar os dois jovens pelo imperdoável pecado de desobediência aos pais, Shakespeare os faz vítimas da luta entre suas famílias, e escreve não apenas uma grande história de amor como também uma grave denúncia contra a guerra civil, ilustradas na peça por meio do conflito entre os Montéquio e os Capuleto.

A peça tem início com um soneto que narra toda a essência dos acontecimentos, no intuito de levar a plateia a refletir mais profundamente sobre o que move a ação:

Duas casas, iguais em seu valor,
Em Verona, que a nossa cena ostenta,
Brigam de novo, com velho rancor,
Pondo guerra civil em mão sangrenta.

Dos fatais ventres desses inimigos
Nasce, com má estrela, um par de amantes,
Cuja derrota, em trágicos perigos,
Com sua morte enterra a luta de antes.

A triste história desse amor marcado,
E de seus pais o ódio permanente,
Só com a morte dos filhos terminado,

Duas horas em cena está presente.
Se tiverem paciência para ouvir-nos,
Havemos de lutar pra corrigir-nos.

Em uma praça de Verona, Itália, até os criados dos Capuleto e dos Montéquio se provocam e lutam, mesmo sem saber a razão dessa hostilidade. O príncipe aparece, revoltado com o que aquele eterno conflito faz à cidade, e condena a briga em bela fala, que inclui a promessa de punição para os que insistirem nessa oposição:

Maus cidadãos, inimigos da paz,
Que profanais com aço o sangue irmão!
Não me ouvireis? Sois homens ou sois feras,
Já que apagais o fogo desse ódio
Com o jato que sai rubro de vós mesmos?
(...)
Se uma vez mais as ruas agitardes,
As vossas vidas pagarão a paz.

Romeu, herdeiro principal da família Montéquio, passeia tristonho, dizendo-se apaixonado, e não retribuído, por Rosalina, uma inimiga Capuleto. Seu primo Benvólio indaga Romeu sobre seus sentimentos que, encantado, fala do que diz sentir:

Então, amor odiento, ódio amoroso,
Oh, qualquer coisa que nasceu do nada!
Densa leveza, vaidade tão séria,
Caos deformado de bela aparência!
Pluma de chumbo, fumaça brilhante,

Fogo frio, saúde doentia,
Sono desperto que nega o que é!
Esse amor sem amor é o que eu sinto.

Para distrair Romeu, Benvólio leva-o, de penetra, ao baile na casa dos Capuleto, onde ele poderá ver Rosalina, e perceber que ela não é tão linda assim. No entanto, na festa, Romeu avista uma outra moça, que não sabe quem é, fica totalmente apaixonado e com ela toma parte em uma dança na qual apenas as palmas das mãos se tocam. Na época, Shakespeare ainda usava muito o recurso da rima em seus textos, e, para poder marcar com maior intensidade o encontro de Romeu e Julieta, o primeiro diálogo entre os dois forma um belíssimo soneto:

ROMEU

Se a minha mão profana esse sacrário,
Pagarei docemente o meu pecado:
Meu lábio, peregrino temerário,
O expiará com um beijo delicado.

JULIETA

Bom peregrino, a mão que acusas tanto,
Revela-me um respeito delicado;
Juntas, a mão do fiel e a mão do santo
Palma com palma se terão beijado.

ROMEU

Os santos não têm lábios, mãos, sentidos.

JULIETA

Ai, têm lábios apenas para a reza.

ROMEU

Fiquem os lábios, como as mãos, unidos,
Rezem também, que a fé não os despreza.

JULIETA

Imóveis, eles ouvem os que choram.

ROMEU

Santa, que eu colha o que os meus ais imploram.
(*Ele a beija*)

Uma vez que conhece Romeu, Julieta se esquece do que afirmara na véspera, quando a mãe lhe falara em casamento: "É uma honra na qual não pensara", dizendo ainda que amaria o candidato que a mãe sugerisse. No final do baile, porém, Romeu e Julieta descobrem que se apaixonaram por seus inimigos, mas sabem, ao mesmo tempo, que nada impedirá o seu amor.

Depois da festa, Julieta, sozinha em seu balcão, fala de seu amor inesperado, sem saber que Romeu, arriscando a vida, estava no jardim, na esperança de vê-la. O encontro entre os dois resulta na chamada "cena do balcão", possivelmente a cena de amor mais famosa do mundo, na qual a emoção fica toda nas palavras.

JULIETA

Romeu, Romeu, por que há de ser Romeu?
Negue o seu pai, recuse-se esse nome;
Ou se não quer, jure só que me ama
E eu não serei mais dos Capuleto.

ROMEU

Devo ouvir mais, ou falarei com ela?

JULIETA

É só seu nome que é meu inimigo:
Mas você é você, e não Montéquio!
Que é Montéquio? Não é pé, nem mão,
Nem braço, nem feição, nem parte alguma
De homem algum. Oh, chame-se outra coisa!
Que é que há num nome? O que chamamos rosa
Teria o mesmo cheiro com outro nome;
E assim Romeu, chamado de outra coisa,
Continuaria sempre a ser perfeito,
Com outro nome. Mude-o, Romeu,
E em troca desse nome, que não é você,
Fique comigo.

ROMEU

Eu cobro essa palavra!
Se me chamar de amor, me rebatizo:
E de hoje em diante eu não sou mais Romeu.

JULIETA

Quem é que, assim, oculto pela noite,
Descobre o meu segredo?

ROMEU

Pelo nome,
Não sei como dizer-lhe quem eu sou.
Meu nome, cara santa, me traz ódio,
Porque, para você, é de inimigo.

Os dois resolvem que se casarão já no dia seguinte. Romeu vai procurar frei Lourenço, que a princípio veta o casamento, mas depois concorda, acreditando que, talvez assim, a luta entre as famílias terminasse. Julieta manda a ama saber o que Romeu decidiu, e esta, que criou a jovem, pouco se importa com a briga das famílias e concorda em ajudar Julieta, conseguindo até uma corda para que Romeu suba ao quarto da moça na noite do casamento.

Saindo da cerimônia de casamento, Romeu encontra Teobaldo, primo de Julieta e cultor do ódio familiar, e que estava à sua procura, para vingar-se do fato de Romeu ter ido à festa dos Capuleto sem ser convidado. Romeu tenta não lutar; seu amigo Mercútio, alegre e brincalhão, resolve enfrentar Teobaldo em seu lugar, e Romeu, tentando separá-los, permite que Teobaldo fira Mercútio por baixo de seu braço, e este morre em seguida. Revoltado, Romeu desafia Teobaldo e o mata. O príncipe, cumprindo o que prometera no início da peça, condena Romeu ao exílio, aliviando-o da pena de morte porque há testemunhas de que ele fora o desafiado, e não o desafiante.

Romeu, desesperado, está a ponto de matar-se, mas frei Lourenço lhe dá esperanças de que, com o passar do tempo, tudo se esclarecerá e ele poderá voltar para Verona. Temendo que Julieta não o aceite por ter matado seu primo, Romeu se acalma quando a ama aparece na cela do frade e afirma que Julieta o aguarda. A despedida dos dois, na madrugada seguinte, é um dos pontos mais tocantes da tragédia, e nenhum deles tem realmente esperança de tornarem a se encontrar.

Julieta chora muito; os pais pensam que é pela morte do primo, e resolvem atenuar-lhe a mágoa, propondo que ela se case imediatamente com o conde Páris. Diante da proposta, ela corre para frei Lourenço para saber se é realmente a morte a única saída para a nova situação, e o frade lhe oferece uma droga que lhe dará a aparência de morta durante algumas horas. Enquanto ela é colocada no mausoléu da família, o frade escreve uma carta a Romeu pedindo que venha buscá-la e a leve consigo para Mântua. Mesmo com receio de que a droga seja um veneno, Julieta a toma, e tudo parece correr como o frade planejara. No entanto, um caso de peste retém o jovem frade incumbido de levar a carta a Romeu, que não recebe o aviso.

O desencontro faz com que Romeu receba através de seu pajem a notícia da morte de Julieta; desesperado, ele compra um veneno e vai para Verona, a fim de morrer perto de sua amada. No mausoléu Romeu se mata, ao fim de uma bela despedida que começa assim:

> Meu amor! Minha esposa!
> A morte, que sugou-lhe o mel dos lábios,
> Inda não conquistou sua beleza.
> Não triunfou. A flâmula do belo
> Inda é rubra em seus lábios e seu rosto,
> E a morte branca não tremula neles.

Junto ao corpo da jovem, ele toma o veneno e morre pouco antes de sua amada acordar. Julieta desperta quando chega frei Lourenço, que não consegue convencê-la a fugir e, para não ser capturado, foge, assustado. Vendo Romeu morto, Julieta se mata com o punhal de seu amado. Quem conclui a tragédia é o príncipe, com esta linda fala:

> Uma paz triste a manhã traz consigo;
> O sol, de luto, nem quer levantar.
> Alguns terão perdão; outros, castigo;
> De tudo isso há muito o que falar.
> Mais triste história nunca aconteceu
> Que esta, de Julieta e seu Romeu.

A RESPONSABILIDADE DO PODER

RICARDO II (1596)
I HENRIQUE IV (1597)
2 HENRIQUE IV (1598)
AS ALEGRES COMADRES DE WINDSOR (1597)
HENRIQUE V (1599)
JÚLIO CÉSAR (1599)

EM 1596, JÁ SENHOR da forma dramática em suas várias manifestações, Shakespeare se volta novamente para a história da Inglaterra, como fizera no início da carreira. Se na primeira tetralogia (1, 2, e 3 *Henrique VI* e *Ricardo III*), o tema básico era a luta pelo poder, na nova série, *Ricardo II*, 1 e 2 *Henrique IV* e *Henrique I*, o poeta enfoca uma questão mais complexa, a da responsabilidade que o rei tem por seu país e seus súditos, com cada um dos três reis que reflete especificamente sobre sua condição, revelando quais são as suas convicções. Acidentalmente, o sucesso de um personagem, Falstaff, o corrupto amigo do jovem Henrique V, então príncipe Hal, fez com que, durante esse período ele escrevesse uma comédia, *As alegres comadres de Windsor*, supostamente a pedido da Rainha Elizabeth, que expressou seu desejo de ver o gordo cavaleiro apaixonado.

RICARDO II
(1596)

PERSONAGENS

RICARDO II
JOHN DE GAUNT, DUQUE DE LANCASTER, TIO DE RICARDO II
EDMUND DE LANGLEY, DUQUE DE YORK, TIO DE RICARDO II
HENRY BOLINGBROKE, DUQUE DE HEREFORD,
FILHO DO DUQUE DE LANCASTER E FUTURO HENRIQUE IV
DUQUE DE AUMERLE, FILHO DO DUQUE DE YORK
DUQUE DE NORFOLK, QUE DESAFIA BOLINGBROKE
HENRY PERCY, CONDE DE NORTHUMBERLAND, CONSPIRADOR
SIR HENRY GREENE, SIR JOHN BUSHY E
SIR JOPHN BAGOT, ADULADORES DE RICARDO II
BISPO DE CARLISLE
SIR PIERS EXTON, EXECUTOR DE RICARDO II

EM 1596, MESMO ANO em que escreve *Romeu e Julieta* e muito próximo da criação de *Rei João*, Shakespeare volta ao gênero da peça histórica, agora não apenas com maior amadurecimento na forma e no estilo, como também tratando de um tema bem mais complexo, o do mergulho na relação do rei com seu poder, revelado seja no comportamento individual, seja na relação com deveres e responsabilidades, ou ainda na relação com os governados.

Em *Ricardo*, a ação começa com uma cerimônia bastante formal, na qual Henry Bolingbroke, primo do rei e filho do duque de Lancaster, e Thomas Mawbray, duque de Norfolk, acusam-se mutuamente; o primeiro acusa o segundo de ser o responsável pelo assassinato de Thomas of Woodstock, tio dele e do rei, enquanto Mawbray retruca chamando-o de canalha e sugerindo que ele tem culpa em outros vários malfeitos.

Agindo com fala e gestos de grande realeza, Ricardo marca dia e hora para que os dois se enfrentem em combate singular. Já na cena seguinte, ironicamente, quando a duquesa viúva reclama que o cunhado Lancaster não se empenha o bastante em punir o culpado, somos informados de que Mawbray efetivamente entregou as chaves da prisão aos assassinos de Woodstock, mas que estas haviam sido mandadas pelo próprio rei. A terceira cena, mais formal ainda, se desenrola no local marcado para o combate.

Muito embora a comutação já estivesse resolvida, Ricardo espera o último momento para interromper o combate e determinar que ambos sejam exilados – Mawbray pelo resto da vida, e Bolingbroke por dez anos, reduzidos a seis, o que provoca comoventes momentos de despedida, principalmente entre Lancaster e o filho, que prevê morrer antes que Bolingbroke possa voltar à Inglaterra. Logo depois há uma breve cena entre Ricardo e seus favoritos, Bushy, Bagot e Greene, em que o rei recebe a notícia de que o tio Lancaster está muito mal e deseja vê-lo. É claro o interesse de Shakespeare em mostrar com esta cena o verdadeiro caráter de Ricardo por trás de toda a correção formal das cenas anteriores, quando o rei reage à notícia com as seguintes palavras:

> E agora, meu Deus, inspire o médico
> A levá-lo pra cova bem depressa!
> O forro de seus cofres vestirão
> Nossos soldados nas guerras da Irlanda.
> Vamos, senhores, vamos visitá-lo,
> Rezando pra, depressa, chegar tarde.

O segundo ato começa com John of Gaunt, o duque de Lancaster, aqui apresentado como grande exemplo e esteio moral do reino, sentindo a morte chegar e ansioso por dar conselhos ao sobrinho rei, que anda cercado de bajuladores e é irresponsável no governo. Seu irmão, o duque de York, também idoso, adverte que não há a mínima possibilidade de Ricardo prestar atenção no que diz, nem sequer de ouvir qualquer conselho ou repreensão. Enormemente preocupado com os desmandos que prejudicam o país, é somente o irmão York quem ouve a mais bela fala patriótica de toda a obra de Shakespeare, em que Lancaster expressa o que pensa da Inglaterra e o horror que tem aos desmandos e à corrupção que corroem o país:

> Este trono de reis, ilha coroada,
> Trono de Marte, terra majestosa,
> Esse outro Éden, quase um paraíso,
> Forte que a natureza fez para si
> Contra o contágio e contra a mão da guerra;
> Essa raça feliz, pequeno mundo,
> Pedra preciosa presa em mar de prata,
> Que a serve na função de uma muralha
> Ou fosso defensivo de uma casa
> Contra a inveja de povos infelizes;
> Esta gleba, este reino, esta Inglaterra.
> (...)
> Findasse o escândalo com a minha vida.
> Como seria boa a minha morte!

Ricardo se irrita com o tio, que logo após a morte tem todas as suas propriedades sequestradas pelo sobrinho – apesar de o herdeiro legítimo do duque de Lancaster, Henry Bolingbroke, estar vivo, ainda que banido. York alerta Ricardo para o fato de que com esse ato ele violenta o próprio princípio da hereditariedade, graças ao qual é rei. Mas o soberano diz que está precisando de dinheiro para a guerra na Irlanda e que, portanto, seu ato está justificado. Imediatamente, alguns dos mais importantes nobres, chefiados pelo conde de Northumberland, sentindo o perigo de o rei fazer o mesmo com suas propriedades, começam a revoltar-se, enquanto Ricardo parte para a Irlanda, deixando como regente o fraco tio York, que acabara de condenar seu comportamento e não tem recursos militares ou econômicos para defender o reino.

Bolingbroke volta à Inglaterra, reivindicando o título de duque de Lancaster e sua herança, e é calorosamente recebido pelos nobres insatisfeitos. Ao voltar da Irlanda, em Gales, Ricardo descobre que o exército galês com que contava se dispersou por conta dos boatos de sua morte, e que Bolingbroke mandara executar seus amigos Bushy e Greene. Incapaz de reagir adequadamente às circunstâncias adversas, Ricardo enxerga tudo a partir do pior ângulo possível; e, em determinado momento, reflete sobre a sua condição de rei:

> Peço, por Deus, sentemo-nos no chão
> Pra relembrar tristes mortes de reis:
> Alguns depostos, ou mortos na guerra,
> Ou por fantasmas dos que os depuseram.
> Outros assassinados pela esposa;
> Pois, na coroa oca que circunda
> A cabeça mortal de todo rei,
> A morte tem seu reino e ali impera,
> Rindo de sua pompa e de seu trono.
> Concede-lhe – um dia – represente

Ser monarca, temido ao simples gesto,
Inflamando-lhe a chama da vaidade,
Como se a carne que sustenta a vida
Fosse bronze invencível; distraindo-o,
Para no fim, com minúsculo alfinete,
Furar o muro do castelo, e adeus,
Oh, reis. Cobri então vossas cabeças,
Não zombeis de pompas de carne e osso,
Desprezai tradições e cerimônias,
Pois me tomastes sempre por um outro:
Vivo também de pão, eu busco amigos;
Como podeis dizer-me que sou rei?

Sem forças que o apoiem, Ricardo vai procurar refúgio no castelo de Flint, onde logo é encontrado por Bolingbroke. Mesmo continuando a insistir que veio só reclamar o que é seu, Bolingbroke escolta Ricardo até Londres, como seu prisioneiro.

Em uma dessas cenas sem base histórica, que Shakespeare escreve para sublinhar o conteúdo que pretende transmitir, a rainha, mulher de Ricardo, passeia no jardim e ouve um jardineiro instruindo o ajudante e comparando seus cuidados com os que deveria ter tido o rei com seu país:

(...) Bolingbroke
Prendeu o rei esbanjador. Que pena
Que ele não cuidasse da sua terra
Como nós do jardim! Nós, quando é hora,

Podamos bem as árvores frutíferas,
Pra que não exagerem seiva e sangue,
E por ricas demais resultem mal.
Se ele o fizesse aos grandes e aos que crescem,
Talvez vivesse para dar e ele provar
Os frutos do dever. Galhos inúteis
Cortamos, pra que os férteis sobrevivam.
Fazendo assim, inda usava a coroa
Que perdeu por gastá-la aí à toa.

O quarto ato se passa no Parlamento, com a confrontação formal entre o frágil e culpado Ricardo e o forte e seguro Bolingbroke. Ricardo é acusado de graves crimes contra o Estado e forçado a confessar suas culpas e abdicar. Sempre tendendo a dramatizar, Ricardo tem uma série de falas memoráveis, inclusive aquela em que responde se está de acordo em abdicar da coroa:

Sim, não; não, sim; pois não devo ser nada.
Nada não nega, a abdicação foi dá-la.
Vede agora eu acabar comigo:
Eu dou o que me pesou na cabeça,
Este canhestro cetro em minha mão,
E o orgulho de ser rei no coração.
Eu lavo com meu pranto a minha unção,
Com minha mão eu dou minha coroa,
Com minha língua eu nego a sagração,
Com minha voz libero os juramentos.

Eu repudio pompa e majestade,
Abro mão de castelos e de rendas,
Renego minhas leis e meus decretos.
Deus perdoe a quem quebra jura a mim,
Deus guarde toda jura feita a ti!
Que eu, sem nada, não tenha cuidado,
E tu benesses pelo conquistado.
Viva quem hoje este meu trono encerra,
E breve tenha eu cova na terra.
Deus salve o rei, quem era o rei deseja;
E te dê sol e vida benfazeja.

Ricardo, patético, abdica da coroa e segue prisioneiro para o longínquo castelo de Pomfret. Logo já se apresenta um grupo inconformado com a deposição e que começa a conspirar contra o novo rei Henrique IV. E, quando o tio York vem anunciar a abdicação e entregar a coroa ao sobrinho, o bispo de Carlisle expressa bem os sentimentos do grupo, em uma grande fala que inclui:

Milord Hereford[9], a quem chamam rei,
É vil e orgulhoso traidor de seu próprio rei,
E, se o coroarem, profetizo:
O sangue inglês vai adubar a terra
E o futuro chorar ato tão sórdido.
A paz irá pra turcos e infiéis,
E aqui, no lugar da paz, guerras terríveis

9 Isto é, Henrique Bolingbroke, duque de Hereford, que está a ponto de ser coroado rei Henrique IV. (N.E.)

Vão confundir linhagens e parentes.
A desordem, terror, medo e motim
Aqui hão de viver, e o nosso nome
Será campo de Gólgota e caveiras,
Se fizerem lugar casa com casa.

Considerando que Shakespeare escrevia duzentos anos depois desses acontecimentos narrados, conhecendo os levantes no reino de Henrique IV e a Guerra das Rosas, resultado dessa quebra na sucessão, essa fala naturalmente alcançaria grande repercussão em seu contexto real. Mas Exton, um mero cavaleiro, ao ouvir o novo rei queixar-se da sombra da presença de Ricardo mesmo na prisão, acredita que o rei o quer morto, e assassina Ricardo em Pomfret. Essa culpa por um ato que não buscou, Henrique levará sempre com ele, e terá grande importância nas peças seguintes.

I HENRIQUE IV
(1597)

PERSONAGENS

HENRIQUE IV, REI DA INGLATERRA
HENRY, FILHO MAIS VELHO DE HENRIQUE IV, CHAMADO HAL
JOHN OF LANCASTER, FILHO DO REI
HENRY PERCY, CONDE DE NORTHUMBERLAND
HENRY PERCY, FILHO DO CONDE DE NORTHUMBERLAND, CHAMADO HOTSPUR
THOMAS PERCY, CONDE DE WORCESTER
SIR JOHN FALSTAFF, VELHO E GORDO AMIGO DE HAL
EDMUND MORTIMER, CONDE DE MARCH, DA OPOSIÇÃO AO REI
OWEN GLENDOWER, GALÊS, DA OPOSIÇÃO AO REI

NESTA PEÇA, PELA PRIMEIRA VEZ na história do teatro, um reino é apresentado não apenas por suas classes dominantes, mas também por seus farristas e infratores, tomados como alívio cômico e também como parte relevante da formação de um príncipe. Tendo deposto o primo Ricardo II por sua irresponsabilidade e desperdício com bajuladores corruptos, é particularmente doloroso para Henrique IV ver seu filho Hal, o mais velho, ganhar fama por conta de farras e até de crimes, compondo, assim, a imagem de um desordeiro como herdeiro do trono.

A ação começa com Henrique IV, de saúde abalada, buscando aproveitar um período de paz e prosperidade no reino para partir em uma cruzada, inclusive como expiação pela morte de Ricardo II. Mas já chegam notícias de inquietação por parte da família Percy. Assim, o pai, conde de Northumberland; Thomas, seu irmão, conde de Worcester; e o filho, também Hal, chamado Hotspur, que haviam sido os primeiros a apoiá-lo e estimulá-lo na conquista do trono, são chamados à presença de Henrique.

Enquanto isso acontece, em uma taverna estão o príncipe Hal, seu grande amigo, sir John Falstaff, e Poins. A conversa gira toda ela em torno das farras. Mas quando Falstaff convida Hal a tomar parte em um roubo, o príncipe logo repele a ideia. Poins, no entanto, conversa com Hal para pregar uma peça nos outros componentes do grupo, e fica planejado o assalto a um transporte de dinheiro do reino que terá lugar em Gadshill.

A cena volta à corte, onde fica óbvio que os Percy consideram que o rei lhes deve tudo, mas Henrique ordena que se ausentem da corte, o que é o bastante para que a conspiração contra ele comece realmente.

Falstaff e seus companheiros atacam e roubam os viajantes, mas são logo depois atacados por Hal e Poins, que, disfarçados, os botam para correr. Após uma cena em que dois carroceiros e a taverneira conversam sobre os perigos que passam e as dificuldades da vida, Hal e Poins esperam Falstaff, que chega contando o terrível encontro que teve com quatro bandidos, que ao longo do diálogo vão virando sete, depois nove e finalmente onze... Falstaff segue contando de sua bravura até ser informado de quem eram, realmente, seus dois atacantes.

Apesar de incluir uma cena com Hotspur e a mulher, na qual ele lê uma carta que recebeu dando a entender que os Percy não estão tendo sucesso em sua busca de novos aliados, uma boa parte do segundo ato é usada para ressaltar a irresponsabilidade de Hal, que desperdiça seu tempo com bebidas e aventuras desmoralizantes, enquanto fica marcante a personalidade de sir John Falstaff, um cavaleiro de idade avançada, gordo e *bon vivant*, tão alegre quanto corrupto. A certo momento, ambos representam uma cena de encontro entre o rei e seu filho, com Falstaff cobrindo-se de elogios quando desempenha o papel do rei, e Hal deixando transparecer que será rígido com o mau comportamento dos que não respeitam a lei.

Os revoltosos estão no norte de Gales, onde se uniram a eles Edmund Mortimer, conde de March, e Owen Glendower, sogro deste. De início parecem querer dar tom muito patriótico e ético à sua posição, porém logo dividem em três a Grã-Bretanha, com muita briga por cada um achar que os outros estão ficando com mais terra. Além disso, Hotspur fica irritado com Glendower, que não para de gabar-se de ter poderes sobrenaturais. Logo em seguida vem o primeiro encontro de Hal com o pai, no qual, após ouvir as primeiras e violentas condenações do rei, o príncipe diz:

Majestade, eu gostaria de poder
Negar meus erros todos com a clareza
Com a qual por certo eu me posso purgar
De muitos que me são atribuídos;
Eu só suplico alguma complacência
Depois que contestar os inventados,
Que o ouvido do grande tem de ouvir
De adulador ou de novidadeiro.
Pros verdadeiros, em que a juventude
Me fez escorregar pro incorreto,
Aqui, submisso, peço que perdoe.

E, após uma bela fala de conselhos do pai, Hal garante que "doravante serei mais eu mesmo".

Chega a hora de todos se prepararem para a batalha, e Hal fica um tanto irritado ao ver que Falstaff não percebe que não é mais momento para brincadeiras e risos tolos.

No acampamento dos rebeldes, Hotspur recebe uma carta do pai, que, estando doente, não pode tomar parte na batalha, nem mandar suas tropas ou as dos amigos, já que não estará presente para comandá-las. Falstaff, por seu lado, confessa ter vergonha dos soldados que arranjou, um bando de mendigos esfarrapados. Chamado à ordem por Hal, que o lembra de que ele "deve uma morte a Deus", Falstaff, sozinho, tem sua fala mais famosa, provocada pelo que lhe disse o príncipe:

> Mas ainda não é hora, e não quero pagar antes do dia certo – por que haveria eu de me fazer de oferecido diante de quem não está me chamando? Ora, pouco importa, é a honra que me espicaça. Está bem, mas e se a honra me espicaça de vez se eu avançar, como é que fica? Honra remenda perna? Não. Ou braço? Não. Ou tira a dor de um sofrimento? Não. Honra então não entende de cirurgia? Não. O que é honra? Uma palavra. E que é que existe nessa palavra honra? O que é a tal honra? Argh. Grande coisa! Quem a tem? O que morreu na quarta-feira. Ele a sente? Não. Ele a ouve? Não. Não pode ser sentida, então? Pode, pelos mortos. Mas será que não vive com os vivos? Não. Por quê? A maledicência não – e por aí acaba o meu catecismo.

O rei manda saber dos rebeldes quais as suas reivindicações e oferece esquecer tudo o que fizeram se aceitarem a paz, enquanto Hal se dispõe a resolver todo o problema em combate singular com Hotspur. Worcester, o intrigante irmão de Northumberland, dá o recado do oferecimento de perdão, mas afirma que não acredita nele, e não informa sobre a oferta de Hal. Na batalha de Shrewsbury, Shakespeare mostra Hal matando Hotspur quando os dois se encontram no campo, e Falstaff, que se fingia de morto para não ter de lutar, levantando-se e levando o corpo de Hotspur para afirmar sua vitória.

O rei torna a oferecer perdão, os revoltosos dissolvem a tropa, mas, na verdade, a situação ainda estava longe de ser resolvida, e a peça termina já prenunciando novos conflitos.

2 HENRIQUE IV
(1598)

PERSONAGENS

O BOATO, QUE ADVERTE SOBRE A CONFUSÃO DAS NOTÍCIAS
HENRIQUE IV, REI DA INGLATERRA
HENRY, CHAMADO HAL, E JOHN DE LANCASTER,
 FILHOS DO REI
SIR JOHN FALSTAFF, VELHO, CORRUPTO
 E DIVERTIDO AMIGO DE HAL
LORDE JUIZ DO SUPREMO, QUE CERTA VEZ PRENDEU HAL
HENRY PERCY, CONDE DE NORTHUMBERLAND,
 QUE SE OPÕE AO REI
LADY NORTHUMBERLAND, SUA MULHER
LADY PERCY, VIÚVA DE HENRY HOTSPUR,
 FILHO DE HENRY PERCY
ARCEBISPO DE YORK, ALIADO DOS PERCY
POINS, AMIGO DE HAL
JUIZ RASO, TOLO JUIZ APOSENTADO QUE FALSTAFF EXPLORA
SILÊNCIO, PRIMO DO JUIZ
LORDE MAWBRAY, LORDE HASTINGS E LORDE BARDOLPH,
 REBELDES, ALIADOS DOS PERCY
TAVERNEIRA, EXPLORADA POR FALSTAFF

EMBORA SEJA UMA CONTINUAÇÃO imediata da peça anterior, o segundo trabalho de Shakespeare sobre *Henrique IV* apresenta características diversas, no que se refere ao tom, à forma e intenção. Talvez pretendendo advertir o público de que irá tratar de conflitos e mudanças radicais, tudo começa com um "Prólogo" dito por um personagem que só aparece nesse início, o boato. Ele diz, em parte:

Abram os ouvidos; quem fecharia
A entrada do ouvido a um boato?
(...)
Nas minhas línguas cavalgam calúnias
Que eu pronuncio em toda e qualquer língua,
Entulhando os ouvidos com mentiras.

Na primeira cena temos, no castelo de Northumberland, a confusa chegada de notícias sobre a batalha de Shrewsbury, cuja vitória é primeiramente atribuída aos rebeldes. Logo depois, as notícias dão conta da morte de Hotspur, o filho do conde, e de que John de Lancaster, segundo filho do rei, está comandando a tropa que caça os rebeldes que ainda restam.

A seguir encontramos Falstaff, que ao longo de toda a ação deixa à mostra seu lado mais corrupto, embora ainda frequentemente cheio de humor. Nesta segunda cena, em que o vemos com seu pajem, Falstaff tem uma longa fala, autoelogiando-se como de costume. É nela que aparece uma de suas mais famosas frases: "Eu não sou apenas espirituoso eu mesmo, mas a causa de o espírito existir em outros homens." O grave desrespeito à lei que marca o personagem nesta peça é apresentado de forma mais evidente quando Falstaff se encontra com o lorde juiz do Supremo, que vem recriminá-lo por não atender ao chamado que lhe foi feito. O cavalheiro desconversa e debocha o quanto pode, mas no final, a contragosto, acaba aceitando o fato de que deve se preparar para o serviço militar ao rei.

No seu palácio, o arcebispo de York (ligado aos Percy) reúnem-se com Thomas Mawbray, que é o conde-marechal do reino, Lorde Hastings e Lorde Bardolph, e, calculando que eles têm tropas suficientes para vencer o rei, que acreditam não ter o apoio do povo, resolvem partir para a batalha. Ainda na taverna, Falstaff vê chegarem dois guardas com a Taverneira, tentando lhe cobrar o que deve a ela. De novo o lorde juiz do Supremo tenta chamá-lo à ordem, mas Falstaff escapa com a desculpa de que vai partir para a guerra, e a tola Taverneira acaba decidindo lhe emprestar ainda mais.

No castelo de Northumberland, a mulher e a nora do conde imploram que Northumberland não vá combater o rei, pois, se traiu o filho Hotspur antes, por que haveria de socorrer os rebeldes agora? O conde cede a elas, sem grande dificuldade, e segue para a Escócia, "até que a hora e a conveniência tornem necessária a sua companhia".

No segundo ato Hal e Poins vão disfarçados à taverna e ouvem Falstaff falando mal do príncipe. Quando é surpreendido, o maledicente não ousa repetir a desculpa de que reconhecera Hal; desta vez alega que falou mal de propósito, por não querer que gente tão desmoralizada pensasse bem dele.

Em paralelo, no palácio em Westminster, o rei convoca seus auxiliares para examinar as notícias que tem dos revoltosos, e enquanto os aguarda, a sós, reflete sobre a condição de rei:

Quantos súditos meus, dos mais humildes,
Dormem agora! Oh sono, oh doce sono,
Conforto e paz, que sustos te causei
Que já não pesas mais nas minhas pálpebras,
Nem me afundas o ser no esquecimento?
Por que te deitas em imundos berços
E te escondes em catres sem conforto,
Acalentado por zumbir de moscas,
Em vez de vir às camas perfumadas,
Sob dosséis rebordados, de alto preço,
Embalado por doces melodias?
Oh, sonolento deus, por que repousas
Com vis em camas sórdidas, mas fazes
Do real leito um posto de vigília?
Por que, tonto, te elevas no alto mastro
Para selar os olhos do grumete,
E seu cérebro embalas, sobre o mar
Ríspido e rude, quando passa o vento
Erguendo no alto as ondas malfazejas,
Enrolando as cabeças monstruosas,
Pendurando-as nas nuvens tumultuárias,
Com tais clamores despertando a morte?
Como podes, oh sono faccioso,
Dar repouso ao grumete em tais borrascas

E na serena calma desta noite
Negá-lo ao rei? Então, humilde povo,
Descansa em paz enquanto, torturada,
Jaz na noite a cabeça coroada.

Ao final da reunião sobre a batalha que se anuncia, o rei espera que, conquistada a paz no reino, ele possa finalmente realizar seu sonho de partir para a terra santa.

Boa parte do terceiro ato é dedicado a Falstaff em Gloucestershire, na casa do juiz Raso e de seu primo Silêncio, dois tolos encantados por receber um homem da corte, amigo do príncipe. Nesse contexto, Falstaff fica alegre por poder explorá-los à vontade. Mas sua missão é formar uma tropa, e o vemos dispensando todos os rapazes saudáveis e capazes que lhe dão dinheiro para escapar do serviço militar. Assim, Falstaff vai formando sua tropa com mendigos doentes, em farrapos, dos quais ele mesmo terá vergonha.

No quarto ato, na floresta de Gaultree, Westmoreland apresenta-se e diz que John de Lancaster, em nome do rei, está pedindo que os revoltosos apresentem suas queixas. Tanto o arcebispo como Hastings relutam muito, mas acabam concordando. Na cena seguinte John recebe Mawbray e, após ouvir todos os pedidos, dá uma resposta sutil:

JOHN

Todos me agradam; a todos aceito,
E juro, pela honra de meu sangue,
Que o intuito de meu pai foi confundido,

E que alguns dos que o cercam se excederam
Na execução de ordens e objetivos.
As queixas serão todas corrigidas;
Juro que sim. E se isso lhe agrada,
Dispersem para casa as suas tropas
Como faremos nós...

Mawbray aceita o que John diz, dispersa as tropas, e imediatamente todos os líderes são presos e condenados. Ao ser acusado de quebrar sua palavra, John retruca, considerando que agiu bem ao poupar vidas e evitar a batalha:

Eu não a dei.
Só prometi corrigir os queixumes
Que apresentavam; e, por minha honra,
Hei de fazê-lo como bom cristão.

No campo da batalha que não houve, Falstaff prende um pobre e infeliz cavaleiro, e busca pateticamente com isso ser reconhecido como herói. Mas John de Lancaster não se entusiasma com o feito, o que leva Falstaff ao monólogo no qual diz que John não pode ser boa pessoa porque não bebe nem ri à toa.

No palácio de Westminster, na sala chamada Jerusalém, o rei quer saber onde anda Hal. Ninguém sabe exatamente o paradeiro do príncipe herdeiro, e todos acham que ele está farreando com os amigos corruptos. Sentindo-se mal, o rei pede que o levem para descansar; na cena seguinte ele está adormecido, na cama, quando chega Hal, que diz que podem todos sair, pois ele ficará com o pai. O rei está tão fraco que Hal o julga morto e, tomando a coroa pousada ao lado do pai, fala com ela como a um inimigo que matou vários reis ingleses. Abatido, ele sai para um cômodo ao lado. O rei desperta, procura a coroa, chama os filhos, e quando Hal também aparece acusa-o de estar ansioso por sua morte. Finalmente ficam os dois sós, e Henrique reconhece a sinceridade da dor do filho e lhe dá seus últimos conselhos. Em seguida, ao saber que a sala onde estivera era chamada Jerusalém, pede para ir morrer lá, reconhecendo ser seu destino aquele, e não a cidade na terra santa.

Falstaff está de novo em Gloucester, fazendo planos para arrancar tudo o que puder do tolo juiz Raso. E em Londres, no pátio do palácio, os três irmãos de Hal lamentam a morte do pai, mas também, sem dúvida, mostram-se muito assustados com a presença de seu irresponsável irmão no trono. Quando Hal aparece, primeiro acalma os irmãos, garantindo que terão nele um pai e um irmão, mas depois, dirigindo-se direto ao lorde juiz do Supremo, que outrora o prendera pelo desrespeito que lhe mostrara no tribunal, diz que esse deve "estar certo de que não o amo", e que não deve ser fácil esquecer a punição, ao que o lorde juiz responde:

> Fui a pessoa então de vosso pai;
> Tinha na minha mão o seu poder
> E na ministração de suas leis,
> Quando velava pelo bem comum,
> Quis vossa alteza esquecer meu lugar,

A majestade da lei e da justiça,
A figura do rei que eu ostentava,
E agredir-me em meu próprio tribunal.
E então, a um ofensor de vosso pai,
Ousei usar a minha autoridade
Pra confiná-lo. Se fiz mal agindo,
Contenta àquele que hoje usa a coroa
Ter um filho a pisar nos seus decretos?
Derrubar a justiça de seu trono?
A distorcer a lei, cegando a espada
Que guarda e salva a vossa própria paz?
A debochar de quem por vós opera?
Em vossa mente fazei vosso o caso.
Sede ora o pai e concebei tal filho,
Ouvi-o profanar a vossa honra,
Vede ignoradas vossas leis mais altas,
Pensai-vos desdenhado por um filho,
E então pensai que tomo a vossa parte
E em vosso nome calo o vosso filho.
Após pensar assim, sentenciai-me
E, como rei que sois, dizei, bem alto,
Que o que fiz não condiz com o meu ofício,
Minha pessoa, ou com meu soberano.

A reação de Hal, convidando-o a permanecer no cargo, é prenúncio da transformação do príncipe farrista em rei exemplar.

Falstaff, novamente na casa de Raso, recebendo a notícia da morte do rei, convida o juiz para ir com ele a Londres, afirmando: "Mestre Raso, escolha o posto que quiser na terra, que ele é seu", "Eu sou o administrador da fortuna", e conclui: "Benditos os que têm sido meus amigos, e azar do lorde juiz do Supremo!" Na última cena, Falstaff aguarda a saída do rei de sua coroação, convencido de que há de ter posição privilegiada no novo reino e prometendo tudo aos comparsas. Ignorando o que é próprio para o momento, saúda Hal aos gritos de "Deus o salve, meu querido menino!" e "Meu rei, meu Júpiter! Falo a você, meu coração!", ao que se segue a dura e formal fala em que o novo rei o repudia, proibindo-o de chegar a menos de dez milhas de distância dele, e até concedendo uma pensão para que ele não tenha desculpas para roubar.

Falstaff insiste que isso é só aparência, e a peça acaba com o irmão John e o lorde juiz do Supremo prevendo para breve uma invasão da França.

AS ALEGRES COMADRES DE WINDSOR
(1597)

PERSONAGENS

COMADRE PAGE
COMADRE FORD
FRANK FORD, MARIDO DESTA ÚLTIMA
ANNE FORD, FILHA DO CASAL, APAIXONADA POR FENTON
FENTON, JOVEM DE BOA FAMÍLIA, APAIXONADO POR ANNE
SIR JOHN FALSTAFF, CAVALEIRO GORDO
  E VELHO, METIDO A CONQUISTADOR
JUIZ SHALLOW, TOLO E PRESUNÇOSO
SLENDER, SEU TOLO SOBRINHO, CANDIDATO
  À MÃO DE ANNE
DR. CAIUS, MÉDICO FRANCÊS CANDIDATO À MÃO DE ANNE
SIR HUGH EVANS, PASTOR CANDIDATO À MÃO DE ANNE
PISTOL E NYM, AMIGOS DE JOHN FALSTAFF
SRA. QUICKLY, EMPREGADA DO DR. CAIUS

QUASE COMO UM ACIDENTE DE PERCURSO, em meio ao ímpeto da composição do segundo quarteto histórico de Shakespeare[10], aparece esta comédia, a única obra do dramaturgo cuja criação acabou revelando uma história curiosa como pano de fundo. Aliás, uma não. Foram duas histórias. Na primeira, conta-se que a rainha Elizabeth I (1533–1603, rainha de 1558 até a sua morte), encantada com a figura de Falstaff, teria confidenciado a seu primo, lorde Hunsdon, o desejo de ver uma peça que mostrasse um Falstaff apaixonado. Para apresentar esta versão foi dado o prazo de duas semanas. A outra história revela que o mesmo lorde Hunsdon, ao saber que seria agraciado com a Ordem da Jarreteira, teria encomendado uma peça para comemorar o fato, dando três semanas para sua composição.

Para conseguir atender um ou outro pedido, os prazos eram muito curtos, o natural seria que Shakespeare adaptasse algum enredo conhecido. Mas, justamente aqui, a única fonte sugerida é uma antiga peça denominada *O ciúme*, porém ninguém jamais encontrou na antiga peça qualquer referência para a trama do conquistador Falstaff ou para o romance de Anne e Fenton. Diante disso, o fato parece claro. Foi a terceira e última vez que Shakespeare escreveu uma comédia no molde romano, em que os erros são corrigidos pelo riso.

A ação começa com o juiz Shallow queixando-se a sir Hugh Evans – um pastor galês – pelo fato de seu sobrinho

---

10 Também conhecido como Segunda Tetralogia, formada pelas peças *Ricardo II*, *1 Henrique IV*, *2 Henrique IV* e *Henrique V*. (N.E.)

Slender ter sido enganado e atacado por Falstaff enquanto fazia a corte a Anne, a filha rica do casal Ford.

Falstaff consegue escapar da acusação do juiz, mas não sem cometer novos enganos. Em conversa com Pistol e Nym, velhos companheiros de farra, afirma que as mulheres de Ford e de Page, duas comadres, têm o controle do dinheiro dos maridos. Muito alegres, ambas dão a entender – segundo Falstaff –, tanto com olhares como com gestos, que estão loucas por um romance com ele. Para aproveitar-se delas, Falstaff pede aos dois amigos que entreguem às duas senhoras as cartas absolutamente iguais que escreveu. Nym e Pistol julgam tão vergonhosa a atitude do amigo que se recusam a ser os portadores daquele tipo de correspondência. Falstaff, então, manda que seu pajem Robin faça a entrega das cartas enquanto seus dois antigos companheiros resolvem contar tudo aos maridos das comadres.

O fato de serem alegres não as tornava menos fiéis aos seus maridos. Elas recebem cartas iguais, comparam e consideram-nas ridículas:

> Não me pergunte por que a amo, pois, embora o amor use a razão para orientá-lo, não a admite como conselheira. A senhora não é jovem, nem eu; veja que isso já é simpatia. É alegre, e eu também; ha, ha, mais simpatia. Gosta de vinhos e eu também; pode-se querer mais simpatia? Que lhe baste, comadre Page – pelo menos se o amor de um soldado bastar –, que eu a ame. Não pedirei

sua piedade – não é coisa que soldado diga –, mas digo que me ame. Assino-me, seu verdadeiro cavaleiro, noite ou dia à luz que guia com a valentia Por si porfia, John Falstaff

As mulheres contam a história aos seus maridos, mas resolvem que, juntas, vão punir o gordo conquistador. Comadre Ford marca uma hora para Falstaff ir visitá-la, na ausência do marido. Já comadre Page pede que ele mande o pajem buscar sua resposta. Ford, ciumento por natureza, desconfia da situação, e se apresenta a Falstaff como Brooke, que sonha ter um encontro amoroso com a comadre Ford. Falstaff lhe garante que será facílimo, e descreve Ford como um tolo cornudo e ridículo.

Enquanto o encontro se prepara, em outro ponto da história vai se complicando a trama de Anne, que, além de contar com os galanteios de Slender, também é cortejada pelo dr. Caius, um presunçoso médico francês, o preferido da mãe da moça. Anne discorda da mãe nessa preferência. Seu eleito é Fenton, um rapaz agradável e de bom caráter.

Mas, retomando o imbróglio anterior, percebe-se que Falstaff mal chega ao encontro com a comadre Ford e já declara o quanto gostaria de torná-la sua lady. Sensata, comadre Ford retruca dizendo que ela seria uma lady de dar pena. Assim que o gordo cavaleiro começa a se entusiasmar, aparece comadre Page, anunciando a chegada de Ford. A solução é enfiar Falstaff em um grande cesto de roupa suja e mandar descarregar no rio das lavadeiras.

A história toda é contada a Ford, que tinha mandado cercar a casa, não sem deixar de demonstrar o ciúme que sentia. Não contentes, as duas comadres dão corda para a história e mandam explicações a Falstaff. Vaidoso, ele acredita que ambas estão encantadas por ele. Então, decide voltar à casa de Ford. Em plena visita, a chegada do dono da casa torna a ser anunciada, e desta vez, Falstaff escapole vestido com as roupas de uma conhecida grande e gorda, de quem Ford não gosta. Ele consegue fugir, mas não escapa de uns safanões. Ford é ridicularizado por seu ciúme. Porém, desta vez, fica convencido de que tudo não passava de pilhéria e que não havia motivo para desconfiar da mulher.

Juntos, todos resolvem dar mais uma lição em sir John Falstaff, convidando-o para uma festa folclórica no Parque de Windsor. Ele comparece, com uma máscara de cabeça de cervo, e os outros entram todos fantasiados. O clima da noite fica estabelecido por uma canção que tanto evoca o aspecto romântico da floresta quanto determina a punição de Falstaff.

QUICKLY

Fadas de preto, de branco e verdura,
Fastos do luar, sombras da noite escura,
Herdeiras órfãs de um mesmo destino,
Cumpram as regras de tributo fino.
Duende, chame agora suas fadas.

PISTOL

Falem, demos; fadas, fiquem caladas.

Em Windsor, pelo grilo da lareira,
Onde ninguém limpou cinza e poeira;
Lá belisquem criadas descuidadas,
A rainha odeia putinhas safadas.

FALSTAFF

São fadas; morre quem com elas falar;
Abaixo e pisco; ninguém as pode olhar.
(*Ele se deita, virado para o chão*)

EVANS

Bolinha! Saia para uma moça procurar,
Que rezou muito antes de deitar;
Acenda-lhe a imaginação sutil,
Durma ela em inocência infantil;
Mas quem no sono esqueceu seus pecados,
Em braço, perna e tronco seja beliscado.

Os casais Ford e Page saem de cena. Mas a festa começa com crianças, além dos demais personagens que entraram na trama. Falstaff é beliscado e alfinetado até se livrar da máscara e aceitar a punição. Durante a festa, Slender e Caius, que haviam sido avisados sobre a cor do vestido que Anne usaria – ao primeiro disseram que o traje seria verde e ao segundo que seria branco –, pegam as fadas trajadas como pensavam estar a amada e fogem. Só depois descobrem que, enganados, tinham levado consigo dois rapazolas da cidade. Retornam desapontados, mas já é tarde. Anne e Fenton tinham escapulido para casar às escondidas e estavam voltando para pedir o perdão e a bênção dos pais dela.

HENRIQUE V
(1599)

PERSONAGENS

HENRIQUE V, REI DA INGLATERRA
ARCEBISPO DE CANTERBURY
BISPO DE ELY
DUQUE DE EXETER, TIO DO REI DA INGLATERRA
FLUELLEN, GENERAL GALÊS SERVINDO AO REI
GOWER, GENERAL INGLÊS SERVINDO AO REI
CARLOS VI, REI DA FRANÇA
O DELFIM, SEU HERDEIRO
CATARINA, FILHA DE DELFIM
DUQUE DE BERRY
DUQUE DA BRETANHA
DELABRET, CONDESTÁVEL DA FRANÇA
BARDOLPH, NYM E PISTOL, ANTIGOS COMPANHEIROS
DE FARRA DO ATUAL REI
NELL QUICKLY, MULHER DE PISTOL

NESSE NOVO CONJUNTO, que reúne as peças *Ricardo II*, *1 Henrique IV*, *2 Henrique IV* e *Henrique V*, fica justificada de certa maneira a usurpação de Henrique IV, pois a ação sugere que só um bom governo é que pode conduzir a um governo melhor. Como nas outras peças históricas, o elenco é imenso – aqui são cerca de 38 personagens, sem contar os vários figurantes. Na forma, a peça propõe novos caminhos, já que o conflito é muito mais entre nações – Inglaterra e França – do que entre pessoas. Os personagens – a não ser o jovem rei – são caracterizados mais por tipos e funções do que propriamente por seus perfis individuais. E – coisa que não acontece em nenhuma outra peça de Shakespeare – cada ato é precedido por um "prólogo", o que sugere a ação e o clima do que será visto a seguir. E em todos os atos está muito presente a lembrança constante de que estamos em um teatro e de que nossa imaginação deve subsidiar e completar o que é apresentado no palco. As primeiras palavras da peça são:

> Que uma musa de fogo aqui pudesse
> Subir ao céu brilhante da invenção!
> Reinos por palco, príncipes atores,
> Monarcas pr'observar a pompa cênica!
> (...)
> Pois suas mentes vestem nossos reis,
> Carregando-os, por terras e por tempos,
> Juntando o que acontece em muitos anos
> Em uma hora. E, para ajudá-los,

Admitam-me, o coro, nesta história
Pra que de sua paciência eu peça
Que julguem com bondade nossa peça.

O primeiro ato é todo gasto com a preparação para o conflito com a França. Inicialmente, o arcebispo de Canterbury e o bispo de Ely comentam o pedido feito por Carlos VI para que o rei inglês desista da coroa da França, e concordam que o melhor, para o caso de guerra com a França, é a Igreja oferecer um auxílio maior do que qualquer um anteriormente dado, do que esperar o rei tirar o que quiser. Os dois se apresentam ao rei, que deseja saber se é válida na França a lei sálica, que proíbe que mulheres herdem o trono. Com esta informação, ele esperava estar calçado, já que é pela linha materna que Henrique V vai reclamar a coroa francesa. Quando os dois clérigos estão prolixamente dando razão ao rei, chega um embaixador francês, não exatamente de rei Carlos VI mas do delfim, seu filho. Ele traz reclamos ingleses, mas o rei não dá ouvidos e ele manda de presente para Henrique V uma caixa com bolas de tênis, que diz serem apropriadas para o temperamento do monarca inglês. Ao receber a encomenda, o "novo" Henrique mostra-se digno e dono de expressivo autocontrole, mas avisa que tais bolas em breve se tornarão balas e farão os franceses sofrer muito.

Na sequência, o coro agora anuncia que os ingleses já estão embarcando e que o rei já sabe que três de seus nobres se venderam aos franceses. Em Londres, os antigos companheiros de farra de Hal, agora rei, sabem que precisam ir para a guerra, quando são chamados para ver sir John Falstaff, que está agonizando e cuja morte é revelada. Em breve cena, o rei faz os três nobres condenarem violentamente uma desobediência menor a ele, antes de descobrirem que Henrique V sabe da traição. O rei usa as próprias palavras dos traidores para condená-los. Os antigos amigos de farra estão de novo reunidos, preparando-se para a partida para a França, quando Nell Quickly, que se casou com Pistol, faz uma comovente descrição da morte recente de Falstaff.

Na França, Carlos VI, o Delfim e seus principais comandantes, os duques de Berry e Bretanha, e também Delabret, o condestável da França, discutem a chegada dos ingleses. O delfim está fazendo muito pouco do inimigo, mas o condestável lembra o quanto o embaixador ficara impressionado com o comportamento de Henrique. Exeter, tio do rei inglês, chega e apresenta um desafio: Carlos VI deveria ceder a coroa a Henrique V. Também sugere outro desafio bem mais violento ao delfim, que o havia ofendido. O tímido Carlos faz a promessa de responder em breve.

Insistindo no uso da fantasia, o coro agora fala da tomada de Harfleur e, no final, apresenta Catarina, a princesa francesa que terá papel significativo na definição dos termos de paz oferecidos a Henrique. Os que tinham sido apresentados até então eram inaceitáveis. Em frente às muralhas de Harfleur, Henrique faz seu primeiro grande discurso às tropas, que começa assim:

Uma vez mais à brecha, bons amigos,
Ou que os mortos ingleses fechem tudo.
Na paz nada convém tanto a um homem
Quanto a humildade e a doce quietude;
Mas quando ouvimos o clamor da guerra,
Então imitem a ação do tigre.

O galês Fluellen enxota para a frente de batalha Nym, Bardolph e Pistol, que estavam dando um jeito de ficar longe do pior da luta. O prefeito de Harfleur reconhece que não tem condições de resistir e abre as portas da cidade. Henrique V entrega o comando a Exeter e anuncia sua retirada para Calais, já que sua tropa está cansada e doente. No palácio, em Rouen, prevendo uma necessidade futura, a princesa francesa tem uma divertida aula de inglês com sua aia. O comando francês, por seu lado, está chocado com a facilidade com que os ingleses avançam e resolve que é hora de atacá-los de vez.

No acampamento inglês situado na Picardia, uma cena na qual os personagens discutem a guerra reúne o capitão inglês Gower e o galês Fluellen, a quem Pistol impressionara positivamente por saber de cor os termos corretos da guerra. Mas a boa impressão logo cai por terra quando o galês fica sabendo que Pistol é apenas um fanfarrão exibicionista e mau-caráter. Henrique chega, preocupado com as perdas inglesas, e condena Bardolph, um de seus antigos companheiros de farra, à morte por ter roubado um francês, desobedecendo suas ordens. Chega um arauto francês e pergunta a Henrique sobre seu resgate, já que fatalmente ele será derrotado e aprisionado. Henrique responde que não quer ser resgatado, e que não deseja lutar naquele momento, mas sim fugir se os franceses atacarem.

A última cena do ato apresenta o acampamento francês, com todos os comandantes lamentando faltar tanto para o amanhecer do dia em que sairão vitoriosos. O delfim se gaba particularmente, a ponto de provocar o riso dos outros, mas de modo geral acredita-se que, na batalha, cada um deles matará cem ingleses.

O "prólogo" do ato IV é o mais memorável, pois cria o clima da noite que precede a batalha de Agincourt[11], mostrando como ela é esperada pelos dois exércitos, e termina lembrando ainda uma vez que tudo ali é apenas uma encenação:

> A nossa cena voa para a batalha,
> Onde envergonharemos, sinto muito,
> Com quatro ou cinco espadas amassadas,
> Distribuídas em grotesca luta,
> O nome de Agincourt. Mas olhem bem,
> Vendo a verdade que o arremedo tem.

A primeira cena mostra Henrique caminhando pelo acampamento, querendo conversar "apenas consigo mesmo". Parado por um soldado, ele se senta com o grupo ao redor do fogo e ouve o questionamento da guerra e a indagação de

11 A batalha de Agincourt, ou Azincourt, foi travada em 25 de outubro de 1415, dia de São Crispim, data à qual Shakespeare se refere no ato III de Henrique V. (N.E.)

um deles sobre como o rei poderia encarar o Juízo Final com a responsabilidade pela perda de tantos soldados que, estando em pecado mortal, iriam, portanto, para o inferno junto com ele mesmo. O rei, disfarçado, argumenta que cada um é responsável por sua própria alma. Quando os outros partem, chega o momento de ele também refletir sobre sua condição de rei:

Sobre o rei! Nossas vidas, nossas almas,
Nossas dívidas, nossas companheiras
Delicadas, os filhos, os pecados,
Tudo lancemos nós sobre o rei!
Temos de arcar com tudo. Oh triste sina,
Gêmea da glória, mas sujeita à boca
De qualquer tolo, que não sente mais
Que o próprio sentimento! Que doçura,
Que paz têm de esquecer os reis e gozam
As pessoas comuns. E que possuem
Os reis que os outros homens não possuam
Exceto a pompa, a grande cerimônia?
Que grande deus és tu que assim ostentas
Mais dores do que aqueles que te adoram?
Quais são teus benefícios, tuas rendas?
Oh, cerimônia, mostra-me o que vales!
Qual a essência da tua adoração?
És algo mais que grau, lugar e forma,
Pondo medo e terror nos outros homens?
Sendo menos feliz em ser temida

Do que se sentem eles em temer?
Que bebes, como doces homenagens,
Senão falsa lisonja envenenada?
Caso adoeças, grande realeza,
Pede que te dê cura a cerimônia!
Pensas que a febre em fogo fica extinta
Com título que sopra a adulação?
Cederá ela a vênias e mesuras?
Podes tu, comandando a reverência
Do mendigo, influir-lhe na saúde?
Não, oh sonho orgulhoso, sutilmente
Brincando co'o repouso do teu rei.
Eu sou um rei que te conhece e sabe
Que não será o cetro, o óleo, o orbe,
A espada, a maça, a imperial coroa,
O manto entretecido de ouro e pérolas,
O nome augusto que precede o rei,
O trono em que se senta, a onda de pompa
Que se ergue contra as praias deste mundo;
Não, cerimônia, nem teu triplo brilho,
Nem tudo isto em leito majestoso,
Dorme tão fundo quanto o vil escravo
Que, cheio o corpo e o espírito vazio,
Dorme entupido com o pão bem ganho;
Não teme a noite feia como o inferno
Mas, qual lacaio, do levante ao poente
Sua aos olhos de Febo, e toda a noite
Dorme no Elísio; e ao despertar do dia

Ajuda Hipério em sua montaria,
E segue assim, no decorrer dos anos,
Com trabalho profícuo até o túmulo.
E, a não ser pela corte, esse infeliz,
Que trabalha de dia e dorme à noite,
Tem mais vantagens e favor que um rei.
O escravo, que usufrui a paz do reino,
Em seu cérebro rude pouco sabe
Da vigílias do rei para manter
A paz de que desfruta o camponês.

Depois da batalha, Henrique agradece a Deus pela arrasadora (e histórica) vitória dos ingleses sobre forças muito superiores às deles, em um confronto no qual morreram centenas de franceses e um número muito reduzido de ingleses. Em seguida, parte para a Inglaterra.

O último ato tem lugar meses mais tarde, quando Henrique e Carlos se reúnem em Troyes para negociar o tratado de paz. Ele começa com uma notável fala do duque da Borgonha sobre os males da guerra e as bênçãos da paz. Em seguida, Henrique encarrega seu tio Exeter e seus três irmãos de negociar com os franceses, ficando só a princesa Catarina com ele, enquanto acontecem as discussões.

Depois das tristezas da guerra, essa deliciosa cena de corte, com pleno exercício do mau inglês dela e do pior francês dele, conclui a peça com um tom de alegria pelo que se espera ser o advento de um grande período de paz.

Infelizmente, concluída a cena, o coro volta, para lembrar que Henrique v morreu muito cedo, e com isso perdeu-se rapidamente a precária paz entre Inglaterra e França.

JÚLIO CÉSAR
(1599)

PERSONAGENS

JÚLIO CÉSAR
FLAVIUS E MARULLUS, TRIBUNOS DO POVO,
DO PARTIDO CONTRÁRIO A CÉSAR
MARCUS BRUTUS, CONSPIRADOR, FILHO ADOTIVO DE CÉSAR
CASSIUS, PROMOTOR DA CONSPIRAÇÃO E QUE CONVENCEU
BRUTUS A SE JUNTAR AOS CONSPIRADORES
MARCO ANTÔNIO E OTÁVIO CÉSAR, DO
TRIUNVIRATO APÓS A MORTE DE CÉSAR
PÓRCIA, MULHER DE BRUTUS
CALPÚRNIA, MULHER DE CÉSAR

NO MESMO ANO em que produz *Henrique V* (1599), Shakespeare escreve *Júlio César*, sua peça mais abertamente política. O tema, centrado em um governante que não era inglês, nem cristão, nem príncipe hereditário, oferecia ao autor mais chances de, com alguma liberdade extra, passar pela censura, muito mais rígida quando se tratava da liberação de textos sobre reis ingleses, não só hereditários como devidamente consagrados em cerimônia religiosa. O conflito aqui é armado em torno da figura de César tal como a concebem Brutus, filho adotivo do imperador e republicano convicto, e Marco Antônio, que acredita no potencial de César para ser ótimo governante, mesmo com algum sacrifício da república.

A ação começa quando os tribunos Flavius e Marullus tentam dispersar o povo que festejava a volta de César como herói, após sua vitória sobre Pompeu, o grande. Em seguida, é possível ver o imperador acompanhado de seu séquito, chegando para os jogos da Lupercália. Neste momento, Brutus e Cassius ficam do lado de fora, e este último começa a sondar o primeiro sobre a ambição de César. O fato de ouvirem por três vezes a gritaria do povo motivada pelo fato de Marco Antônio oferecer uma coroa a César, permite que Cassius sinta já ser possível instigar Brutus para uma conspiração. Sozinho, Cassius comenta:

> Brutus é nobre, e no entanto eu vejo
> Que sua honra é metal a ser moldado
> Pr'outros caminhos; e por isso é certo
> Que à mente nobre cumpra andar apenas
> Acompanhada de outras semelhantes.

Esta passagem não deixa de ser uma admissão de que Cassius vê em si mesmo uma companhia um tanto duvidosa.

Os conspiradores, então, se encontram e, em seus planos, julgam importante conseguir a adesão de Brutus, já que ele é respeitado e emprestará um ar de seriedade à conspiração. Brutus, em um momento de recolhimento, sozinho, reflete que César tem de morrer: só assim poderá ser preservada a república. Não há dúvida sobre sua angústia ao se ver diante da seguinte conclusão:

> Ele tem de morrer; e quanto a mim,
> Não tenho causa pra repudiá-lo,
> Senão a pública. Como isso o mudaria?
> É a luz do sol que faz sair a cobra,
> Exigindo cuidados ao pisar.

Ele acusa César de ser cercado por bajuladores, mas ironicamente o próprio Brutus se deixa influenciar em parte por mensagens "anônimas", escritas pelos conspiradores, que insuflam sua vaidade de homem íntegro e grande figura romana. Brutus concorda em fazer parte da conspiração para assassinar César, mas, idealista que é, recusa-se a condenar também Marco Antônio, alegando que não são açougueiros e, sim, realizadores de um sacrifício. O sofrimento de Brutus é notado por Pórcia, que conduz uma cena extraordinária. Ela procura o marido e mostra que é capaz de guardar segredos, pois é "filha de Catão, mulher de Brutus".

O número de conspiradores cresce. A noite anterior à data daqueles idos de março é cheia de estranhos e terríveis fenômenos. Pela manhã, Calpúrnia, mulher de César, diz que teve sonhos agourentos, e pede para que César não saia de casa naquele dia. Os conspiradores que vieram buscá-lo para ir ao Senado lembram a César que naquela sessão os parlamentares lhe oferecerão uma coroa. Ele não resiste e resolve acompanhá-los, apesar de todos os avisos e súplicas de sua mulher.

Artemidorus entrega a César um documento que revela toda a conspiração, mas quando pede que César o leia, o imperador pergunta a quem diz respeito, e quando Artemidorus responde tratar-se de interesse pessoal de César, este diz que, sendo assim, não é prioridade. César, então, não lê o documento. Quando entra no Senado, é apunhalado pelos conspiradores, inclusive pelo próprio filho adotivo, momento em que diz a famosa frase "Até tu, Brutus", e cai morto.

Após a morte de César, os conspiradores – Brutus, em particular – ficam surpresos por não serem aplaudidos e por terem causado um pânico total na população. Marco Antônio, muito astuto, visita os assassinos e afirma só esperar que eles expliquem seu ato. Ele obtém licença para falar no funeral de César, no Fórum, com a condição de não atacar os conspiradores e de discursar depois de Brutus. Cassius se mostra contrário a esta permissão, mas Brutus crê que, sem César, Marco Antônio não é ninguém. Cassius cede e concorda, mesmo sabendo ser ele próprio quem está com a razão.

Brutus é, então, o primeiro a falar, em um belíssimo discurso, de clareza meridiana, no qual declara em detalhes suas razões para matar César. Fala em prosa, o que indica seu desejo de ser compreendido até pelos menos esclarecidos:

> Ouvi com paciência até o fim. Romanos, compatriotas e amigos! Ouvi-me por minha causa, e ficai em silêncio para poder ouvir. Acreditai-me por minha honra, e respeitai minha honra para poder acreditar. Censurai-me em vossa sabedoria e despertai vossos sentidos para julgar melhor. Se houver alguém desta assembleia, algum querido amigo de César, a ele eu direi que o amor de Brutus não era menor do que o seu. Se então ele perguntar por que Brutus levantou-se contra César, esta é a minha resposta: não foi porque amei menos a César, mas porque amei mais a Roma. Preferiríeis vós que César estivesse vivo, para que morrêsseis todos escravos, a que César estivesse morto, para viverdes livres? Porque César me amava, choro por ele; porque foi feliz, regozijo-me; porque foi bravo, honro-o; mas, porque era ambicioso, matei-o. Há lágrimas por seu amor, regozijo por sua felicidade, honra por sua bravura e morte por sua ambição. Quem há aqui tão baixo que quisera ser escravo? Se há alguém, que fale, pois a ele eu ofendi. Quem há aqui tão rude que não quisera ser romano? Se há alguém, que fale, pois a ele eu

ofendi. Quem há aqui tão vil que não ame o seu país? Se há alguém, que fale, pois a ele eu ofendi. Espero uma resposta.

Aplaudido e apoiado por todos, Brutus pede que ouçam Marco Antônio, reconhecido por ter sido grande amigo de César. Marco Antônio faz um discurso cínico, com a intenção primeira de encantar a plateia e só depois de esclarecer a morte de César. Ele fala em verso, hipnotizando a plateia com som e ritmo, e com repetições, sem dar maiores explicações sobre sua posição política:

Amigos, cidadãos de Roma, ouvi-me:
Venho enterrar a César, não louvá-lo.
O mal que o homem faz vive após ele,
O bem se enterra às vezes com seus ossos.
Com César, que assim seja. O honrado Brutus
Disse que César era ambicioso;
Se isso é verdade, era uma dura falta
E duramente César a pagou.
Com permissão de Brutus e dos outros
(Pois Brutus é um homem muito honrado,
Tal como os outros, todos muito honrados.)
Venho aqui falar no funeral de César.
Foi meu amigo, justo e dedicado;
Mas Brutus diz que era ambicioso,
E Brutus é um homem muito honrado.
Ele trouxe pra Roma mil cativos

Cujo resgate enchia os nossos cofres;
Mostrou-se assim a ambição de César?
Quando o pobre clamava, ele sofria:
Ambição deve ter mais duro aspecto;
Mas Brutus diz que ele era ambicioso,
E Brutus é um homem muito honrado.
Vós todos vistes que, na Lupercália,
Três vezes lhe ofertei a real coroa,
Três vezes recusou. Isso é ambição?
Mas Brutus diz que ele era ambicioso,
E sabemos que é um homem muito honrado.
Não falo pra negar o que diz Brutus,
Mas para aqui dizer tudo o que sei:
Vós todos o amastes, não sem causa,
Que causa vos impede de chorá-lo?
Bom senso, hoje existes só nas feras;
O homem perde a razão! Mas perdoai-me,
Meu coração com César vai no esquife,
E eu calarei até que ele me volte.

Marco Antônio, honrando a memória de César, reverte a situação e refere-se a um testamento no qual César deixaria grandes bens para o povo. Quando se cala, o povo, insuflado por seu discurso, ataca os conspiradores.

Marco Antônio e Otávio César juntam-se para combater os conspiradores, que agora se desentendem, na falta de um objetivo que não fosse a morte de César. Brutus fica chocado ao saber que Cassius havia sido venal em várias ocasiões. E Cassius, promotor da conspiração, por sua vez, fica espantado por Brutus não o ter tratado de modo ainda muito pior quando, em meio a uma discussão, descobre que Brutus estava sob grande impacto emocional, tendo recebido a notícia do horrível suicídio de Pórcia com dignidade estoica.

Em questões cruciais, nas quais realmente Cassius tem razão, Brutus insiste em fazer a tropa deixar a segurança das colinas de Sardis e descer para a planície de Philippi, onde seus oponentes são muito mais fortes. Na noite que antecede a batalha, o fantasma de César aparece para Brutus e diz que eles ainda se encontrarão em Philippi. A resposta de Brutus é a aceitação do fato.

O último ato deixa bem claro que a união dos conspiradores, celebrada antes da morte de César, havia sucumbido por força de novos interesses: separados em duas colunas, Brutus e Cassius têm a possibilidade da vitória na batalha contra Marco Antônio e Otávio César, mas informações desconexas e contraditórias levam os dois chefes a um destino diferente. Eles travam uma comovente despedida antes da luta, mas antevendo uma provável derrota, comentem suicídio – um após o outro. A peça é encerrada com Marco Antônio, que agora mostra-se sincero, tecendo um grande elogio a Brutus:

> Este foi o mais nobre dos romanos.
> Todos que conspiraram, menos ele,

O fizeram de inveja ao grande César.
Só ele, por honesto pensamento
E pelo bem comum, tornou-se um deles.
Foi bom em vida, e os elementos
Nele se uniram com tal equilíbrio,
Que a natureza pôde, finalmente,
Dizer ao mundo inteiro: "Eis um homem!"

A MATURIDADE

MUITO BARULHO POR NADA (1598)
HAMLET (1601)
NOITE DE REIS (1602)
COMO QUISEREM (1604)
BOM É O QUE BEM ACABA (1605)
MEDIDA POR MEDIDA (1604)
TROILUS E CRÉSSIDA (1605)
OTELO (1604)
REI LEAR (1606)
MACBETH (1607)
ANTÔNIO E CLEÓPATRA (1609)
TIMON DE ATENAS (1608)
CORIOLANO (1608)

EM 1601, WILLIAM SHAKESPEARE, então com pouco mais de dez anos de carreira, já havia experimentado e aprimorado quase todos os gêneros dramáticos que apareceram pelas mãos dos *university wits*. Pessoalmente, tinha a vivência de dez anos em Londres, basicamente no mundo do teatro. Mas, com certa regularidade, também transitava na corte, pois a categoria dos espetáculos da companhia Lord Chamberlain's Men possibilitou-lhe ser chamado para apresentações diante da rainha um bom par de vezes.

Nesse ano, Shakespeare afinal se arrisca no mundo da tragédia, o mais difícil de todos os gêneros dramáticos. Vários críticos do século XIX atribuem este tipo de produção a um período de sofrimento pessoal do poeta, farto em subsídios que permitiam ao autor ter a capacidade de criar as avassaladoras crises emocionais de seus grandes protagonistas trágicos.

O grande engano dessa visão, digamos romântica, é que ela não leva em consideração um aspecto simples: no mesmo período em que Shakespeare criou suas grandes tragédias, ele também escreveu suas mais notáveis comédias românticas, bem como as chamadas comédias sombrias. É preciso, então, aceitar o fato de Shakespeare ter alcançado, a partir dos primeiros anos do século XVII, em seu amadurecimento pessoal e artístico, um nível no qual um artista produz o melhor de sua obra.

Entre 1598 e 1608, ele escreveu as seguintes peças: *Muito barulho por nada*, *Como quiserem*, *Hamlet*, *Noite de reis*, *Bom é o que bem acaba*, *Troilus e Créssida*, *Medida por medida*, *Otelo*, *Rei Lear*, *Macbeth*, *Antônio e Cleópatra*, *Coriolano* e *Timon de Atenas*. De modo geral não é possível precisar datas para cada uma delas, porém não há dúvida de que as peças pertençam exatamente a esse período e que tenham sido produzidas na sequência em que agora serão apresentadas.

MUITO BARULHO POR NADA
(1598)

PERSONAGENS

LEONATO, GOVERNADOR DE MESSINA
ANTÔNIO, IRMÃO DE LEONATO
DOM PEDRO DE ARAGÃO
DOM JOÃO, IRMÃO DE DOM PEDRO DE ARAGÃO
CLÁUDIO, APAIXONADO POR HERO
BENEDITO, QUE ODEIA/AMA BEATRIZ
HERO, FILHA DE LEONATO
BEATRIZ, SOBRINHA DE LEONATO
BORÁQUIO E CONRADO, VILÕES A SERVIÇO DE DOM JOÃO
BALTASAR, UM FUNCIONÁRIO
DOGBERRY, O IGNORANTE CHEFE DA GUARDA
ÚRSULA, EMPREGADA DE HERO

DOM PEDRO DE ARAGÃO CHEGA A MESSINA após dominar uma revolta chefiada por seu irmão bastardo, Dom João. Findado o conflito, ele não só perdoa o irmão como o mantém entre os integrantes de seu séquito, sendo recebido pelo governador Leonato e seu irmão Antônio. Com Dom Pedro, estão em Messina o jovem Cláudio, fidalgo florentino, e Benedito, um bravo soldado, crítico de tudo que sempre faz rir o grupo todo. Cláudio está apaixonado pela filha de Leonato, Hero, enquanto Benedito é conhecido pelo eterno conflito com Beatriz, sobrinha do governador. Ambos se proclamam inimigos ferrenhos do amor e do casamento. A dupla não resiste à tentação de brigar e se enfrenta com entusiasmo, quando ela encontra Benedito junto de outros personagens:

BEATRIZ

> Não sei por que razão continua a falar, senhor Benedito; ninguém lhe presta atenção.

BENEDITO

> Como, senhora desdenhosa! Ainda está viva?

BEATRIZ

> E como poderia morrer o desdém, enquanto tiver alimento para nutrir-se semelhante ao senhor Benedito? A própria cortesia se transforma em desdém, quando o senhor se apresenta.

BENEDITO

A cortesia, então, é uma vira-casaca. Mas o certo é que sou amado por todas as mulheres, com a sua única exceção; gostaria de poder sentir, no coração, que não tenho coração de pedra, mas não amo nenhuma.

BEATRIZ

Uma felicidade para as mulheres, pois de outro modo seriam perturbadas por um cortejador pernicioso. Agradeço a Deus por meu sangue gelado; nisso estamos de acordo, pois prefiro ouvir um cão latir para um corvo do que um homem jurar que me ama.

BENEDITO

Deus a mantenha, senhora, assim resolvida, para que algum cavalheiro seja poupado de alguns inevitáveis arranhões no rosto.

BEATRIZ

Uns arranhões não haveriam de piorá-lo em nada, se fosse um rosto assim como o seu.

BENEDITO

A senhora está é ótima para ensinar papagaio a falar.

BEATRIZ

Uma ave com a minha língua é melhor do que um animal com a sua.

BENEDITO

Gostaria que o meu cavalo tivesse a velocidade e o fôlego da sua língua. Mas, em nome de Deus, pode continuar, porque eu já acabei.

BEATRIZ

Eu o conheço bem; a sua conversa sempre acaba na cocheira.

Em uma conversa informal, no jardim, Baltasar, que era da comitiva do príncipe Dom Pedro, canta para o grupo, enquanto é planejado um baile de máscaras em honra dos recém-chegados:

Moça, chega de suspirar
O homem é enganador:
Um pé na terra e outro no mar,
Não é fiel, seja o que for.
Chega, então, melhor largar;
Fique alegre e enfeitada,
Faça a tristeza virar
Só alegria cantada.
Chega, chega de canções
De dor escura e pesada;

O homem parte corações
Desde a primeira florada.
Chega, então etc.

No baile, Dom Pedro promete conquistar Hero para Cláudio e, apesar de o intrigante Dom João tentar convencer o jovem de que seu irmão na verdade irá conquistá-la para si, logo o prometido se cumpre, tudo se esclarece e o noivado é imediatamente acertado.

Como o pai da moça exige pelo menos uma semana para preparar a festa, o grupo todo, feliz, resolve ocupar o tempo se autoimpondo a "tarefa hercúlea" de fazer Benedito e Beatriz apaixonarem-se um pelo outro. Dom João não compactua com esta missão e, de sua parte, por pura maldade, começa a fazer planos para estragar o casamento planejado.

Trabalhando em sentido inverso, Leonato, Antônio, Dom Pedro e Cláudio dão um jeito de fazer com que Benedito ouça uma conversa na qual afirmam que Beatriz está definhando de paixão por ele. Tudo isso sem despertar qualquer traço de desconfiança em relação à veracidade do fato.

Comprovado o impacto da informação sobre Benedito, Hero e sua aia, Úrsula, são instigadas a trabalhar em outra frente e fazer com que Beatriz, também "por acaso", tenha informação sobre o incrível sofrimento que Benedito está enfrentando por amá-la sem esperança de ser correspondido. A moça se mostra impressionada.

Em paralelo, Dom João, que era contra a trama que visava unir Hero e Claudio, ocupa-se com uma arapuca e, junto com seus companheiros, faz com que Boráquio e uma criada de Hero apareçam na janela do quarto da filha do governador de Messina altas horas e de forma comprometedora. A ideia era que Cláudio e Dom Pedro vissem a cena e que isso perturbasse o casamento de Hero. Dito e feito: o plano foi bem-sucedido e só perdeu alguma força porque a certa altura uns guardas ignorantes e incompetentes ouviram Boráquio, já bêbado, contar que tinha ajudado Dom João em toda aquela armação.

Dogberry, o chefe dos guardas e ironicamente o mais tonto deles, chega a procurar Leonato para contar o que ouviu, mas tudo é tão confuso que o governador, que naquele momento se preparava para o casamento, perde a paciência e manda-o embora. Na hora da cerimônia, sem nenhum aviso prévio, Cláudio acusa Hero de ser devassa e traidora. Com o testemunho até do príncipe Dom Pedro, o próprio pai da moça acredita na acusação e apenas Beatriz insiste firmemente na inocência da jovem. Quando Hero cai desmaiada, os acusadores se retiram, e o frade que iria casá-la com Cláudio diz que é melhor deixar correr a notícia da morte da moça, para que o noivo se dê conta do alcance de sua acusação e nesse meio-tempo possa ser esclarecida alguma coisa a respeito de toda aquela confusão.

Dogberry agora procura o sacristão, trazendo Boráquio e Conrado presos, e é com algum esforço que o sacristão consegue descobrir o que houve:

SACRISTÃO

Quais são os malfeitores?

DOGBERRY

Isso, senhor, somos eu e o meu parceiro.

(...)

SACRISTÃO

Mas quais são os ofensores a serem examinados? Que eles se apresentem, na frente do policial-chefe. Servem a Deus?

CONRADO E BORÁQUIO

Sim, senhor, assim esperamos.

DOGBERRY

Anotem que eles esperam servir a Deus, e botem Deus antes, pois Deus permita que Deus venha na frente de tais vilões! Mestres, já foi provado que os senhores são pouco mais do que canalhas falsos, e falta pouco para que todos pensem assim. Como respondem a isso?

CONRADO

Ora, senhor, nós dizemos que não somos.

(...)

SACRISTÃO

Mestre policial, não é assim que se examina; é preciso chamar os guardas, seus acusadores.

DOGBERRY

Palavra que é o mais rápido. Que avancem os guardas. Mestres, ordeno aos dois que, em nome do príncipe, acusem esses homens.

PRIMEIRO GUARDA

Esse homem aí disse, senhor, que Dom João, irmão do príncipe, é um safado.

DOGBERRY

Anotem aí, "o príncipe João é um safado". Ora, isso é uma droga de um perjúrio, chamar o irmão do príncipe de safado.

BORÁQUIO

Senhor policial...

DOGBERRY

Fique quieto aí, ô fulano; palavra que eu não vou com a sua cara.

SACRISTÃO

E o que mais o senhor o ouviu dizer?

SEGUNDO GUARDA

Ora essa, que tinha recebido mil ducados de Dom João para acusar a senhora Hero com falsidades.

DOGBERRY

Um latrocínio como nunca foi cometido.

VERGES

Juro por Deus que é isso mesmo.

SACRISTÃO

E o que mais, rapaz?

PRIMEIRO GUARDA

E que o conde Cláudio planejou, por causa do que ele falou, fazer a senhora Hero passar vergonha diante de todos, e não casar com ela.

DOGBERRY

Vilão! Só por isso o senhor vai ser condenado à redenção eterna!

SACRISTÃO

E isso é mais, meus senhores, do que se possa negar. O príncipe João escafedeu-se esta manhã; Hero foi acusada assim mesmo, repudiada assim mesmo, e por isso caiu morta, na hora. Senhor policial-chefe, leve esses homens, amarrados, a Leonato: eu vou na frente e mostro o resultado do interrogatório.

DOGBERRY

Que sejam *agrigemados* os dois.

Leonato e Antônio encontram Dom Pedro e Cláudio. O amargurado pai lança terríveis recriminações ao jovem Cláudio, a quem responsabiliza pela morte da filha. Mas o príncipe Dom Pedro insiste que eles mesmos foram testemunhas do encontro noturno de Hero com o amante em seu quarto. Benedito aparece e, em segredo, desafia Cláudio para um duelo, já que prometera a Beatriz matar o amigo pelas calúnias feitas à prima e amiga Hero.

Quando todos estão reunidos e o clima tende ao amargo, Dogberry chega com os prisioneiros e toda a história se esclarece. Cláudio, combalido ao constatar seu engano, implora a Leonato que o perdoe. Pede que seja aplicada a pena que o governador quiser e diz que aceitará tudo que lhe for imposto e que ainda será pouco para o malfeito. Leonato então ordena que ele vá, à noite, ao túmulo de Hero, que deixe ali um epitáfio e, ao amanhecer, apresente-se para casar com uma sobrinha muito parecida com Hero.

Pela manhã as moças se apresentam veladas, e Cláudio só poderá ver a noiva após fazer o juramento de que se casará com ela, e naturalmente descobrirá que a noiva é Hero. Mesmo dizendo que é a contragosto que o fazem, Benedito e Beatriz também acertam o casamento. Com a notícia de que Dom João foi capturado, fica resolvido que só pensarão nele no dia seguinte, para que o dia termine em festa.

HAMLET
(1601)

PERSONAGENS

HAMLET, PRÍNCIPE DA DINAMARCA
CLÁUDIO, TIO DE HAMLET, O NOVO REI
FANTASMA DE HAMLET PAI, QUE ERA O REI
GERTRUDE, MULHER DE CLÁUDIO, VIÚVA
DE HAMLET PAI, MÃE DE HAMLET
POLONIUS, CONSELHEIRO DO REINO
LAERTES, FILHO POLONIUS
OFÉLIA, FILHA DE POLONIUS, APAIXONADA POR HAMLET
HORÁCIO, AMIGO DE HAMLET
ROSENCRANTZ E GUILDENSTERN, SUPOSTOS
AMIGOS DE HAMLET, A SERVIÇO DE CLÁUDIO
FORTIMBRAS, PRÍNCIPE DA NORUEGA

POSSIVELMENTE A MAIS FAMOSA de todas as obras dramáticas de William Shakespeare, foi a primeira a ser escrita no chamado período trágico. A trama em si surge a partir de uma coletânea de canções medievais islandesas intitulada *Edda*.

Em todo o material conhecido, a história é uma modesta trama de vingança, com o pai de Hamlet sendo abertamente morto pelo irmão quando o príncipe é ainda menino. Neste momento, Hamlet resolve se fazer de tolo ou de louco para escapar das mãos do tio. Essa postura lhe permite não só crescer e vingar o pai, como ascender ao trono. A tragédia shakespeariana, no entanto, ficou famosa por ter transformado uma simples história de vingança em uma grande e profunda reflexão sobre a condição humana. Graças à série de alterações de forma e de conteúdo e, principalmente, ao fato de a história apresentar Hamlet já homem-feito no início da ação, o que se vê é um texto poético que colabora para a criação de um universo muito mais rico e complexo que os das formas anteriores que inspiraram Shakespeare.

A ação começa na plataforma do castelo, quando os guardas trazem Horácio para ver o espectro de Hamlet, o rei morto, que já lhes aparecera por duas vezes. O fantasma torna a surgir, e Horácio decide que é importante comunicar o fato a Hamlet, o filho do rei. No salão do castelo, Cláudio, o novo rei, irmão do morto, está aparecendo formalmente pela primeira vez já casado com Gertrude, viúva do morto e mãe do príncipe Hamlet. Ardiloso, Cláudio gosta de propagar sua eficiência na defesa do país de uma suposta invasão norueguesa. Posando de generoso, atende ao pedido de Laertes, filho do conselheiro Polonius e irmão de Ofélia, para que o rapaz volte aos estudos em Paris. Porém, dentro de casa mostra-se duro: o rei condena Hamlet por cumprir um luto excessivo, mesmo sabendo que seu irmão tinha falecido há apenas dois meses. Quando a rainha indaga por que a morte do pai lhe parece assim tão dolorosa, Hamlet responde:

> "Parece", não, senhora; é, não "parece".
> Não é apenas meu casaco negro,
> Boa mãe, nem solene roupa preta,
> Nem suspiros que vêm do fundo da alma,
> Nem o aspecto tristonho do semblante,
> Co'as formas todas da aparente mágoa,
> Que mostram o que sou; esses "parecem",
> Pois são ações que o homem representa:
> Mas eu tenho no peito o que não passa;
> Meus trapos são o adorno da desgraça.

O rei diz a Hamlet que é contra sua volta para a universidade em Wittenberg, e, ao esbarrar na resistência do jovem à sua posição, sai logo da sala acompanhado da rainha. Ali, sozinho, Hamlet faz seu primeiro monólogo – recurso usado por Shakespeare para permitir à plateia manter-se sempre informada do processo interior do personagem – confirmando seu isolamento em relação à alegria da corte. A dor da morte do pai e o choque do casamento da mãe são os temas dessa primeira grande fala:

Oh, se esta carne rude derretesse,
E se desvanecesse em fino orvalho!
Ou que o Eterno não tivesse oposto
Seu gesto contra a própria destruição!
Oh Deus! Como são gestos vãos, inúteis,
A meu ver, esses hábitos do mundo!
Que horror! São quais jardins abandonados
Em que só o que é mau na natureza
Brota e germina. Mas chegar a isto!
Morto há dois meses só! Não, nem dois meses!
Tão excelente rei, em face deste,
Seria como Hipério frente a um sátiro.
Era tão dedicado à minha mãe
Que não deixava nem a própria brisa
Tocar forte o seu rosto. Céus e terras!
Devo lembrar?
(...)
E apenas essas lágrimas culposas
Deixaram de correr nos falsos olhos,
Casou-se! Oh, pressa infame de lançar-se
Com tal presteza entre os lençóis do incesto!
Não 'stá certo, nem pode ter bom termo.
Estala, coração – mas guarda a língua.

Na sequência, o amigo Horácio e seus companheiros de guarda se aproximam e, depois de ouvir o relato do que aqueles homens haviam visto, Hamlet decide montar guarda com eles. Quando Laertes se despede da irmã, Polonius fica sabendo da atenção que Hamlet dá a Ofélia e ordena que a moça não se comunique mais com ele. À noite, o fantasma de seu pai conta a ele que sua morte não tinha sido provocada por uma mordida de cobra, conforme a história oficial divulgada. Na verdade, o rei tinha sido assassinado pelo irmão. O primeiro ato acaba com Hamlet jurando vingança e pedindo aos amigos que não comentem nada se o virem apresentar algum tipo de comportamento estranho dali em diante.

A suposta insanidade de Hamlet começa a aparecer e preocupa a rainha e o rei. Eles mandam chamar dois colegas de Hamlet – Rosencrantz e Guildenstern – para tentar descobrir a causa de sua melancolia. No encontro com o príncipe, no entanto, os dois carreiristas revelam bem mais do que descobrem a respeito do comportamento do príncipe. Hamlet os deixa perplexos quando, ao comentar sobre seu desgosto com o mundo ao redor, acrescenta:

> Que obra de arte é o homem, como é nobre na razão, como é infinito em faculdades e, na forma e no movimento, como é expressivo e admirável; na ação é como um anjo; em inteligência, como um deus; a beleza do mundo, o paradigma dos

animais. Mas, para mim, o que é essa quintessência do pó?

Neste momento, uma companhia de atores se oferece para uma apresentação na corte. Hamlet ouve um trecho declamado por um dos artistas e indaga ao chefe da trupe se poderia decorar "doze ou dezesseis versos" de sua autoria, agregando-os à comédia que vai ser representada.

Sozinho, Hamlet se desespera por não ter ainda vingado o pai. Embora acredite piamente no que disse o fantasma, é preciso encontrar uma confirmação que justifique para a vingança que ele planeja. O grande monólogo termina assim:

> O fantasma talvez seja um demônio,
> Pois o demônio assume aspectos vários
> E sabe seduzir; ele aproveita
> Esta melancolia e esta fraqueza,
> Já que domina espíritos assim,
> Para levar-me à danação. Preciso
> Encontrar provas menos duvidosas.
> É com a peça que penetrarei
> O segredo mais íntimo do rei.

Um novo ato começa com Cláudio, Gertrude e Polonius fazendo planos para deixar Ofélia sozinha na sala onde Hamlet sempre passa. Às escondidas, queriam verificar se era verdadeira a ideia de Polonius de que Hamlet havia enlouquecido por amor a Ofélia. Ao chegar à cena, Hamlet caminha fazendo uma leitura e conduz seu terceiro grande monólogo, o famoso "ser ou não ser".

Ser ou não ser, essa é a questão:
Será mais nobre suportar na mente
As flechadas da trágica fortuna,
Ou tomar armas contra um mar de escolhos
E, enfrentando-os, vencer? Morrer – dormir;
Nada mais; e dizer que pelo sono
Findam-se as dores, como os mil abalos
Inerentes à carne – é a conclusão
Que devemos buscar. Morrer – dormir;
Dormir, talvez sonhar – eis o problema,
Pois os sonhos que vierem nesse sono
De morte, uma vez livres deste invólucro
Mortal, fazem cismar. Esse é o motivo
Que prolonga a desdita desta vida.
Quem suportara os golpes do destino,
Os erros do opressor, o escárnio alheio,
A ingratidão no amor, a lei tardia,
O orgulho dos que mandam, o desprezo
Que a paciência atura dos indignos,
Quando podia procurar repouso
Na ponta de um punhal? Quem carregara
Suando o fardo da pesada vida
Se o medo do que vem depois da morte –
O país ignorado de onde nunca
Ninguém voltou – não nos turbasse a mente

E nos fizesse arcar co'o mal que temos
Em vez de voar para esse, que ignoramos?
Assim nossa consciência se acovarda,
E o instinto que inspira das decisões
Desmaia no indeciso pensamento,
E as empresas supremas e oportunas
Desviam-se do fio da corrente
E não são mais ação. Silêncio, agora!
A bela Ofélia! Ninfa, em tuas preces
Recorda os meus pecados.

Ao contrário do anterior, este é totalmente autorreferente, traz uma reflexão bem mais profunda, falando mais da condição humana em geral. O príncipe percebe que está sendo espionado no encontro com Ofélia e torna-se agressivo e cruel, o que dá a Cláudio bons indícios para não acreditar que o amor fosse a causa do estranho comportamento de Hamlet.

Reunido com os atores que se preparam para o espetáculo na corte, Hamlet fala brilhantemente sobre a arte da representação, lembrando a eles que devem ser comedidos, pois o teatro é um "espelho da natureza", que mostra "à virtude seus próprios traços, ao ridículo sua própria imagem, e à própria idade e ao corpo dos tempos sua forma e aparência".

Antes de os reis chegarem para assistir ao espetáculo, Hamlet pede ao amigo Horácio que observe seu tio Cláudio. Ele sabia que o espetáculo teria uma cena na qual seriam apresentadas as mesmas circunstâncias da morte de Hamlet, o pai. A intenção era avaliar as reações do rei, diante de quem Hamlet sempre se apresentava rude e estranho. O espetáculo começa e transcorre bem. Quando a comédia mostra um rei sendo assassinado com veneno no ouvido e, em seguida, a viúva casando-se com o assassino, Cláudio se levanta e sai. A comédia, então, é interrompida, e Hamlet comemora com o amigo Horácio a certeza da culpa do tio.

Perturbado, o rei toma uma decisão e resolve mandar Hamlet para a Inglaterra para curar-se. Mas a verdade era que também seguiam ordens expressas do rei inglês para matar Hamlet assim que chegasse ao seu destino. Hamlet é chamado ao quarto da mãe. Ali, Polonius ouvirá escondido toda a conversa e a tentativa da rainha de descobrir o problema do filho. A caminho dos aposentos da mãe, Hamlet vê Cláudio ajoelhado, rezando, e não o mata por crer que assim o pai não ficará vingado. Mas, tão logo Hamlet sai, o rei reconhece que suas orações não subirão aos céus.

Gertrude recebe finalmente o filho repreendendo-o por ofender o pai (referindo-se, de fato, ao tio), enquanto Hamlet afirma em tom agressivo que foi ela que realmente ofendeu seu verdadeiro pai. Gertrude se assusta, pede socorro. Polonius se mexe atrás das cortinas do quarto; Hamlet percebe que há alguém escondido ali, pensa se tratar de Cláudio espionando-os, e mata o espião com estocadas. A mãe fica horrorizada, mas Hamlet, mesmo após descobrir que era, de fato, Polonius, pai de sua amada Ofélia, quem se escondia atrás da cortina, permanece implacável e revela toda a verdade a Gertrude, pedindo que se afaste do rei assassino. Ela concorda e Hamlet sai, arrastando o corpo do conselheiro tão falador em vida e agora tão calado.

Em lugar deserto, perto do local de onde embarcará para a Inglaterra, Hamlet dialoga com um capitão norueguês das tropas de Fortimbras e fica sabendo que ele vai lutar por um pedaço da Polônia. Refletindo sobre a coragem desses jovens e lamentando ainda não ter vingado o pai, Hamlet faz seu último grande monólogo, retomando um que lembra o clima do primeiro ato.

Com o pai assassinado por Hamlet, que tanto a maltratara no último encontro, Ofélia enlouquece realmente, e protagoniza uma cena de extraordinária beleza, em que chora o pai, cantando:

E ele não mais há de voltar?
E ele não mais há de voltar?
Não, ele morreu;
Foi no sepulcro descansar.
Ele não mais há de voltar.
A sua barba era de neve,
O seu cabelo era de linho.
Ele morreu, ele morreu,
Não adianta mais chorar,
Deus que o recolha em seu carinho.

Informado sobre a morte do pai, Laertes volta e enfrenta o rei, mas não sem antes ter que lidar com o choque da loucura da irmã. O rei, do alto de sua habilidade, escuta os protestos do jovem e trata de envolvê-lo em seu novo plano para eliminar Hamlet, recém-chegado da interrompida viagem à Inglaterra.

Cláudio recebe esta inesperada notícia da volta do sobrinho/enteado e estimula a revolta de Laertes contra o príncipe, frisando sua responsabilidade na loucura de Ofélia. O plano está em curso quando Ofélia morre afogada e, durante o enterro, a rainha Gertrudes lamenta estar ornando o túmulo da moça que sempre sonhara ver casada com seu filho. Hamlet aparece, inesperadamente, e salta na cova, imitando a atitude de Laertes, garantindo que amava Ofélia mais do que "quarenta mil irmãos".

Quando a corte se afasta, Hamlet conta a Horácio a verdade sobre sua frustrada viagem à Inglaterra, falando inclusive sobre a ordem de Cláudio para que ele fosse morto por ordens expressas na carta que portavam Rosencrantz e Guildenstern.

O rei propõe um duelo, supostamente amigável, entre Laertes e Hamlet, mas o plano é que a ponta da arma de Laertes esteja embebida com veneno, enquanto uma pérola envenenada é colocada como prêmio na taça de vinho oferecida a Hamlet. Por um caminho ou outro, a intenção é uma só: assassinar Hamlet.

Enquanto Hamlet e Horácio conversam, chega um recado com a proposta do duelo com Laertes. Hamlet aceita mas não sem admitir que sente que algo de errado havia ali. Horácio sugere que Hamlet cancele o duelo, mas ele discorda:

> De modo algum. Nós desafiamos o augúrio. Há uma providência especial na queda de um pardal. Se tiver de ser agora, não está para vir; se estiver para vir, não há de ser agora; e se não for agora, mesmo assim há de vir. O estar pronto é tudo. Se ninguém conhece nada daquilo que deixa, que importa deixá-lo um pouco antes? Seja o que for!

O duelo é realizado diante da corte reunida. Generoso como sempre, Hamlet participa do combate, mas procura fazer antes as pazes com Laertes, que aceita, com restrições segundo o código de honra. Tudo é irônico, já que Laertes sabe que lutará com uma arma sem proteção na ponta e, além do mais, envenenada.

O rei insiste que Hamlet tome o vinho envenenado antes do confronto com Laertes, mas o rapaz resiste. A rainha, então, acaba tomando a bebida e caindo morta. Antes, porém, apesar de o rei querer disfarçar o acontecido, ela consegue dizer que foi envenenada. O duelo acontece. Laertes fere Hamlet, mas este, ao perceber a ponta da arma desprotegida, troca-a com a sua e fere Laertes, que tomba mortalmente ferido, acusando o rei e revelando o plano.

Finalmente, então, Hamlet, já com os minutos contados, consegue cumprir a vingança: mata o tio e assume a responsabilidade pelo reino, indicando Fortimbras, príncipe da Noruega, como seu sucessor e pedindo a Horácio que esclareça a todos o acontecido. O fiel amigo marca assim o momento da morte de Hamlet:

Partiu-se agora um nobre coração.
Boa noite, doce príncipe. E que os anjos
Venham em coro embalar-lhe o sono.

O reino volta honrosamente à ordem, mas ao custo de muitas vidas e, sobretudo, ao custo da vida do jovem príncipe Hamlet.

NOITE DE REIS
(1602)

PERSONAGENS

VIOLA, QUE CHEGA NA COSTA DA ILÍRIA
APÓS UM NAUFRÁGIO
ORSINO, DUQUE DA ILÍRIA
OLÍVIA, CONDESSA A QUEM O DUQUE FAZ A CORTE
MALVÓLIO, ADMINISTRADOR DO SOLAR DE OLÍVIA
SIR TOBY BELCH, PRIMO DE OLÍVIA, QUE BEBE E CANTA
MAIS DO QUE DEVERIA, COMO HÓSPEDE DA PRIMA
SIR ANDREW AGUECHEEK, TOLO CAVALEIRO
QUE PRETENDE A MÃO DE OLÍVIA E
É EXPLORADO POR SIR TOBY
MARIA, AIA DE OLÍVIA
SEBASTIAN, IRMÃO GÊMEO DE VIOLA
ANTÔNIO, O CAPITÃO DA MARINHA
QUE SALVOU SEBASTIAN
FESTE, O BOBO, QUE MANTÉM O TOM LÍRICO
DA COMÉDIA

AS PEÇAS TEATRAIS ERAM APRESENTADAS na corte na época das festas natalinas. Aí está uma boa justificativa para o título desta comédia. Aqui, uma ação complicada é armada para falar de excessos e de amores: os verdadeiros, os falsos, os enganados e os ridículos. A comédia conta com uma gente simpática e um pouco tola que conduz o enredo sem muita maldade, o que permite um final feliz. Tudo começa com Orsino, o duque, fazendo um pedido:

> Se a música alimenta o amor, tocai,
> Dai-ma em excesso pra que, satisfeito,
> O apetite se esgote e morra, enfim.

Orsino, duque da Ilíria, insiste que está apaixonado pela condessa Olívia, a quem, segundo ele, dedica amor maior que o de qualquer outra pessoa no mundo. Gaba-se de sofrimento excessivo por não ser correspondido. Neste contexto, surge Viola. Ela chega à costa da Ilíria, salva de um naufrágio. Conversa com o capitão que a salvou, chora a perda do irmão gêmeo, que julga morto, e resolve ir servir ao duque apaixonado. Vestida de rapaz vai até ele e apresenta-se como cantor eunuco.

Olívia, por seu lado, também lamenta a morte de um irmão. Seu excesso é jurar luto por sete anos, usar preto e chorar todos os dias sem falar com ninguém a não ser com as pessoas que a cercam em casa.

Entre elas estão seu primo sir Toby Belch, alegre e gordo beberrão; seu amigo sir Andrew Aguecheek, magrela e ridículo, mas rico e apaixonado por Olívia; e Maria, aia de Olívia e grande companheira de farra de Toby. Os dois últimos têm um grande inimigo, Malvólio, o puritano administrador da casa e dos bens de Olivia que, condenando a todos, tem o oculto desejo de casar-se com a condessa. Há ainda o bobo, Feste, que acompanha as loucuras dos outros e canta.

Viola se apresenta como Cesário e logo cai nas graças do duque, que a manda entregar mais uma mensagem de amor a Olívia. Malvólio admite que não consegue se livrar do jovem que deseja falar com Olívia e assim o descreve:

> Não velho o bastante para ser homem, nem moço o bastante para ser menino; é como a vagem antes de ser ervilha, como a maçã que ainda não ficou vermelha. Ele está na mudança da maré, entre menino e homem. É muito bonito e fala muito fino. Parece que mal foi desmamado.

Cesário é recebido e encanta a todos. Olívia aceita ficar a sós com ele para que a mensagem possa ser transmitida da maneira adequada, e a certa altura o diálogo dos dois fica bem vivo:

OLÍVIA

> E de que forma então me ama ele?

VIOLA/CESÁRIO

> Com toda a adoração, com fértil pranto,

Com gemidos de amor, fogo em suspiros.

OLÍVIA

Seu amo já me ouviu. Não posso amá-lo.
Suponho-o virtuoso, sei que é nobre,
De grandes posses, pura juventude;
De boa fama, livre, sábio, bravo
E, em toda a proporção da natureza,
Cheio de graça. Mas não posso amá-lo.
Há muito que devia tê-lo aceito.

VIOLA/CESÁRIO

Se eu a amasse como chama do meu amo,
Sofrendo tanto, quase morto em vida,
Não veria razão nessa recusa,
Não a compreenderia.

OLÍVIA

O que faria?

VIOLA/CESÁRIO

Um ninho de salgueiros à sua porta,
Que chame a minha alma nesta casa;
Escreva cantos de amor sem ser amado
Para cantar na noite mais escura;
Grite seu nome ao eco das montanhas
E faça os ventos, tão novidadeiros,
Gritarem: "Olívia!" E não teria paz,

Na terra nem no ar, minha senhora,
Enquanto eu não tivesse sua piedade.

OLÍVIA

Seria muito. Qual é a sua origem?

VIOLA/CESÁRIO

Acima do meu fardo. Mas 'stou bem.
Eu sou fidalgo.

Olívia insiste que não pode amar o duque. Viola sai e a condessa, remoendo as últimas palavras de Cesário, manda Malvólio entregar-lhe um anel, que ela diz ter sido esquecido pelo rapaz. O pedido é claro: que ele volte no dia seguinte para saber o que ela tem a dizer. É claro que nesta altura a condessa já está apaixonada por Cesário.

Quando Malvólio alcança aquele que pensa ser Cesário e lhe dá o anel, Viola exclama: "Deus queira que não ame o meu aspecto", e numa linda fala reflete como o amor é fácil e como se engana:

O meu amo a ama,
E eu, monstrengo, também amo a ele;
E ela, enganada, pensa amar a mim.
Como isso acabará?

Enquanto isso, o pobre sir Andrew pensa em partir porque Olívia não o quer. Mas sir Toby insiste para que ele permaneça. Só assim poderá continuar a explorá-lo e a se beneficiar com a riqueza do cavaleiro. O bobo que lhes faz companhia canta:

Amada, aonde vai vagando?
Fica, o teu amor 'stá chegando,
Que canta no grave e no agudo.
Não foge, que os dias errantes
Cessam com o encontro de amantes;
O sábio sabe de tudo.
Que é o amor? Não é porvir,
O gozo de hoje faz rir:
O que há de vir ninguém garante.
Não há fartura na demora
Dá-me então teus beijos agora;
A juventude é inconstante.

Malvólio aparece para reclamar do barulho e exige que eles se comportem bem, afirmando: a "casa da minha senhora" é lugar de respeito. Quando ele se retira e Maria aparece, eles resolvem fazer uma grande brincadeira com Malvólio; Maria é a arquiteta da ideia: tendo a letra parecida com a de Olívia, escreverá uma carta meio sem sentido sugerindo que a condessa está apaixonada por Malvólio, só para ver o que acontece. Ela deixará cair a carta em um ponto onde Malvólio costuma passar, para que ele a encontre.

Em outra cena, Orsino conversa com Cesário, nega-se a aceitar a recusa de Olívia, e tem lugar então um dos mais encantadores diálogos da comédia:

VIOLA/CESÁRIO

Senhor, e se ela não puder amá-lo?

DUQUE

Não admito.

VIOLA/CESÁRIO

Mas terá de admitir.
Digamos que uma dama – o que é possível –
Sofra por seu amor com tanta pena
Quanto a que sente. E se não puder
Amá-la, não terá de lhe dizer?
Não terá ela, então, de admitir?

DUQUE

Não há no mundo peito de mulher
Que ature o bater forte da paixão
Do meu amor, e nem um coração
Tão grande quanto o meu e nem tão firme.
O seu amor não passa de apetite,
Não chega a ser paixão: é paladar
Que, satisfeito, cansa e regurgita;
Mas o meu é faminto como o mar,
Digere como ele. Não compare
O amor que uma mulher teria por mim
Com o meu por Olívia.

VIOLA/CESÁRIO

Mas, eu sei...

DUQUE

O que é que sabe?

VIOLA/CESÁRIO

Bem demais como amam as mulheres:
Seus corações são firmes como os nossos.
A filha de meu pai amou um homem
Como amaria eu, sendo mulher,
Ao senhor.

DUQUE

E como é a sua história?

VIOLA/CESÁRIO

Não é. Nunca falou de seu amor.
Deixou-o oculto, qual verme na flor,
Roer seu róseo rosto. Sofreu só
E com melancolia auriverde
Ficou, como uma estátua da paciência,
Sorrindo em sua dor. Não soube amar?
Nós homens somos mais dados a juras,
Mas somos mais aspecto que desejo,
Provamos mais com juras que com amor.

DUQUE

Mas, rapaz, tua irmã morreu de amor?

VIOLA/CESÁRIO

Eu sou todas as filhas de meu pai
E também os irmãos, e mesmo assim não sei.
Senhor, devo eu ir lá?

Na casa de Olívia, Toby e Andrew queixam-se a Fabian, outro criado da casa que também se associara ao plano de enganar Malvólio, cada vez mais agressivo e desagradável em sua pose de puritano. Maria se reúne com eles tendo a carta já pronta. Todos ficam escondidos para ver o que vai acontecer. Malvólio encontra a correspondência que, apesar de confusa, é clara o bastante para fazê-lo acreditar na história. Ele lê:

A quem eu amo posso ordenar,
Mas o silêncio, que é lâmina aguda,
Meu coração vive a cortar.
M.O.A.I. A minha vida muda.

E, ao fim, interpreta:

"A quem eu amo posso ordenar." Ora, ela pode ordenar-me: eu a sirvo, ela é minha senhora. Ora, isto está óbvio para qualquer cérebro normal. Quando ao final, o que poderá dizer essa disposição alfabética? Se pudesse fazê-la assemelhar-se a qualquer coisa em mim! Calma! "M.O.A.I."

Naturalmente Malvólio deduz que são as iniciais de seu nome. A carta recomenda que use sempre as ligas amarelas em cruz. E, pior para uma casa supostamente em luto, a orientação é que ele deve estar sorrindo todas as vezes que falar com a dona da casa. A carta segue destacando que ele deve se comportar como superior aos outros, para mostrar que é digno de ascensão social. Nessa altura da carta, Malvólio já se vê conde, mandando em todos e usando joias.

Malvólio apresenta-se diante de Olívia cumprindo todas as recomendações da carta, com tal excesso e presunção, que a condessa julga-o louco, destemperado e pede providências. Os amigos que tramaram contra ele agora o deixam preso em um cômodo subterrâneo com uma pequena janela apenas. Malvólio, sem visão do exterior, fica pedindo socorro a partir dali. O bobo ainda imita a voz de um pastor que finge ouvi-lo, mas não toma qualquer atitude.

A confusão vai se agravando porque Sebastian, o irmão gêmeo de Viola, reaparece, pois foi salvo por Antônio, um capitão. A certa altura esse senhor é preso e, quando pensa estar recorrendo a Sebastian para pedir ajuda, na verdade está lidando com Viola.

Vestida como um rapaz, ela fica idêntica ao irmão. Já não se sabe quem é quem. Daí o imbróglio. Ela afirma não conhecer o capitão e deixa Antônio chocado.

Para aumentar o tumulto, sir Toby, Fabian e Maria, dando por terminada a brincadeira com Malvólio, querem mais emoção e agora resolvem se divertir provocando nada mais nada menos do que um duelo entre Viola/Cesário e sir Andrew. Considerando esta dupla, todos sabiam ser difícil definir qual dos dois tinha mais medo de um confronto assim. A barafunda segue firme com essa nova pilhéria.

Em paralelo, Olívia ordena ao bobo que lhe traga Cesário. Mas, no caminho, ele encontra o irmão de Viola, Sebastian, que fica sem entender nada e resiste para não ser levado à força. Em plena ação, aparece sir Andrew, que dá um golpe em Sebastian, pensando ser Viola/Cesário.

Sir Toby, que planejara a história do duelo como brincadeira, fica irritado e ataca Sebastian, que o derruba. Olívia entra, repreende o primo Toby e arrasta consigo Sebastian, que se espanta, mas acha que, na dúvida, o melhor é seguir a bela Olívia.

No último ato, o caos quase se instala de vez. O duque resolve ir pessoalmente à casa de Olívia para ver se conquista seu amor. Ao encontrá-la, ela fica aborrecida por não ver razão para ele estar acompanhado de Viola/Cesário que pensa ser seu marido. Ela havia pouco antes se casado com Sebastian. Olívia está perdida e ainda se diz traída.

A cena fica mais complexa quando Sebastian aparece tentando livrar o capitão Antônio dos apuros nos quais se meteu. Quando finalmente acontece a cena de reconhecimento dos irmãos, com um encontro caloroso, o tom é de alegria, já que as identidades de Viola e Sebastian são devidamente esclarecidas.

Com Olívia casada, o duque transfere seu amor para o pajem que tantas vezes lhe dissera que o amaria se fosse mulher. Mas, ressalvando que a chamará de Cesário até que Viola troque de roupa. Malvólio é libertado e, sente-se, com razão, injuriado. Sai de cena jurando vingança contra todos, mas deixando-os juntos e felizes. A comédia é concluída com uma linda canção do bobo.

COMO QUISEREM
(1604)

PERSONAGENS

DUQUE SENIOR, QUE VIVE NA FLORESTA, EM EXÍLIO
DUQUE FREDERICK, IRMÃO DO DUQUE SENIOR
QUE O DESTRONOU E EXILOU
ROSALIND, FILHA DO DUQUE EXILADO;
ELA FOGE PARA A FLORESTA COMO PASTOR GANIMEDE
ORLANDO, JOVEM APAIXONADO POR ROSALIND
OLIVER, O IRMÃO MAU E MAIS VELHO DE ORLANDO,
QUE BUSCA REFÚGIO NA FLORESTA
ADAM, O VELHO EMPREGADO QUE SEGUE
COM ORLANDO, NO INTUITO DE ZELAR POR ELE
CHARLES, UM LUTADOR QUE APARECE NA CORTE
CÉLIA, FILHA DO DUQUE USURPADOR;
ELA FOGE PARA A FLORESTA COMO PASTORA ALIENA
TOUCHSTONE, O BOBO DA CORTE DO DUQUE
E QUE ACOMPANHA AS DUAS MOÇAS
JACQUES, O ÚNICO EXILADO QUE SE RECUSA
A ROMANTIZAR A VIDA NA FLORESTA
SÍLVIO E PHEBE, PASTORES VERDADEIROS

A PEÇA É A ÚNICA CONTRIBUIÇÃO de Shakespeare para o gênero pastoral, no qual a natureza é o lugar onde prevalece o bem, e a corte é o lugar artificial onde prevalece o mal e a traição. Aqui, dois pares de irmãos – Orlando e Oliver e os duques Senior e Frederick – formam a espinha dorsal da ação, com diferentes grupos compondo o elenco.

Na primeira cena, Orlando, irmão bom, aparece em conversa com Adam, um velho empregado da família. Ele se queixa do irmão mais velho, Oliver, que não obedeceu o desejo do falecido pai de criá-lo bem, de acordo com o nível de sua família, deixando-o sem estudo e sem dinheiro, tratando-o pior do que seu gado e seus cavalos. Para conseguir um prêmio, Orlando resolve enfrentar Charles, o grande lutador profissional que visita a corte. Quando Oliver encontra Charles, diz que o irmão Orlando é um canalha desregrado e sugere que o lutador o mate.

Na corte, onde agora reina o duque Frederick, Célia, sua filha e Rosalind, filha do duque Senior, aguardam para ver a luta. O confronto acontece, e quando a derrota de Orlando parece inevitável, tentam convencê-lo a desistir. Orlando não só insiste como vence a luta e, na hora de receber o prêmio, todos ficam sabendo que ele é filho de um grande amigo do duque banido, o que o torna detestável aos olhos de Frederick.

Diante disso, Orlando vê que o melhor é abandonar a corte. Ele resolve tentar a vida em outro lugar e, acompanhado pelo velho Adam, vai para a floresta das Ardenas. O novo duque, cada vez mais autoritário, expulsa Rosalind da corte. Até então, ela tinha permanecido ali por força de um pedido especial de Célia que, ao se deparar agora com a intransigência do pai, resolve partir com a prima e amiga. Por segurança, Rosalind, a mais alta, se disfarça e se veste como rapaz. Ambas vão para a floresta em companhia do bobo Touchstone.

Na floresta, o banido duque Senior, com o pequeno grupo de nobres que escolheu para acompanhá-lo no exílio, vive em tranquila harmonia, dizendo em sua primeira fala:

> Então, meus companheiros neste exílio,
> Viver assim não é muito mais doce
> Do que em pompa pintada? Estas florestas
> Mais livres de perigos do que a corte?
> (...)
> Tem doces usos a adversidade...

Um dos temas da conversa é o fato de um deles, Jacques, não estar convencido de que morar ali seja a melhor opção.

Enquanto na corte, o duque manda Oliver trazer seu irmão Orlando de volta, Rosalind e Célia chegam à floresta e, adotando os nomes de Ganimede e Aliena, compram uma pequena fazenda e um rebanho de carneiros, levando uma vida de pastores. Na pequena corte campestre do duque Senior, a música faz parte do cotidiano, traz harmonia à vida e todos acabam cantando:

Sob esse arvoredo antigo,
Quem quiser deitar comigo,
É tornar do-ré-mi-sol
Em canto de rouxinol,
Venha cá, cá, pro meu lado.
Não terá aqui consigo
Nem mesmo um só inimigo,
Senão o inverno gelado.

Quem não gosta de ambição
E ama a vida ao sol, então,
Buscando seu alimento
Com grande contentamento,
Venha cá, cá, pro meu lado.
Não terá aqui consigo
Nem mesmo um só inimigo,
Senão o inverno gelado.

Apenas Jacques discorda desse tom de alegria campestre:

O homem só vai ter paz
No dia em que virar asno,
Sem riqueza e sem conforto,
Gostando de tudo torto,
Ducdame[12], ducdame, ducdame.
Igual a ele há de ver
Muito tolo aqui crescer,

12 É incalculável a quantidade de papel e tinta já gastos em tentativas de explicação do significado de "ducdame", que parece não querer dizer nada, sendo apenas um termo criado para fazer rima.

É só esperar que eu chame.

Orlando e o velho Adam, perdidos na floresta, estão exaustos e famintos. Ao ver o companheiro quase à morte, Orlando o deixa e sai em busca de comida. Neste momento, esbarra no grupo do duque Senior pronto para um farto almoço. Orlando saca a espada e ameaça a todos, mas afinal fica esclarecido que ele e Adam seriam bem-vindos para compartilhar tudo o que o grupo tinha. Enquanto o jovem sai para buscar Adam, o cínico Jacques, que se diverte com o otimismo do grupo, tem uma longa fala – bastante crítica – que contém uma das passagens mais conhecidas de toda a obra de Shakespeare:

O mundo é um grande palco
E os homens e as mulheres são atores.
Têm as suas entradas e saídas,
E o homem tem vários papéis na vida,
Seus atos sendo sete: grita o infante
Que vomita e soluça aos braços da ama;
Depois o colegial, com sua pasta
E a cara matinal, como um lagarto
Se arrasta sem vontade à escola. O amante,
Bufando como um forno, uma balada
Faz aos olhos da amiga. Eis o soldado,
Com pragas, e de barba arrepiada,
Zeloso de sua honra, ágil na luta,
A perseguir a ilusão da glória

Mesmo na boca do canhão. E agora
O juiz, de vasta pança bem forrada,
Olhos severos e cerrada barba,
Cheio de sábias leis e ocos exemplos,
Faz seu papel. A sexta idade o muda
Em pantalão magrela e de chinelos,
Óculos no nariz, sacola ao lado:
As roupas, bem poupadas, são um mundo
Para as canelas secas; sua voz,
Possante outrora, volta à de criança,
Falha e assovia. Então a última cena
Que põe um fim a essa vária história:
É a segunda infância, o próprio olvido,
Sem sentidos, sem olhos, sem mais nada.

Em contraste com os falsos pastores, aparecem dois outros, verdadeiros: Silvio e Phebe. Ele é apaixonado por ela. Phebe faz pouco de seu admirador e se apaixona por Rosalind/Ganimede, pensando estar diante de um rapaz.

Um último e mais desencontrado par de namorados é formado pelo bobo Touchstone – que aliás também prefere a vida na corte – e Audrey, uma rude pastora de cabras. Orlando encontra Ganimede e Aliena, isto é, Rosalind e Célia, que acham graça por vê-lo pendurando mensagens e versos nas árvores e só falando na dama Rosalind. Ganimede afirma que se Orlando fizer a corte a ele, Ganimede, como se fosse Rosalind, em um instante ele o curaria de seu amor. Achando graça na sabedoria do suposto pastor adolescente,

Orlando concorda em tratá-lo como se fosse Rosalind, sem desconfiar que se trata da própria.

Os encontros e desencontros se multiplicam; e agora, na floresta, aparece Oliver, ameaçado pelo duque Frederick com perda da liberdade e do patrimônio caso não faça o irmão Orlando retornar rapidamente à corte. Olivier se perde na floresta e Orlando o salva de uma cobra e uma leoa, saindo ferido da luta. Como não tem condições de ir ao encontro de Rosalind/Ganimede para atender a um compromisso previamente marcado, Orlando pede ao irmão que vá em seu lugar e explique as razões de sua ausência, apresentando um lenço manchado de sangue como prova. Oliver vai procurar Ganimede, que desmaia ao ver o lenço ensanguentado. Oliver e Célia/Aliena apaixonam-se à primeira vista.

Quando finalmente Orlando se queixa por não poder mais sustentar a brincadeira do falso pastor, Ganimede diz que é capaz de fazer mágicas e que, no dia seguinte, fará aparecer Rosalind, para que eles possam se casar. A Phebe, ela pede que prometa amar Silvio, caso venha a perceber que não deseja casar com Ganimede.

No dia seguinte, Rosalind aparece em trajes femininos e a comédia termina com o surgimento do próprio deus Himeneu. Ele aparece para celebrar os quatro casamentos e começa por declarar:

> Não permito confusão;
> Só eu trago a conclusão
> Desses acontecimentos.

Oito mãos devem ser dadas
E por Himeneu ligadas,
Para haver contentamento.
Vocês dois, nada separa;
Vocês dois, o amor juntara;
Você, ou a ele aceita,
Ou casa com mulher-feita.
Vocês dois, tão certos são,
Quanto o inverno e o trovão.
Durante o hino de boda
Falem bem da coisa toda,
Pra que o espanto, com razão,
Explique por que aqui estão.

A boda é de Juno a coroa,
Bênção que vem a mesa e leito.
Himeneu a terra povoa
A boda sempre há de ter preito.
Honra, alta honra em quantidade
A Himeneu em toda a cidade.

Ainda na história, o poder da natureza experimentado com os casamentos também é confirmado quando chega a notícia do que se passou com o duque Frederick. Ele tinha vindo à floresta a fim de perseguir o irmão, mas ficou de tal modo comovido com tudo o que viu, que tomou uma decisão radical, decidindo abandonar a coroa e partir para um mosteiro para seguir vida religiosa.

O eterno descontente Jacques, que permanecia ainda um estranho naquele lugar, fica fascinado com a história de Frederick e resolve fazer o mesmo, enquanto o duque Senior e seus companheiros de exílio acabam voltando aos seus postos e retomando suas propriedades.

BOM É O QUE BEM ACABA
(1605)

PERSONAGENS

CONDESSA DE ROUSSILLON
BERTRAM, FILHO DA CONDESSA, CONDE DE ROUSSILLON
HELENA, FILHA DE FAMOSO MÉDICO JÁ FALECIDO,
CRIADA PELA CONDESSA E APAIXONADA POR BERTRAM
REI DA FRANÇA, CURADO POR HELENA
PAROLLES, MAU-CARÁTER AMIGO DE BERTRAM
DIANA, BELA E JOVEM ITALIANA QUE BERTRAM PERSEGUE
VIÚVA, MÃE DE DIANA

ESTA É A PRIMEIRA DAS COMÉDIAS que Shakespeare cria na maturidade. Nelas, desaparece o clima romântico, com a apresentação de problemas éticos, solucionados com dificuldade. São trabalhos que servem para investigar ações de moralidade dúbia, cuja resolução fica distante da alegria das comédias anteriores.

Bertram, o jovem conde de Roussillon, despede-se da mãe ao partir para a corte do rei da França. Ele busca a carreira militar, a exemplo do que fez o pai, morto recentemente. Depois que Bertram parte, sua mãe, a condessa, descobre que sua tutelada Helena, filha do finado Gérard de Narbon, famoso médico, é apaixonada por seu filho. Sobre Helena, a condessa comenta:

> Tenho nela as esperanças que a educação promete à disposição que herdou – tornando mais belos os seus dotes; pois quando uma mente poluída adquire qualidades virtuosas, juntam-se elogios e piedade; tais virtudes são também traidoras. Nela, estas são melhores por sua singeleza; tem honestidade inata e conquista a bondade.

A moça reconhece que não tem posição social que lhe permita sonhar com um casamento com Bertram. Porém sente tanta falta do rapaz que parte para a corte, a fim de oferecer serviços médicos – aprendidos com o pai – para a cura de uma doença do rei. Um mal que, até então, ninguém conseguira sanar. Ela se vê cada vez mais longe de Bertram.

O rei reluta em aceitar a oferta de Helena, mas finalmente concorda quando ela aceita morrer se a cura não vier. Por outro lado, se o tratamento tiver sucesso, fica combinado que o rei há de conceder a Helena o marido que ela escolher. Curado, o rei cumpre sua palavra e entrega-lhe a mão do jovem conde de Roussillon. Desrespeitando a decisão do rei, Bertram a repudia, considerando-a indigna de ser sua mulher e, acompanhado pelo amigo Parolles, fanfarrão, grosseiro e mentiroso , foge da França e se oferece para lutar na tropa do duque de Florença. O conde ordena que Helena volte ao palácio de Roussillon e entrega à moça duas cartas: uma para sua mãe, a condessa, e outra para ela própria. Na carta para Helena, ele confirma sua rejeição:

> Quando conquistar o anel que trago em meu dedo, e que não sairá nunca, e me mostrar um filho gerado por seu corpo do qual eu for o pai, então chama-me marido; porém nesse "então" eu escrevo "nunca".

Para a mãe, Bertram diz o mesmo, e ainda acrescenta que sem mulher nada lhe resta a fazer na França. O fato é que, tendo desrespeitado o rei, tudo o que ele poderia esperar em seu país era punição e exigência de consumação do casamento. Por isso, ele comunicava sua decisão de nunca mais voltar.

Helena abandona Roussillon e segue a caminho de uma peregrinação a Santiago de Compostela. Seu plano, na verdade, era chegar à Itália. Perto de Florença, a jovem encontra um grupo de mulheres italianas, entre elas uma viúva e sua filha Diana, que falam dos franceses que chegaram com as tropas do duque e, particularmente, do mulherengo conde de Roussillon e seu companheiro Parolles, costumeiro ajudante na conquista de mulheres. Helena resolve aproveitar-se dessa informação e elabora um plano. Para executá-lo, compartilha sua história com a viúva. Nesse meio-tempo, nobres franceses que servem com Bertram lhe falam da vergonhosa covardia e falta de caráter de Parolles e, diante da relutância do conde em crer no que dizem, propõem armar uma situação na qual, na presença de Bertram, Parolles se mostre covarde e traidor.

Helena aproveita o desejo de Bertram de conquistar Diana e faz com que esta, provocando-o com a promessa de entregar-se a ele, obrigue o rapaz a dar-lhe o anel que costumava usar e, marcando um encontro à meia-noite, diz que terá de ser breve e envolto em mistério. Nas horas que antecedem o encontro, Bertram recebe uma carta da mãe comunicando a morte de Helena. Por outro lado, os nobres que fizeram a armadilha para Parolles lamentam o mau comportamento de Bertram, que desprezara a mulher e agora fazia planos para acabar com a honra de Diana, uma jovem virgem florentina conhecida por sua castidade.

Bertram aparece e, quando indagado se passa da meia-noite, responde:

> Resolvi esta noite dezesseis assuntos de um mês cada um. Em resumo: despedi-me do duque, disse adeus ao resto de sua família, enterrei uma esposa,

chorei-a, escrevi à senhora minha mãe que vou voltar, organizei minha escolta e bagagem e, entre essas tarefas principais, realizei outros feitos bem mais agradáveis; o último deles foi o maior, porém ainda não o completei.
(...)
Quis dizer que o último não estava acabado por temer ainda vir a ter notícias dele no futuro...

O que Bertram não sabe neste momento é que Helena fez um acordo com Diana e sua mãe, indo encontrar-se com ele no lugar da moça, dando em paga um dote para Diana. Trata-se de um encontro que terá consequências inesperadas.

Esquecendo-se rapidamente da aventura com Diana, o jovem assiste agora ao espetáculo da desmoralização de Parolles que, pensando estar nas mãos do inimigo, entrega todas as informações sobre a tropa florentina e fala mal dos próprios oficiais que o interrogam. No que se refere a Bertram, a situação é pior ainda, pois encontram em seu bolso um papel que ele diz ser destinado à defesa da honra de Diana:

Se ele jurar, peça que pague em ouro,
E apanhe, pois depois não paga mais;
Nunca paga, depois de dar no couro,
Metade antes, já é bom demais.
Diana, eu sou soldado, e lhe direi:
Conte que o conde é só tolo, que eu sei,
Que paga antes, mas não o que deve.
Seu, como jurou ao seu ouvido, Parolles.

Todos ao fim se revelam ao covarde, que sai de cena sabendo que não poderá mais se fazer de soldado.

Com o objetivo de contar com testemunhas para seu ato, Helena leva a viúva e Diana para Roussillon. Ali, o rei está em visita à condessa, quando chega Bertram, arrependido de seu comportamento. Ele é perdoado pelo rei, que está a ponto de conceder-lhe a mão da filha de um de seus nobres quando vê em sua mão o anel que dera a Helena como garantia de que a todo e qualquer momento ela poderia recorrer a ele. Bertram fica atrapalhado, tenta explicar que o anel não era dela, e que ele jurara não se separar dele jamais. Nesse momento um estranho que chegou à corte lê uma carta de Diana afirmando que o conde de Roussillon lhe prometera casamento e, por isso, lhe dera seu anel de família como prova. Pede, portanto, que o rei o faça cumprir sua promessa.

Quando Diana e a viúva clamam contra Bertram, este acusa a moça de não passar de uma prostituta conhecida entre os soldados, ao que ela responde:

> É calúnia, senhor; se eu fosse assim,
> Teria me comprado por bom preço;
> Não o creia. Olhe para este anel,
> Cujos alto respeito e validade
> Não têm igual; no entanto, apesar disso,
> Ele deu à rameira dos soldados –
> Se isso eu fui.

Ao que a Condessa, chocada, acrescenta:

> Ela cora, e é verdade.

Por seis antepassados essa joia
Legada em testamento ao novo herdeiro,
Tem sido tida e usada. É sua esposa;
Esse anel são mil provas.

Diana chama Parolles como testemunha e Bertram se confunde ainda mais, tentando invalidar o que diz o ex-amigo, por tê-lo como mentiroso. A situação vai se complicando cada vez mais, com Diana sendo desafiada e desmentida até pedir à mãe que traga sua fiança. A viúva sai e volta com Helena. Quando o rei indaga se é ela, um breve diálogo resolve o tema central da ação:

HELENA

Não, senhor;
O que vê é a sombra de uma esposa;
Nome, não ela.

BERTRAM

Ambos! Me perdoem!

HELENA

Meu bom senhor, quando vim aqui donzela,
Julguei-o bom. Eis aqui seu anel,
E olhe aqui a sua carta. Diz assim:
"Quando estiver com meu anel no dedo
E grávida de mim etc." Aconteceu;
Se o ganho duas vezes, será meu?

BERTRAM

Senhor, se ela diz a verdade,
Eu hei de amá-la para a eternidade.

Tudo "acaba bem" e o rei promete um dote e um marido a Diana. Mas a comédia tem um epílogo que lembra ao público que ele está no teatro, pedindo aplausos, como nas comédias de Roma na Antiguidade.

Acaba a peça, e o rei é um mendigo;
E tudo acaba bem, é o que lhes digo,
Se ficam satisfeitos; nós pagamos
Lutando para ver se melhoramos.
Recebam bem nossas atuações:
Por suas mãos damos nossos corações.

MEDIDA POR MEDIDA
(1604)

PERSONAGENS

DUQUE DE VIENA, VINCENTIO, QUE SE AFASTA DO PODER E SE DISFARÇA DE FREI LUDOVICO

ÂNGELO, SUBSTITUTO TEMPORÁRIO DO DUQUE, ESCOLHIDO POR SEU CARÁTER E SEU RIGOROSO RESPEITO ÀS LEIS

ÉSCALO, QUE DEVE AGIR COMO CONSELHEIRO DE ÂNGELO

CLÁUDIO, JOVEM CONDENADO À MORTE POR EXCESSO DE RIGOR IMPOSTO POR ÂNGELO

LÚCIO, DEVASSO, MAS AMIGO DE CLÁUDIO

ISABELA, IRMÃ DE CLÁUDIO, QUE TENTA DEFENDÊ-LO

JULIETA, NOIVA DE CLÁUDIO

FREI TOMÁS, AMIGO DO DUQUE

MARIANA, ANTIGA NOIVA DE ÂNGELO

MADAME JAPASSADA, CAFETINA EM VIENA

POMPEU, CRIADO DE MADAME JAPASSADA

DELEGADO, AQUELE QUE DIRIGE A PRISÃO E RESPEITA CUIDADOSAMENTE A LEI

MAIS UMA VEZ o foco de Shakespeare está sobre questões éticas e morais. Aqui a história é conduzida por um governante que sai temporariamente do cargo e usa um disfarce para verificar como está sendo executado o governo então deixado nas mãos de um substituto. Vicentio, o duque de Viena, reconhece ter sido leniente no cumprimento de leis sobre comportamento sexual. Sentindo-se culpado por ter compactuado com uma considerável corrupção moral, julga que um substituto pode fazer valer as leis já existentes de modo menos chocante e doloroso que ele próprio. Se o próprio duque fosse mau ou vicioso, seria impossível chegar a um final feliz; o conflito gerado pela presença do mal é de difícil superação, mas o final feliz é, na verdade, a consequência das ações de um bom governante.

Em Viena, ao se afastar do poder, Vicentio deixa Ângelo em seu lugar. Exemplo de firmeza moral, o substituto do duque tem Éscalo como conselheiro, um velho e sábio colaborador de Vicentio. Ângelo diz não se sentir digno da nomeação, mas acaba confirmado no posto, a despeito de qualquer relutância em assumir o cargo. Logo na segunda cena, Lúcio, um fidalgo devasso, conversa com amigos sobre a estranha ausência do duque. Neste momento, aparece Cláudio, já escoltado. Era a primeira vítima da pressa e da rigidez adotadas pelo regente em sua meta de fazer cumprir as velhas leis. Quando Lúcio indaga o porquê de Cláudio estar "cerceado", este responde:

CLÁUDIO

Por tomar liberdades, caro Lúcio.
Todo banquete conduz ao jejum,
Do mesmo modo que toda desmedida
Vira prisão. O nosso instinto busca –
Como o rato que corre pro veneno –
A má bebida, que nos leva à morte.

(...)

LÚCIO

A luxúria é encarada assim, agora?

CLÁUDIO

Eis o meu caso: por contrato firme,
Eu tive acesso ao leito de Julieta.
Já a conhece. Pra mim, é minha esposa,
Só nos faltando aquilo que o proclama
Na forma externa. E isso não fizemos
Só por demora havida com seu dote,
Que ainda está no cofre de uns amigos,
De quem nós escondemos nosso amor,
Até a hora em que o receberíamos.
Mas o prazer que oculto nós tivemos
Está escrito bem claro em Julieta.

LÚCIO

Por um bebê?

CLÁUDIO

Infelizmente sim.
E quem agora representa o duque –
Talvez devido à falta de experiência,
Ou pela questão pública ter forma
De montaria pra quem a governa,
E quem é novo quer marcar a sela,
Quem 'stá no mando finca logo a espora.
Se a tirania é própria do lugar,
Ou se a autoimportância é que o inflou,
Eu não sei – mas o novo governante
Despertou o catálogo de penas
Penduradas quais fossem armas sujas
Há dezenove voltas do zodíaco,
Ali, sem uso. E só pra criar fama,
Joga todas as leis adormecidas
Sobre mim. Na certa é só para a fama.

É preciso esclarecer que em sua fala Cláudio refere-se ao *betrothal*, que representa mais do que um noivado. Trata-se de uma espécie de contrato de pré-casamento, sendo assim reconhecido na época. Cláudio pede a Lúcio que procure sua irmã, Isabela, para que ela venha em seu auxílio. Pronta para entrar para o convento, disposta a tornar-se freira, Isabela recebe Lúcio. Ela ainda não fez os primeiros votos, e com dificuldade se deixa convencer sobre a necessidade de tentar salvar o irmão de morte certa. Lúcio explica que o duque está temporariamente afastado do poder e que seu substituto vem agindo com exagerada rigidez.

Em paralelo, a história mostra que o duque recusa qualquer escolta ou companhia em sua suposta viagem. Ele vai à cela de frei Tomás, amigo e confidente, e revela sua intenção de permanecer na cidade para observar os acontecimentos. Em seguida, pede um hábito emprestado, para que possa circular pela cidade sem chamar atenção.

Voltando à cena anterior, Cláudio ainda aparece em apuros. O conselheiro Éscalo e um juiz tentam persuadir Ângelo a não condenar o jovem à morte. Ele se mostra inflexível, e, ainda no tribunal, em conversa com Éscalo, os criados de Madame Japassada, famosa cafetina da cidade, mostram como a nova atitude em relação à lei é recebida pelos que vivem da prostituição, o que resulta em pitoresco diálogo:

ÉSCALO

> Pompeu, você é cafetão boa parte do tempo, por mais que disfarce as coisas sendo botequineiro, não é? Vamos, diga a verdade, que será melhor para você.

POMPEU

> Para falar a verdade, senhor, eu sou um pobre coitado que precisa viver.

ÉSCALO

Viver como, Pompeu? Sendo cafetão? O que acha desse ofício, Pompeu? É um ofício legal?

POMPEU

Se a lei o permitir, senhor.

ÉSCALO

Mas a lei não o permite, Pompeu; e nem é coisa que vá ser permitida em Viena.

POMPEU

Vossa reverência está querendo dizer que vão capar e tapar toda a juventude da cidade?

ÉSCALO

Não, Pompeu.

POMPEU

Então, na verdade, senhor, em minha pobre opinião, eles vão continuar igualzinhos. Se vossa reverência der jeito nas putas e nos putos, não precisa se preocupar com os rufiões.

ÉSCALO

Pois já lhe digo que vão sair umas ordens muito bonitinhas.
De cortar a cabeça e apertar o pescoço.

POMPEU

> Se decapitarem e enforcarem todos os que transgredirem nesse ponto por dez anos, vocês vão ter de encomendar mais cabeças: se essa lei valer em Viena por dez anos, eu alugo a melhor casa da cidade por três tostões o quarto.
> Se estiveres vivo para ver, podes contar que Pompeu já tinha avisado.

O delegado, que é diretor da cadeia, fica tão chocado com a condenação de Cláudio que vai perguntar a Ângelo se é mesmo verdade que ele deve ser executado. Ângelo confirma e, logo em seguida, Isabela chega para interceder pelo irmão. A princípio Ângelo é frio e nega. Porém, aos poucos, os modos e a voz de Isabela o deixam fascinado, e ele é tomado do mais ardente desejo por ela. Perdido com a argumentação da moça, pede que ela volte no dia seguinte para saber o que ele vai resolver. Quando, ao sair, Isabela diz "Deus salve a sua honra", Ângelo, então sozinho, faz um monólogo terrível:

> De ti: dessa virtude!
> A culpa disso, então, é dela ou minha?
> Quem peca mais? Quem tenta ou é tentado?
> Não é ela que tenta, mas sim eu,
> Que 'stando ao lado da violeta ao sol,
> Imito o verme vil, e não a flor,
> Corrompendo a beleza. Mas pode

O pudor trair nosso bom senso
Mais que luz feminina? Tendo tanto campo,
Havemos de arrasar um santuário
Para nele lançar nossos demônios?
Que vergonha!
Que fazes, Ângelo? Antes, quem és?
Teu desejo por ela vem das coisas
Que a fazem boa? Deixa que o irmão viva!
O roubo do ladrão se justifica
Com um juiz larápio. Será que amo,
E desejo de novo ouvir a sua voz?
E gozar do seu olhar? Qual é o meu sonho?
Pra agarrar um santo, o astuto demônio
Usa um santo pra isca. É perigosa
A tentação que nos leva ao pecado
Por amor à virtude. A prostituta
Não pode, com sua arte e seu vigor,
Tocar-me a têmpera; mas sua virtude
Me conquistou. E até hoje eu sorria,
Sem compreender o homem que sofria.

Conforme combinado, Isabela volta na manhã seguinte, a fim de conhecer a decisão de Ângelo. Ele a recebe e conduz a conversa de tal modo que a moça não consegue compreender de imediato a real intenção dele. Até que Ângelo diz bem claramente que poupará a vida de Cláudio desde que Isabela lhe ceda "o tesouro de seu corpo". Ela a princípio não acredita, pensa que ele a está testando, mas depois se recusa porque se o irmão perde a vida, ela perderia a alma aceitando a proposta dele. Quando a pretendente a freira ameaça denunciá-lo, ele ri e pergunta quem acreditaria nela, dada a reputação e o poder dele. Isabela vai à prisão e tem um comovente diálogo com Cláudio. Conta a ele a proposta de Ângelo. O irmão, chocado, concorda com a recusa dela, mas depois sugere não ser tão grave assim o pedido de Ângelo, reconhecendo finalmente:

CLÁUDIO

A morte é coisa horrível.

ISABELA

Como é odiosa a vida com vergonha.

CLÁUDIO

Porém morrer, sem saber pr'onde vamos,
Jazer no frio e lá apodrecer;
Sensações que se movem, calorosas,
Tornadas massa bruta; enquanto o espírito
Vai se banhar em fogo, ou residir
Na emocionante região dos gelos;
Ser prisioneiro de ventos que cegam,
Jogado aqui e lá, com violência,
Por este mundo; ou, pior ainda,
No que o pensamento, sem certeza,
Concebe uivando – é por demais terrível.
A mais odiosa vida deste mundo –

Com dor, idade, cárcere ou penúria
Lançados à natureza – é um paraíso
Diante do nosso temor à morte.

O duque, disfarçado de frei Ludovico, ouvira toda a história de Julieta, citada por Cláudio, e agora ouve também a conversa dos irmãos. Diz a Isabela que quer falar com ela e, por outro lado, prepara Cláudio para a morte. O suposto frei Ludovico conta a Isabela a história de Mariana, com quem, cinco anos antes, Ângelo mantivera um noivado (novamente, o *betrothal*). Sem muitas explicações, ele abandonou a noiva ao saber que o dote da moça se perdera com um irmão morto em um naufrágio. No papel de confessor, o duque/frade sugere que Isabela aceite a proposta por Ângelo para resolver dois problemas: salvar a vida do irmão e conseguir que Ângelo confirme seu noivado, dormindo com Mariana pensando ser Isabela.

Mariana é convocada para o plano e concorda em substituir Isabela no encontro. Tudo parece resolvido quando Ângelo quebra sua palavra, mandando o delegado executar Cláudio imediatamente, cortar-lhe a cabeça e trazê-la para entregar a ele. Havia um temor no ar: vivo, Cláudio podia revelar todo o acontecido. Sabendo da ordem sumária de Ângelo, Frei Ludovico, quase se revelando ao delegado, convence-o a desobedecer as ordens e sugere que entregue a cabeça de um preso que tivera morte natural naquela manhã.

Em seguida, o duque, ainda em seu papel de frade, escreve a Éscalo e a Ângelo, anunciando sua volta imediata e pedindo que o recebam formalmente junto às portas da cidade.

No dia seguinte, com todo o povo presente, Isabela acusa abertamente Ângelo de ser assassino, hipócrita e violador de virgens, e Mariana se apresenta afirmando que Ângelo é seu marido. Diante da negação de Ângelo, frei Ludovico se apresenta como testemunha em favor das moças, é acusado de mentir e, em seguida, agredido. Ao perder o capuz na briga, sua verdadeira identidade se revela. Tudo, então, se esclarece. Ângelo é obrigado a casar-se com Mariana mas, depois do casamento, o duque condena-o à morte. Isabela, mesmo crendo na morte de Cláudio, apoia Mariana, que implora o perdão para o marido. O delegado, então, traz Cláudio vivo e ele se casa com Julieta. A peça acaba com o duque pedindo a mão de Isabela.

> Isabela, cara.
> Eu tenho uma proposta que pretende
> Trazer-lhe bem e à qual, se der ouvidos,
> O meu é seu e o que for seu é meu.
> Entremos no palácio, onde há de ver
> Tudo o que do porvir deve saber.

TROILUS E CRÉSSIDA (1605)

PERSONAGENS

TROILUS, FILHO DE PRÍAMO, REI DE TROIA, QUE AMA CRÉSSIDA
CRÉSSIDA, GREGA QUE VIVE EM TROIA COM O PAI, UM VIDENTE
PANDARUS, TIO DE CRÉSSIDA, QUE PROMOVE SEU AMOR COM TROILUS
CALCAS, VIDENTE GREGO, QUE SERVE AOS TROIANOS
ULISSES, AQUILES, AJAX E MENELAU, GENERAIS GREGOS, EM CONFLITO INTERNO
THERSITES, GREGO DEVASSO E DESBOCADO QUE ATACA A TODOS
HELENA, MULHER DE MENELAU, QUE VIVE EM TROIA, COM PÁRIS
PÁRIS, FILHO DE PRÍAMO, QUE RAPTOU HELENA
HELENUS, FILHO DE PRÍAMO
HEITOR, O MAIOR HERÓI TROIANO, FILHO DE PRÍAMO
ENEIAS, TROIANO
DIOMEDE, GREGO QUE ESCOLTA CRÉSSIDA DE VOLTA PARA OS GREGOS

A TRAMA DE AMOR desta última comédia sombria, dura e complexa, foi inspirada em um poema do inglês Geoffrey Chaucer (1340–1400). A história se passa durante a Guerra de Troia. Os problemas éticos e morais aparecem aqui em dois planos, o do amor e o da guerra, nos quais a lealdade e a traição entram em jogo de forma quase espelhada.

A ação começa com Troilus, filho mais moço de Príamo, rei de Troia, apaixonado por Créssida, uma jovem grega, cujo pai, o sacerdote Calcas, optou por viver entre os troianos para servi-los. Troilus conversa informalmente com Pandarus, tio da moça, e pede a ele que intervenha em seu favor na conquista da jovem. Troilus é apresentado como um romântico do nível de Romeu, porém sem traço de pureza adolescente. No momento em que Pandarus elogia a sobrinha, Troilus diz:

> Ai, Pandarus... lhe digo, Pandarus...
> Se digo que afogou-se a esperança
> Não venhas me dizer a quantas braças
> 'Stá afundada. Eu estou louco de amor
> Por Créssida; se dizes "É bela", regas
> Meu coração já tão ferido
> Com seus olhos, cabelos, rosto e voz.
> A sua fala toca na mão dela,
> Cuja brancura faz, de outras, tintas
> Que a si mesmas condenam, cujo toque
> É uma pluma de cisne e faz, da seda,
> Palma de agricultor. Assim me dizes,

O que é tão verdade quanto eu amá-la;
Mas quando o dizes, em lugar de óleo e bálsamo,
Enterras na ferida que o amor fez
A faca que ele usou.
(...)
A Créssida eu só chego por Pandarus,
Que se faz tão difícil quanto ela,
Que quer ser casta e não aceita a corte.
(...)
Seu leito é a Índia, onde jaz ela, a pérola.
O que existe entre Troia e a sua morada,
Chamemos de selvagem mar aberto;
A nós, mercantes, e essa nave, Pandarus,
Nossa esperança, condução e barca.

Créssida se sente bastante atraída por Troilus, mas reluta muito em ceder a ele, preocupada com sua reputação. Porém o tio Pandarus fará uma campanha dura, insistindo no encanto e na posição de Troilus, vantajosa para ela.

A guerra chega ao seu oitavo ano e há um momento de paralisação. Os generais gregos, preocupados com desavenças entre vários de seus comandantes, fazem uma grande reunião e neste momento a trama inclui uma grande fala de Ulisses, que é dos grandes momentos em que fica expresso o conceito de Shakespeare sobre o governo:

Troia estaria agora destruída,
A espada do grande Heitor sem seu senhor,

Se não fosse pelo seguinte:
Foi desprezada a essência do governo,
E vejam quantas tendas gregas restam
Vazias na planície, vis facções.
Se o general não é como a colmeia,
À qual voltam, atentas, as abelhas,
Que mel é de esperar? Sem hierarquia
O indigno iguala o digno na beleza.
O próprio céu, os astros e este mundo
Observam grau, prioridade, escala,
E curso, e proporção, forma e rodízio,
Comando e posto, em toda a linha de ordem.
Vejam, em consequência, o sol planeta,
Posto em nobre destaque em sua esfera,
Em meio aos outros, cujo olhar propício
Corrige os erros dos planetas maus,
E domina e comanda, como um rei,
Sem ter limites entre o bem e o mal.
Mas quando os astros entram em discórdia,
Que pragas, que presságios, que motins,
Que revoltas no mar, tremor na terra,
Tempestade nos ventos, medo, horrores,
Perturbam, quebram, rasgam as raízes
Da unidade e calma dos Estados.
Se acaso se destrói a hierarquia,
Que é a escada de todo alto desígnio,
Toda a empresa se abala. Como podem
Classes de escolas, ou comunidades,

Pacífico comércio entre cidades,
A primogenitura e o nascimento,
Prerrogativas, cetros e coroas
Senão por graus manter-se onde merecem?
Removam-se esses graus, falhe essa nota,
E vejam que discórdia! As coisas entram
Em conflito gratuito: as águas, soltas,
Erguendo-se mais alto do que as praias,
Tornam em lama todo o globo sólido:
O mando entrega-se à imbecilidade,
E o rude filho fere e mata o pai.
Seria certa a força: o certo e o errado,
De cujas lutas a justiça nasce,
Sem a justiça não existem mais.
Tudo se muda então só em poder;
O poder, em vontade e apetite;
E o apetite – lobo universal –
Com base no poder e na vontade,
Terá, co'a força, o mundo como presa,
E acaba se comendo.

O desmando parece claro no pronunciamento e, antes mesmo que a cena acabe, o próprio Ulisses argumenta que será preciso recorrer a um golpe baixo para convencer Aquiles a deixar o ar de emburrado, sair da própria tenda e aceitar o desafio do troiano Heitor para um combate singular. Fica estabelecida uma provocação quando Ulisses elogia Ajax, homem forte de ideias curtas, tentando com isso tirar Aquiles da inércia a ponto de fazê-lo lutar.

Em Troia acontece uma grande assembleia cujo objetivo principal é avaliar a proposta de paz feita pela Grécia. As condições do acordo envolvem a devolução de Helena, que fora raptada por Páris, e uma indenização pelos prejuízos da guerra. Heitor, o maior herói troiano, filho de Príamo, mostra-se favorável ao acordo, pois considera um crime a morte de tantos homens por motivo tão fútil. Com opiniões diferentes, Páris, Helenus e Troilus, os irmãos mais moços, alegam tratar-se de questão de honra. Segundo eles, lutar na guerra sempre traz glória. Enquanto se espera a resposta ao desafio de Heitor para o duelo, Thersites, o mais desbocado e irreverente de todos os participantes do conflito, faz violentos e desmoralizantes ataques a tudo e a todos.

Em outra cena, Pandarus leva Cressida a aceitar a corte de Troilus, conduzindo o casal com frases maliciosas até que ambos fiquem a sós para sua primeira noite de amor. Nesse meio-tempo, Calcas, o pai de Créssida, pede aos gregos que consigam trocar Créssida por um general troiano, que haviam feito prisioneiro, a fim de ter consigo a filha. Tudo é rapidamente resolvido, e os amantes se separam já pela manhã, com ambos fazendo juras de amor e fidelidade. Troilus jura que encontrará uma maneira de entrar no acampamento grego e visitar Créssida. Diomedes é o grego que aparece para escoltar Créssida. Sem disfarçar suas intenções, ele logo se mostra interessado na moça e, ironia do destino, Troilus pede justamente a Diomedes que proteja a amada. Finalmente o combate entre Heitor e Ajax começa, mas não dá em nada, porque a certa altura do duelo, Heitor se recusa a continuar, com base no fato de os dois serem parentes. E todos os troianos são convidados para ir a uma festa na tenda de Aquiles.

Ao final da festa, Troilus, guiado por Ulisses, procura a tenda de Calcas para ver Créssida, mas, do lugar de onde se esconde, ele vê Créssida fazendo amor com Diomedes e entregando a ele o lenço que Troilus dera a ela como prova de amor. Revoltado com o que tinha visto, no dia seguinte, Troilus vai para a luta enraivecido, e procura Diomedes para lutar com ele. Da mesma forma, Menelau, marido de Helena, busca Páris, mas as duas lutas terminam sem vencedores. Heitor, por sua vez, apesar dos clamores de sua mulher Andrômaca e de sua irmã Cassandra para que não lutasse naquele dia – ambas haviam tido sonhos que prenunciavam tragédia –, combate heroicamente o dia todo e mata, inclusive, Patroclus, o companheiro de Aquiles.

Vitorioso e desarmado, Heitor descansa no final do dia, quando Aquiles finalmente desperta de sua inércia e o assassina, desrespeitando todos os códigos de honra. Como se não bastasse ainda arrasta o corpo de sua vítima pelo campo de batalha, mantendo-o amarrado à cauda de um cavalo. Na sequência, Eneias lidera a triste retirada dos troianos do campo de guerra. Pandarus se dirige a Troilus, mas é repudiado. O filho de Príamo que amava Créssida só pensa em vingar a morte de Heitor. A peça acaba com um monólogo do cínico Pandarus sobre o triste destino dos que servem aos amantes:

TROILUS

Foi-se Heitor;
Quem o dirá a Príamo e Hécuba?
Será pra sempre uma ave aziaga
O que em Troia disser: "Heitor 'stá morto."
Essa frase transforma em pedra Príamo,
Faz fontes de donzelas e viúvas,
Estátuas de rapazes e, em resumo,
Destrói Troia de susto. Mas, marchemos;
Heitor morreu; nada mais a dizer,
(...)
E, grande covarde,
O mundo não contém os nossos ódios:
Hei de caçá-lo qual má consciência,
Que em frenesi da mente cria demos.
Marchem pra Troia, seja como for:
A vingança sonhada esconde a dor.

PANDARUS

Mas ouça-me, ouça aqui!

TROILUS

Vá embora, rufião! Que a ignomínia
Lhe cubra a vida e viva com seu nome. (*Sai*)

PANDARUS

Que bom remédio pra dor nos meus ossos! Ah, mundo, mundo! Assim é desprezado o pobre do intermediário! Traidores e caftens, como trabalham duro e como são mal pagos!
(...)
A abelha canta alegre sua canção
Até perder seu mel e seu ferrão;
E uma vez caído o rabo armado,
Vai-se o mel, com a doce canção ao lado.

Bons negociantes de carne, eis o que devem botar em seus cartazes:
Quem for do sindicato de Pandarus
Derrame ora por mim seus prantos raros;
Quem não puder chorar pode gemer,
Ao menos porque os ossos vão doer.
Meus irmãos que de amores são o prólogo,
Meu testamento chega, logo, logo.
Se não é hoje, por meio que saia
De algum bordel nojento alguma vaia.
Pois suo até alívio eu encontrar,

E a quem minha doença hei de legar.

OTELO
(1604)

PERSONAGENS

OTELO, MOURO GENERAL DE VENEZA
IAGO, CHAMADO "HONESTO IAGO", MAU E RESSENTIDO, SUBORDINADO A OTELO
CÁSSIO, TENENTE, ASSISTENTE DIRETO DE OTELO
DUQUE DE VENEZA
BRABANTIO, SENADOR VENEZIANO, PAI DE DESDÊMONA
LUDOVICO, PARENTE DE BRABANTIO
DESDÊMONA, MULHER DE OTELO, ACUSADA POR IAGO
EMÍLIA, AIA DE DESDÊMONA E MULHER DE IAGO
RODRIGO, RICO TOLO QUE IAGO EXPLORA DIZENDO AJUDAR A CONQUISTAR DESDÊMONA

NESTA TRAGÉDIA, NO MOMENTO em que constrói a figura de Iago, Shakespeare cria o personagem mais mau de toda a sua obra. Este traço aparece, por exemplo, quando Iago sente-se preterido pelo general Otelo na hora da escolha de seu tenente. Otelo nomeia Cássio. É o que basta para que Iago, sargentão despreparado, mas bom de briga, defina para si mesmo a ambiciosa meta de destruir Otelo a qualquer preço. A primeira cena da trama traz Iago, oculto pela própria sombra, instigando o tolo Rodrigo a despertar o senador Brabantio no meio da noite para dizer que Desdêmona, sua filha, está casada com Otelo. Ele descreve o mouro com os piores termos, explorando o conhecido preconceito de cor praticado pelo político. Logo na segunda cena, Otelo, nobre de porte e fala, chega e estabelece um radical contraste com tudo o que foi dito ao seu respeito. Em diálogo travado com Otelo, Iago finge empenho na defesa do general mouro e acusa Brabantio de difamá-lo e persegui-lo até que consiga finalmente prendê-lo. Sua intenção era assustar o interlocutor, mas Otelo não se abala com as acusações. Ele se mostra tranquilo quando então aparece um mensageiro que o convoca para ir ao Senado. Há uma ameaça de guerra em curso e por isso a reunião foi marcada.

No Senado, discute-se a ameaça turca contra Chipre e fica acordada a indicação do general Otelo para comandar a defesa da ilha. Brabantio, que o havia seguido, interrompe a discussão relativa à invasão para acusar o mouro. O duque interroga Otelo, que responde assim:

Reverendos senhores, poderosos,
Meus amos comprovadamente nobres:
Que a filha desse velho está comigo,
É verdade, como é que nos casamos.
O auge e dimensão da minha ofensa
Não passam disso: rude eu sou de fala;
Falta-me a bênção das frases da paz,
Pois estes braços, desde os sete anos
Até há nove luas, só empenharam
Suas forças agindo em campo aberto;
E pouco deste mundo eu sei dizer
Que não pertença a lutas e batalhas.
E, assim, não farei bem a minha causa
Se falo eu mesmo; mas (se o permitirdes)
Eu farei o relato sem enfeites
Do curso deste amor; que drogas, ritos,
Que invocações e mágicas potentes
Teria usado (pois assim me acusam)
Pra ter-lhe a filha.

Brabantio alega que Otelo teria usado recursos sórdidos para conquistar Desdêmona, sua filha. O general retruca com habilidade, contando que o próprio Brabantio o convidava para sua casa com frequência, sempre pedindo que narrasse os sofrimentos e as aventuras de sua vida:

A escutar-me
Desdêmona tendia seriamente:
Os trabalhos da casa a afastavam,
Mas tão logo depressa os atendesse

Ela voltava e com ouvido sôfrego
Devorava o narrado; eu, ao notá-lo,
Achei uma hora livre e consegui
Ouvir dela um pedido emocionado,
Pra que eu contasse todo o meu caminho,
Do qual só lhe coubera ouvir pedaços,
Sem atenção. Com isso eu concordei
E muitas vezes arranquei-lhe lágrimas
Ao relatar passagem mais terrível
Vivida quando jovem. Terminando,
Ela pagou-me as penas com suspiros;
Jurou-me que era estranho, muito estranho,
Que era de dar pena, imensa pena,
Não o quisera ouvir, mas desejava
Que dela o céu fizesse um homem tal.
Agradeceu-me e pediu-me que, no caso
De eu ter algum amigo que a amasse,
Eu deveria contar-lhe a minha história
Pra cortejá-la. E eu, então, falei:
Ela me amou porque passei perigos,
E eu a amei porque sentiu piedade.

Desdêmona chega, confirma seu amor ao marido e pede para ir com ele quando embarcar para Chipre. Um toque sombrio vem quando o duque de Veneza recomenda a Otelo que cuide bem de Desdêmona. Ao que o pai dela responde:

Se tem olhos pra ver, cuide-a, sim:
Pode enganá-lo, se enganou a mim.

O ato acaba quando, para a viagem, Otelo deixa Desdêmona sob a guarda do "honesto Iago", como era conhecido, e de sua mulher, Emília.

Todo o resto da ação se passa em Chipre. A nau que leva Desdêmona é a primeira a chegar a Chipre. Na sequência, vem a que traz Cássio, que beija a mão de Desdêmona em saudação de cortesia. O gesto sugere a Iago a ideia de acusar a mulher de Otelo de traí-lo com o tenente. Otelo finalmente chega, a armada turca fora dispersada pela tempestade e, agora, cabe ao novo governador festejar a paz.

Cássio fica de guarda. Iago o observa e descobre que ele não bebe porque é fraco para o álcool. Mas Iago insiste, e ele cede e aceita bebida para brindar a paz. Com Cássio bêbado, Iago faz o tolo Rodrigo provocá-lo. Isso resulta em uma tremenda baderna e, quando Otelo aparece indignado quer saber o que se passa. Iago consegue, com aparente relutância (o que agrava ainda mais a situação), acusar Cássio de ter sido o responsável. Imediatamente Otelo destitui Cássio de seu posto, deixando Iago no comando da guarda.

Com habilidade e malícia, Iago aconselha Cássio a procurar Desdêmona para que ela o defenda junto a Otelo. Ali ele começa a sugerir a infidelidade da esposa do general. Criado em uma sociedade mais primitiva, Otelo costuma ter reação intempestiva: o que jamais ocorre a ele, porém, é a possibilidade de que alguém – especialmente um homem conhecido como "honesto Iago" – minta a respeito de assunto tão sério. Desdêmona é tão ingênua e íntegra quanto o marido, e se empenha no perdão a Cássio por saber que ele é amigo fiel e certo para o cargo.

Esta tragédia é conhecida não só por ter uma trama muito bem construída (é a única tragédia em que há realmente uma trama forjada, pois a acusação de Iago é caluniosa), mas também pela noção de tempo duplo da qual tudo depende. Uma calúnia tão primária quanto a criada por Iago não pode durar muito; quem analisar detalhadamente a ação depois da chegada a Chipre, verá que tudo se passa em 48 horas. Mas, uma vez que Otelo fica emocionalmente envolvido pela acusação de Iago, ele perde a perspectiva de tempo. Desdêmona começa a pedir por Cássio. Otelo desconversa e ela insiste, sem saber que está, aos olhos dele, defendendo o suposto amante. Após o primeiro desentendimento, quando ela sai de cena, Otelo diz:

> Doce tolinha, maldita a minha alma
> Se eu não a amo; e quanto a não amar,
> É a volta do caos.

Iago sabe que precisa agir depressa. Pega com Emília, aia de Desdêmona e mulher de Iago, um lenço bordado que a dama deixara cair e o esconde no quarto de Cássio. Este, sem saber de onde veio o lenço, diz à sua amante Bianca que copie a bordadura. Quando Iago fala do lenço a Otelo, este pede uma prova de sua acusação. Iago então manda que Otelo se esconda para ouvir sua conversa com Cássio. Falando sobre Bianca, Iago conduz o colóquio com muito riso e deboche, fazendo o mouro acreditar que estão falando de Desdêmona e não de Bianca.

De Veneza, chegam enviados do duque, comunicando que Otelo foi transferido para outro comando e que deve deixar Cássio em seu lugar em Chipre. Enquanto essa notícia corre, Otelo, muito perturbado, esbofeteia Desdêmona na frente dos enviados, deixando todos estarrecidos com o comportamento inesperado do respeitado general. À noite, Iago trama com Rodrigo a morte de Cássio, mas o tolo Rodrigo consegue apenas ferir o tenente, que revida a agressão e também o fere. Quando Iago ouve o chamado de socorro e compreende o que aconteceu, finge examinar Rodrigo e o mata para afastar qualquer risco de descoberta da verdade.

Para completar seu plano, Iago convence Otelo de que a única saída é matar Desdêmona. Ele decide pelo assassinato, e ordena a mulher que vá para o quarto. Obediente ao marido, ela atende a ordem.

Sem compreender o que se passa, Desdêmona pede a Emília que a vista com a camisola da noite de núpcias. Como Otelo a chamara de puta, na frente dos hóspedes, ela pergunta a Emília se a aia acredita que alguma mulher seja capaz de trair o marido "mesmo pelo mundo inteiro". Neste momento segue um notável diálogo, no qual revela-se o abismo que há entre a posição de Emília e a de Desdêmona:

EMÍLIA

> Ora, o erro só é erro ante o mundo; e tendo ganho o mundo por seu trabalho, é um erro em seu

próprio mundo, e a senhora pode em um instante torná-lo acerto.

DESDÊMONA

Eu não creio que existam tais mulheres.

EMÍLIA

Sim, uma dúzia e ainda muito mais,
Pra popular o mundo por que jogam.
Mas eu creio que a culpa é dos maridos
Se a mulher falha: esquecem seus deveres,
Dando o nosso tesouro a outros corpos;
Ou por ataques de ciúmes mesquinhos,
Mantêm-nos presas: ou por nos baterem,
Cortar-nos verbas por mesquinharia.
Nós também temos fel; se somos doces,
Sabemos nos vingar. Saibam os homens
Que nós temos sentidos, que nós vemos,
Cheiramos, separamos doce e amargo,
Assim como os maridos. O que fazem
Os que nos trocam por outras? Só brincam?
Creio que sim; a causa foi paixão?
Creio que sim. Por fraqueza é que erram?
É também. E não temos nós paixões?
E fome de brincar, fracas como eles?
Pois que nos usem bem; e tomem tino:
Os nossos erros vêm do seu ensino.

Enquanto ocorre o conflito em torno de Cássio, Otelo vem para o quarto carregando uma tocha e, vendo Desdêmona adormecida, fala:

É a causa, sim, a causa, minh'alma,
Não a nomeio ante as castas estrelas:
É a causa; mas sangue não derramo,
Nem mancho sua pele, alva de neve,
E lisa como a glória do alabastro;
Porém tem de morrer, senão trai outros.
Apago a luz e, então, apago a luz:
Se a ti eu sufocar, oh chama ardente,
Posso de novo restaurar-te a luz,
Se me arrependo; mas se a você apago,
Molde sagaz da natureza excelsa,
Desconheço o calor de Prometeu
Que a reacendesse...

Ele prossegue nesse doloroso tom até que Desdêmona desperta e, por mais que tente, não consegue impedir que Otelo a sufoque com um travesseiro. Cumprido o ato, Otelo ouve Emília que bate à porta, entra, ouve o gemido da ama e acusa Otelo de assassinar a mulher pura e inocente. Só quando Otelo lhe assegura que seu marido pode testemunhar que Desdêmona é culpada, afinal fora ele quem lhe revelara tudo, é que Emília compreende os fatos. Aterrorizada, ela comprova que o marido foi capaz de criar uma mentira vil. Quando Iago chega e conta que Cássio está vivo e matou Rodrigo, Emília o denuncia. Sem pestanejar, Iago a mata com a maior frieza. Todos chegam. Otelo tenta matar Iago mas falha e é preso. Ao perceber seus feitos em relação a Cássio e a Desdêmona, faz uma notável declaração aos embaixadores:

> Uma palavra ou duas, por favor:
> Fiz serviços ao Estado; eles o sabem –
> Não importa. O que peço é que nas cartas
> Em que contarem estes tristes fatos,
> Falem de mim qual sou; não deem desculpas,
> E nem usem malícias. Falem só
> De alguém que, não sabendo amar, amou
> Demais...
> (...)
> E digam que em Alepo, certo dia,
> Quando um maligno turco de turbante
> Agrediu um varão veneziano
> E insultou rudemente a sua terra,
> Peguei a goela ao cão circuncidado
> E o golpeei assim!

Concluídas essas palavras, Otelo se mata, ou melhor, se executa com atitude tão implacável quanto a que tinha tomado com a mulher. Em razão de tudo o que fez, Otelo não podia ter perdão.

A ação termina com Ludovico restaurando a ordem no governo de Chipre e ordenando a prisão de Iago. Cássio torna-se governador.

REI LEAR
(1606)

PERSONAGENS

REI LEAR, QUE ABDICA EM FAVOR DAS FILHAS
GONERIL, REGAN E CORDÉLIA, FILHAS DE LEAR
DUQUE DE ALBANY, CASADO COM GONERIL
DUQUE DE CORNWALL, CASADO COM REGAN
O BOBO, QUE NÃO DEIXA LEAR SE ILUDIR
DUQUE DE KENT, QUE SERVE AO REI,
    DISFARÇADO DE CAIUS, DEPOIS DA ABDICAÇÃO
CONDE DE GLOUCESTER, FIEL DEFENSOR DE LEAR
EDGAR, FILHO LEGÍTIMO DO CONDE,
    INJUSTAMENTE BANIDO PELO PAI, PORÉM SEMPRE FIEL
EDMUND, FILHO BASTARDO DO CONDE,
    QUE O BAJULA E SE TORNA O PREFERIDO, MAS O TRAI
REI DA FRANÇA, QUE SE CASA COM CORDÉLIA
OSWALD, CRIADO DE GONERIL

REI LEAR É A ÚNICA TRAGÉDIA de Shakespeare que tem duas tramas paralelas a ressaltar o mesmo aspecto: o desconhecimento dos filhos por parte dos pais. De diversas maneiras são abordados temas como as violações e o desrespeito à lei da natureza. Um dos recursos que diferencia o texto é o vasto número de imagens de animais, quase sempre utilizadas para espelhar os ditos comportamentos e atitudes sub-humanos.

A peça começa com o Conde de Gloucester, fiel defensor do Rei Lear, apresentando Edmund, seu filho bastardo, ao duque de Kent. Apesar de ter sido concebido fora do matrimônio, Edmund não é menos querido que Edgar, o filho legítimo. É o que assegura o conde em diálogo que é interrompido pela entrada do rei, agora decidido a afastar-se do governo que exerceu por longos anos:

> Dai-me o mapa. Dividimos
> Em três o nosso reino. É nosso intento
> Livrar nossa velhice de cuidados,
> Deixando-os para jovens com mais forças
> Enquanto nós, sem cargas, rastejamos
> A caminho da morte.

A repartição já está, na verdade, planejada, mas o rei acrescenta uma ideia infeliz:

> Digam, filhas,
> Já que agora queremos nos despir
> De poder, territórios e cuidados,

Qual das três vai dizer que mais nos ama,
Para tornar mais amplo o nosso dote,
Pondo em debate a natureza e o mérito?

As filhas mais velhas, Goneril e Regan, sabidas e interesseiras, cobrem o velho pai de elogios e declarações de amor, enquanto a mais moça, Cordélia, chocada com o cinismo das duas, fica sem saber o que dizer. Tem origem aí o triste diálogo com o pai:

LEAR

E agora,
Nossa alegria, embora seja a última,
Por cujo amor vinhas da França e leite
Da Borgonha se empenham em captar,
Que diz pra ter um terço mais polpudo
Que o das irmãs?

CORDÉLIA

Nada, senhor.

LEAR

Nada?

CORDÉLIA

Nada.

LEAR

Não vem nada de nada. Agora, fale.

CORDÉLIA

Infeliz, não sou capaz de botar
Na boca o coração. A vós eu amo
Nem mais nem menos do que é meu dever.

LEAR

Vamos, Cordélia; ajeite um pouco a fala,
Pra não 'stragar a sorte.

CORDÉLIA

Bom senhor,
Me destes vida, criação e amor,
E eu pago tais deveres com dever,
Vos dando obediência, amor e honra.

(...)

LEAR

Tão jovem e tão dura?

CORDÉLIA

Tão jovem, meu senhor, e verdadeira.

LEAR

Que seja! E co'a verdade pra seu dote!
Por esse brilho sagrado do sol,
Os mistérios de Hécate e da noite,
Pelo curso dos astros aos quais nós
Devemos o existir e a finitude,

Aqui renego o cuidado paterno,
Todo o poder da consanguinidade,
E como estranha a mim e ao meu amor
A tenho para sempre. O cita bárbaro,
Ou o que faz dos filhos alimento
Só por gula, terá junto ao meu peito
Tanta piedade, alívio e boas-vindas
Quanto essa outrora filha.

Não é, portanto, a divisão do reino mas, sim, a ação inesperada e antinatural de repudiar a única filha que diz a verdade que terá consequências para a trajetória de Lear. Apesar do repúdio do pai, o rei da França reconhece as qualidades de Cordélia e toma-a por esposa.

Kent, que ousa afirmar que o rei está agindo mal, também é banido do reino:

KENT

Seja Kent rude
Com Lear louco. O que vai fazer, velho?
Julga que tema o dever de falar
Se o poder cede às loas? Fica a honra
Comprometida com a sinceridade
Se o rei é tolo!

(...)

LEAR

Se em dez dias mais
o teu tronco for visto em nossas terras,

Morres no instante. Agora, vai. Por Júpiter,
Nada disto eu revogo!

Na casa do conde de Gloucester, o mesmo tipo de injustiça acontece quando ele aceita as calúnias de Edmund contra seu outro filho Edgar, a quem o irmão acusa de tramar contra a vida do pai para receber a herança. Esse plano não era do filho legítimo, mas sim de Edmund.

Ultrajado e banido, Kent se disfarça de servo Caius e vai à casa de Goneril, onde Lear se hospeda e oferece seus serviços ao rei. A filha dá ordens ao criado Oswald para que o velho rei seja desrespeitado e ignorado. O soberano anda sempre acompanhado por seu bobo, que nunca deixa o rei esquecer que cometeu um grave erro contra Cordélia. Antes que acabe o ato I, o velho Lear, sentindo-se maltratado e infeliz, parte para a casa da filha Regan, ladeado pelos cavaleiros que formam seu séquito.

Em outra cena, Edmund tece mais mentiras, convence o pai a deserdar Edgar e a expulsá-lo de casa, sob pena de ser punido com a morte caso não cumpra a decisão paterna. Tudo isso acontece quando, inesperadamente, Regan e seu marido Cornwall chegam ao castelo de Gloucester. Quase simultaneamente, Kent aparece ali, disfarçado de criado Caius, portando uma mensagem do rei. Mas filha e genro do monarca, por acharem-no um tanto abusado, o põem no cepo, expondo-o a uma punição humilhante, imperdoável para um mensageiro real.

Quando Lear chega à casa de Gloucester, encontra sua filha Regan, que já recebera do criado Oswald uma carta enviada por sua irmã Goneril, predisposta contra ele. O rei fica horrorizado ao ver Regan acolher a mensagem da irmã e afirmar que só receberá o pai se ele pedir desculpas à filha mais velha. Desatinado, Lear prefere sair para a noite selvagem, acompanhado pelo bobo e por Kent.

Começam a aparecer discretos boatos de que forças francesas estão embarcando para a Inglaterra em apoio a Lear. Isso acontece ao mesmo tempo em que vai sendo criado um clima de discórdia entre o duque de Albany, o marido de Goneril, e o duque de Cornwall, casado com Regan.

Andando perdido pelo pântano durante a tempestade, Lear invoca e desafia os elementos, em desespero:

> Soprai, ventos, rasgai a face em fúria!
> Vós, cataratas e tufões, jorrai
> E afogai campanário e cata-vento!
> Fogos de enxofre, que sois tão velozes
> Quando as ideias, e que sois arautos
> Dos raios que bifurcam os carvalhos,
> Queimai minha cabeça branca. E vós,
> Trovão que tudo treme, golpeai
> A espessura rotunda deste mundo!
> Quebrai a forma e ora espalhai os germes
> Da natureza que faz o homem ingrato!
> (...)
> Ribomba o ventre! Cospe fogo e chuva!
> Não tenho filha vento, fogo ou chuva:
> Não vos chamo de ingratos, elementos:

Não vos dei reinos nem vos chamei filhas.
Não me deveis lealdade; jorrai, pois,
Vosso horrível prazer; sou vosso escravo,
Um velho pobre e desprezado.
(...)
Abalai
Quem escondido e com semblante puro
Atentou contra a vida; culpas ocultas,
Rompendo as cascas que as protegem, gritem
Pedindo graça aos céus. Sou pecador
Contra quem inda mais outros pecaram.

Em plena tempestade, Lear encontra Edgar, disfarçado de mendigo louco, o pobre Tom. Quando Kent convence Lear a se proteger em uma cabana tosca, ele insiste que o louco e o bobo se juntem a ele para um julgamento imaginário das filhas más. E há um indício de que Lear começa a ter consciência do erro que cometeu. Ele reflete, antes de entrar na cabana, sobre os desprotegidos de seu reino:

Desgraçados sem roupa, onde estiverem,
Enfrentando o açoite da tormenta,
Como podem assim, com flancos magros,
Os seus trapos rasgados defendê-los
De um tempo desses? Ai, cuidei bem pouco
De tudo isso. Cuida-te, Pompa;
Expõe-te ao que sentem os mendigos,
Para doar a eles teu supérfluo
E o céu te ver mais justa.

Durante essa mesma noite, graças às acusações de Edmund de que o pai estava ajudando o rei e, provavelmente, os franceses, o duque de Cornwall, marido de Regan, arranca os olhos do velho Gloucester e manda que o soltem no pântano; é uma ação tão revoltante que um dos criados de Cornwall o ataca. O duque o mata mas, em seguida, morre vítima dos ferimentos sofridos. Um antigo criado encontra Edgar/Tom e pede a ele que conduza o cego Gloucester. Sem se fazer reconhecer, aceita a tarefa de levar o próprio pai a Dover, onde o cego quer se matar, saltando dos famosos penhascos da região. Edgar, vendo que o velho conde está muito abalado, consegue enganá-lo, dizendo que ele saltou de enorme altura mas, miraculosamente, não morreu.

Em paralelo, Cordélia encontra o pai louco, vestido com trapos e ornado de flores. A filha o leva para seu acampamento. Depois de banhado e vestido decentemente, ele acorda e, como Gloucester, por um momento também acredita que morreu:

CORDÉLIA

Meu bom pai! Que a saúde me coloque
Nos lábios vossa cura, e que este beijo
Pague o mal que à vossa reverência
Minhas irmãs fizeram.

KENT

Como é boa!

CORDÉLIA

Não fosseis vós meu pai, e essas cãs
Clamariam por dó. Um rosto assim
Foi feito pra enfrentar ventos em fúria?
Resistir ao ruído do trovão,
Quando ágil e terrível corta o ar
O raio que cintila? E com tal elmo
Velar ao tempo? Ao cão de quem me odeia,
Se me mordesse, numa noite assim
Daria eu teto.
(...)

LEAR

É cruel me tirar da sepultura.
Tua alma vive em graça; porém eu
A uma roda de fogo estou atado,
E meu pranto é qual chumbo derretido.
(...)
Não juraria
Que estas mãos sejam minhas. Vamos ver.
Eu sinto o alfinete. Quem me dera
Ter certeza da minha condição.

As filhas mais velhas do rei competem cada vez mais; Goneril e Regan se apaixonam por Edmund, e, se a última agora é viúva, a primeira mostra-se cada vez mais agressiva com o marido, que se revolta contra o comportamento de ambas para com o velho rei. Para conquistar Edmund, Regan não mede esforços e acaba fazendo dele o comandante de suas tropas, em substituição ao falecido duque de Cornwall.

O conde de Albany, então, concorda em unir-se a Edmund, apenas porque é necessário defender a Inglaterra contra uma invasão francesa mas, depois de derrotados os franceses, a divisão entre ambos fica declarada. Lear e Cordélia são aprisionados por Edmund que, em segredo, dá ordem para a execução dos dois. Com inveja da viuvez de Regan, Goneril envenena a irmã, mas acaba suicidando-se quando é abertamente acusada de adultério.

Aceitando uma acusação de Edgar, que se juntara à tropa com escudo branco, indicando identidade desconhecida, Albany manda prender Edmund por traição e se oferece para provar as acusações em combate singular. Nele, Edgar fere Edmund mortalmente e só depois se identifica, contando sua história ao pai, a quem finalmente se revela. O coração de Gloucester, entre a alegria e o pranto, "estourou sorrindo".

Antes de morrer Edmund arrepende-se da ordem que deu e revela onde estão Lear e Cordélia. Tentam salvá-los, porém é tarde demais. Cordélia é encontrada morta e Lear, desnorteado, porque procurou defendê-la até o fim. Em cena forte, Lear entra com Cordélia nos braços, na ilusão de que ela ainda possa estar viva e ali tem sua última cena:

> Uivai, uivai, homens feitos de pedra!
> Com vossa língua e olhos eu faria
> Ruir os céus. Ela se foi para sempre.
> Eu sei se alguém 'stá morto ou se ainda vive;

’Stá morta como a terra; dai-me um espelho!
Se o seu hálito embaça ou marca a pedra,
Então ’stá viva.
(...)
Malditos vós, traidores e assassinos!
Eu a teria salvo; e agora foi-se!
Cordélia, ah, Cordélia, fica um pouco!
Que dizes? Sua voz foi sempre suave,
Doce e gentil – virtudes na mulher.
Mas eu matei o escravo que a enforcou.
(...)
Enforcado o meu bem! Não, não há vida!
Por que vive o cavalo, o rato, o cão,
E tu sem vida? Tu não voltas mais;
Nunca, nunca, nunca, nunca, nunca.
Obrigado, senhor. ’Stão vendo isto?
Olhai pra ela, olhai para os seus lábios!
Olhai, ali, olhai!

Assim morre o rei Lear; e, como em outras tragédias, um personagem de tímida dimensão, neste caso, Albany, fica com a tarefa de recompor o reino depois da catástrofe.

MACBETH
(1607)

PERSONAGENS

MACBETH, GENERAL ESCOCÊS, MAIS TARDE REI
LADY MACBETH, QUE O APOIA EM SUA AMBIÇÃO
BANQUO, GENERAL ESCOCÊS, COMPANHEIRO DE MACBETH E PAI DE FLEANCE
AS TRÊS IRMÃS BRUXAS
REI DUNCAN, DA ESCÓCIA
MACDUFF, NOBRE ESCOCÊS QUE DESCONFIA DE MACBETH
LADY MACDUFF, VÍTIMA DE MACBETH
ROSSE, NOBRE ESCOCÊS QUE TAMBÉM DESCONFIA DE MACBETH
FLEANCE, FILHO DE BANQUO
SEYTON, O ÚLTIMO MILITAR FIEL A MACBETH
LENNOX, NOBRE ESCOCÊS
MALCOLM E DONALBAIN, FILHOS DO REI DUNCAN
DAMA DE COMPANHIA DE LADY MACBETH
MÉDICO DE LADY MACBETH

ESTA É A MAIS CURTA das tragédias. *Macbeth* dá continuidade à investigação que Shakespeare conduz em torno da presença do mal e de como o ser humano o enfrenta.

Macbeth é uma figura notável, homem respeitado e estimado, que opta pelo mal quando a ambição, que lhe rendera uma grande carreira militar, se sobrepõe às suas outras qualidades. A ação começa quando Macbeth e Banquo põem-se a caminho para levar ao rei a notícia de sua vitória sobre um grave levante. A certa altura, eles encontram três bruxas. São as chamadas "três irmãs estranhas" que saúdam Macbeth com:

> Salve, oh salve, *thane* de Glamis!
> Salve, oh salve, *thane* de Cawdor!
> Salve, oh salve, que um dia há de ser rei!

Quando Banquo indaga sobre o seu futuro, elas respondem, enigmaticamente, que ele será "maior porém menor" do que Macbeth, que não será rei, mas pai de reis. Na cena seguinte chegam dois emissários do rei Duncan, que, depois de informado sobre a vitória no levante, faz de Macbeth *thane* de Cawdor, concedendo-lhe, assim, título de nobreza escocês que pertencera ao revoltoso e traidor derrotado. A notícia leva à primeira revelação dos verdadeiros sentimentos de Macbeth:

> (*À parte*) Duas verdades
> São prelúdio feliz da grande pompa
> Do tema imperial. (*Alto*) Eu lhes sou grato.

(*À parte*) A tentação do sobrenatural
Não pode nem ser má e nem ser boa:
Se má, por que indica o meu sucesso,
De início, com a verdade? Já sou Cawdor;
Se boa, por que cedo à sugestão
Cuja horrível imagem me arrepia
E bate o coração contra as costelas,
Negando a natureza? Estes meus medos
São menos que o terror que eu imagino;
Meu pensamento, cujo assassinato
Inda é fantástico, tal modo abala
A minha própria condição de homem,
Que a razão se sufoca em fantasia,
E nada existe, exceto o inexistente.

Lady Macbeth recebe uma carta do marido narrando o acontecido, na qual ele compartilha com a esposa as conquistas e fala do gozo "da honra que te é prometida", ainda que isto não corresponda à verdade, pois as bruxas não lhe "prometeram" nada. Lady Macbeth pensa na ambição do marido e pondera que ele é "privado do mal que há nela". Para compensar o "leite da bondade humana", que sobra em seu marido, ela alimenta pensamentos malignos e invoca "os espíritos das ideias mortais", ao receber a notícia de que o rei vem passar a noite em seu castelo:

É rouco o próprio corvo
Que anuncia a fatídica chegada
Do rei à minha casa. Vinde, espíritos
Das ideias mortais; tirai-me o sexo:

Inundai-me, dos pés até a coroa,
De vil crueldade. Dai-me o sangue grosso
Que impede e corta o acesso ao remorso;
Não me visitem culpas naturais
Para abalar meu sórdido propósito,
Ou me fazer pensar nas consequências;
Tornai, neste meu seio de mulher,
Meu leite em fel, espíritos mortíferos!
Vossa substância cega, onde andar,
Espreita e serve o mal. Vem, negra noite!
Apaga-te na bruma dos infernos,
Pra não ver a minha faca o próprio golpe,
E nem o céu poder varar o escuro
Pra gritar-me "Para, Para!"

Ao chegar ao palácio em Forres, o rei cobre Macbeth de honras e elogios mas, ao mesmo tempo, nomeia o próprio filho príncipe de Cumberland, fazendo-o herdeiro do trono. Lady Macbeth recebe o rei com a maior cortesia, agradecendo as honrarias e benesses concedidas ao marido, mas secretamente estimula o marido a matar o bom rei Duncan.

À noite, angustiado com o plano, Macbeth abandona a mesa do jantar e só consegue pensar no crime planejado, em um monólogo memorável:

Ficasse feito o feito, então seria
Melhor fazê-lo logo; se o matar
Trancasse as consequências e alcançasse,

Com seu cessar, sucesso; se este golpe
Pudesse ter um fim de tudo aqui,
E só aqui, nesta margem do tempo,
Riscava-se o futuro. Mas tais casos
Têm julgamento aqui que nos ensina
Que os truques sanguinários que criamos
Punem seus inventores; e a justiça
Conduz o cálice que envenenamos
Aos nossos lábios. Ele está aqui
Por dupla confiança, ao meu cuidado:
Primeiro, sou seu súdito e parente –
São ambos contra o ato. E, hospedeiro,
Devia interditar o assassino
E não tomar eu mesmo do punhal.
Duncan, além do mais, tem ostentado
Seu poder com humildade, e tem vivido
Tão puro no alto posto, que seus dotes
Soarão, qual trombeta angelical,
Contra o pecado que o destruirá;
E a piedade, nua e recém-nata,
Montada no clamor, ou querubins
A cavalgar os correios dos céus,
A todo olhar dirão o feito horrível,
Fazendo a lágrima afogar o vento.
Para esporear meu alvo eu tenho apenas
Esta alta ambição, cujo salto exagera,
E cai longe demais.

Lady Macbeth aparece para animá-lo e para não deixar que ele perca a coragem de levar o plano adiante. Macbeth aguarda a melhor hora para assassinar Duncan. Sob terrível tensão, ele ouve o sinal que indica que é chegado momento: "O sino me convida;/ Não o ouça, Duncan, pois esse dobrar/ Pro céu ou para o inferno o vai chamar."

Lady Macbeth havia cuidado de embebedar os guardas junto ao quarto do rei. Ela aguarda o marido, que, ensanguentado, chega horrorizado com o que fez, ainda trazendo nas mãos os punhais e sem se dar conta disso. Ela o recrimina pela fraqueza e, como ele não tem coragem de voltar ao quarto do rei, é ela mesma quem vai deixar os punhais no local do crime, tratando de sujar os guardas de sangue para incriminá-los. Voltando, gaba-se de ter também as mãos rubras, garantindo ao marido que um pouco de água lava todo o crime. Macbeth, porém, afirma que não poderá mais dormir, porque ele matou o sono.

Depois do crime, Shakespeare tem a ousadia de criar uma cena cômica, ou melhor dizendo talvez de humor negro. Nela, o porteiro, bêbado, compara sua tarefa à de quem guarda as portas do inferno. São minutos de alívio para a tensão porque, em seguida, Macduff chega, com ordens de acordar o rei, que planeja partir naquela manhã. É o nobre escocês que descobre o corpo inerte do rei assassinado.

Quando o alarme é dado, Macbeth se junta aos outros em repúdio ao acontecido, mas sua falta de confiança leva-o a matar os dois guardas, por medo de que possam revelar alguma coisa. Esse passo gera desconfiança. O ato acaba com os filhos do rei Duncan resolvendo fugir, por medo de serem mortos também. Malcolm, o herdeiro, vai para a Inglaterra, e Donalbain, para a Irlanda. Pouco depois, há uma breve cena na qual há clareza sobre o fato de Rosse e Macduff, a essa altura, desconfiarem abertamente de Macbeth, que já fora coroado como substituto de Duncan.

A partir desse momento, Macbeth parte para o que se pode definir como um suicídio moral, cometendo mais assassinatos, com a intenção de livrar-se do medo. Em encontro com Banquo, fiel companheiro, Macbeth quer a garantia de que ele voltará à noite para o banquete em que será homenageado. O amigo conta que vai fazer um passeio a cavalo com o filho Fleance, mas garante que não faltará à festa. Na verdade, a profecia de que o outro será pai de reis faz Macbeth voltar-se contra ele, pois de outro modo terá matado em vão, por um trono estéril. Quando Banquo e o filho saem, Macbeth ordena a dois assassinos que matem pai e filho, frisando que irão acabar com inimigos deles próprios e não seus.

Em uma breve cena, lady Macbeth ordena a um pajem que peça uma audiência ao rei. Quando o marido entra, ela reclama que o tem visto pouco e lamenta que a coroa não signifique prazer, repreendendo Macbeth por ficar tão ensimesmado, sempre pensando no que fez. Ele concorda, mas garante que não dividirá com ela os próximos planos e o faz com desenvoltura, como se tivesse uma mulher muito delicada para compartilhar atrocidades.

Os assassinos contratados pelo rei pegam Banquo e Fleance em uma emboscada, matam o pai, mas este, enquanto luta, manda fugir o filho, que escapa da morte. Já na sala do banquete, os assassinos vêm prestar contas do que fizeram e a notícia da fuga de Fleance deixa Macbeth preocupado.

Diante dos convivas do banquete, Macbeth reclama da ausência de Banquo. Os nobres sentam-se em seus lugares; Macbeth, que é o único a ver o fantasma de Banquo, diz que não pode sentar-se por estar cheia a mesa. Todos ficam perplexos porque há ainda um lugar vazio; Lady Macbeth tenta encobrir a situação dizendo que o marido tem uma doença estranha.

Por um momento, Macbeth parece se acalmar; porém, novamente, ao mencionar o nome de Banquo, o fantasma deste reaparece e Macbeth perde o controle, dizendo coisas sem nexo para os presentes, porém reveladoras. A confusão toma tal proporção que Lady Macbeth pede que todos se retirem já que nem ela consegue acalmar o marido.

Lennox e outro lorde conversam com pessimismo, notando que todos aqueles de quem Macbeth tem pena vão morrendo e dizem agora temer por Macduff, que se recusara a comparecer quando Macbeth o convocou para o conselho.

Muito perturbado, Macbeth vai procurar as bruxas para que lhe predigam o futuro. Elas lhe apresentam três visões: a primeira, uma cabeça armada, previne-o contra Macduff; a segunda, uma criança ensanguentada, que afirma que ninguém que tenha sido parido por mulher poderá prejudicar Macbeth; e, finalmente, a terceira, uma criança com uma árvore na mão, que anuncia que Macbeth estará a salvo até que "a floresta de Birnam avance contra Dunsinane". O rei fica satisfeito mas, em seguida, é quase cegado por uma procissão de oito reis e pelo fantasma sorridente de Banquo, que faz questão de lembrar ao amigo que a linhagem dele é que será de reis.

No castelo em Dunsinane, enquanto Macbeth aguarda o ataque das forças de Malcolm, uma dama de companhia pede ao médico da rainha que observe algo sobre o qual ela não tem condições de comentar, e os dois veem Lady Macbeth andar pelo castelo sonâmbula e revelar sua culpa e os fatos ocorridos:

> Sai, mancha maldita! Sai, eu disse! – Uma, duas: mas então é hora de agir. – O inferno é tenebroso. – Que vergonha, meu senhor, que vergonha! Um soldado, com medo? – Por que teremos de temer quem o saiba, quando ninguém pode pedir contas do nosso poder? – Mas quem haveria de pensar que o velho tivesse tanto sangue?
>
> (...)
>
> Aqui ainda há cheiro de sangue: nem todos os perfumes da Arábia hão de adoçar esta mãozinha.
>
> (...)
>
> Lave as mãos, vista a camisa da noite; não se mostre assim tão pálido. Vou dizer-lhe de novo, Banquo está enterrado; ele não pode sair da tumba.

Macbeth, tendo junto a si Seyton, o único que lhe manteve a fidelidade, fala da batalha, afirmando não temer Macduff, pois foi parido de mulher e, portanto, não lhe pode atingir. Mas, refletindo sobre o fato de que a batalha pode firmá-lo ou destruí-lo para sempre, continua:

Eu já vivi bastante. A minha vida
Já murchou, como a flor esmaecida;
E tudo o que nos serve na velhice –
Honra, respeito, amor, muitos amigos,
Não posso ter, mas sim, em seu lugar,
Pragas contidas, honras só de boca,
Dadas sem coração, por covardia.

No campo aberto, para que Macbeth não possa perceber quantos são, Malcolm, filho do falecido Duncan, apoiado pelo rei inglês e pelo nobre escocês Macduff, ordena que cada homem tome um galho de árvore e o carregue diante de si rumo ao ataque.

No palácio, Macbeth recebe a notícia de que a rainha está morta e tem a mais terrível de suas falas:

Ela devia só morrer mais tarde;
Haveria um momento para isso.
Amanhã, e amanhã, e ainda amanhã
Arrastam nesse passo o dia a dia
Até o fim do tempo prenotado.
E todo ontem conduziu o tolo
À via em pó da morte. Apaga, vela!

A vida é só uma sombra: um mau ator
Que grita e se debate pelo palco,
Depois é esquecido; é uma história
Que conta o idiota, toda som e fúria,
Sem querer dizer nada.

Agora, ele é esse homem triste, que sente ter perdido a alma por nada, que entrará no campo de batalha depois de saber que a floresta de Birnam está "avançando" para Dunsinane.

Macbeth luta como um louco, mata vários, mas finalmente enfrenta Macduff, que julga não precisar temer; mas este revela ter sido arrancado do ventre da mãe antes do tempo e que, portanto, não foi parido. Quando aparece com a cabeça de Macbeth, Macduff saúda Malcolm como o novo rei da Escócia, e a peça acaba com a promessa de paz e harmonia no reino.

ANTÔNIO E CLEÓPATRA (1609)

PERSONAGENS

CLEÓPATRA, RAINHA DO EGITO
MARCO ANTÔNIO, UM DOS TRIÚNVIROS QUE GOVERNAM O IMPÉRIO ROMANO
ENOBARBUS, O AMIGO MAIS FIEL DE MARCO ANTÔNIO
OTÁVIO CÉSAR, TRIÚNVIRO, FUTURO PRIMEIRO IMPERADOR ROMANO
OTÁVIA, IRMÃ DE OTÁVIO, QUE SE CASA COM MARCO ANTÔNIO
LÉPIDO, O TERCEIRO TRIÚNVIRO
POMPEU, FILHO DE POMPEU, O GRANDE, QUE SE REVOLTA CONTRA ROMA
MECENAS E AGRIPA, SENADORES ROMANOS
VIDENTE, QUE ACONSELHA MARCO ANTÔNIO
VENTIDIUS, ENVIADO DE OTÁVIO CÉSAR A CLEÓPATRA
EROS, SOLDADO QUE AJUDA MARCO ANTÔNIO A SE MATAR
DOLABELA, ENVIADO DE OTÁVIO CÉSAR A CLEÓPATRA

ENTRE AS TRAGÉDIAS DE SHAKESPEARE, somente *Romeu e Julieta* e *Antônio e Cleópatra* trazem dois nomes no título. As duas histórias de amor, embora completamente diversas entre si, tratam de romance profundo. De um lado, o puro amor e a inocência do casal mais jovem trazem a paz entre os Capuleto e os Montéquio. De outro, o outonal amor entre a egípcia e o romano, ambos já bem corrompidos pelos privilégios do poder, provoca guerras e separações, antes que possam se redimir mutuamente ao morrerem um pelo outro.

Com o Império Romano como pano de fundo, a ação tem lugar em Alexandria, em Roma, no Mediterrâneo, em Atenas, em Messina, Miseno, em uma planície da Síria, e em Áccio. Um grande número de imagens grandiloquentes – do mar ao céu, passando pelas estrelas – dá a medida da importância de tal amor ter acontecido. A dramaturgia – a mais livre de toda a obra de Shakespeare – é construída em prosa e verso e serve ao esplêndido mergulho pelos caminhos e descaminhos que envolvem a mescla do pessoal e do político, dos valores públicos e privados.

A trama tem início com uma fala que já situa o público sobre um tema básico da obra: a visão de Antônio, general e triúnviro romano, transformado por amor e entregue, aos olhos de Roma, à languidez e à devassidão asiáticas:

> Essa tola paixão do general
> Passa os limites: o seu nobre olhar,
> Que já brilhou sobre tropas guerreiras
> Qual Marte armado, hoje gira e firma

Serviço e devoção de sua mira
Numa testa morena; e o coração,
Que no calor da luta arrebentou
As fivelas do peito, sem controle,
Tornou-se o fole e o leque que refrescam
O cio da cigana.

De Roma, chegam mensageiros com cartas que Marco Antônio ignora. Cleópatra, sua amante, fica com ciúme e teme que sejam notícias de Fúlvia, mulher do magistrado romano. Antônio convida a rainha para um passeio pelas ruas de Alexandria, para que possam se divertir. Em seguida, são mostradas as aias de Cleópatra – Iras e Charmiana – e Enobarbus, o mais fiel seguidor de Antônio, consultando um vidente.

Logo em seguida, chegam notícias romanas informando que o irmão e a mulher de Antônio atacaram o poderoso Otávio César, sendo expulsos de Roma. Antônio procura não dar importância ao fato, mas o mensageiro o previne a respeito do desprezo com que ele está começando a ser visto em Roma.

Quando chega a notícia da morte de Fúlvia, sua mulher, Antônio finalmente decide voltar a Roma. Quando ele comunica a viagem a Enobarbus, a reação do amigo revela o nível de degradação das tropas romanas no Egito. Antônio reconhece: "Se eu não partir esses grilhões egípcios/ Me perco por amor." Cleópatra fica desesperada com a partida de Antônio, mas acaba concordando, dizendo-lhe que escreverá todos os dias e terá quem relate a ela tudo o que Marco Antônio fizer, dia a dia, durante todo o tempo em que estiver ausente.

Em Roma, o cenário era o seguinte: o filho de Pompeu, o Grande, apoiado na fama do pai e sustentado pelos descontentes com o cenário político corrente naquele momento, levanta-se contra o governo do triúnviro Augusto César, obtendo grandes vitórias, voltadas principalmente para o mal. Muito frequentemente, Shakespeare parece crer que os retratos mais justos de um personagem são aqueles feitos por seus desafetos ou inimigos. Aqui, a competência de Antônio, assim como a falta que ele faz em Roma, são comentadas na fala de Otávio César, seu companheiro no triunvirato. Quando César se vê só, durante uma reunião com Lépido, o terceiro triúnviro, diz:

> Marco Antônio,
> Larga tuas farras. Quando foste outrora
> Vencido em Módena, onde mataste
> Hirtius e Pansa, seguiu teus passos
> A fome, contra a qual lutaste
> Em vida estranha à tua, com paciência
> Maior que a dos selvagens. Tu bebias
> Água de poça, urina de cavalo,
> Que engasgavam as bestas. E até comias
> Frutos grosseiros de sebes sem trato.
> Qual cervo em pastos cobertos de neve,
> Tu provaste até troncos. E nos Alpes

Relatam que comias carne estranha,
Que mata quem a olha. E tudo isso –
Fere tua honra mencioná-lo agora –
Com tal firmeza militar que o rosto
Sequer emagreceu.

A certa altura Cleópatra se desespera, querendo notícias, e Pompeu se regozija com a ausência de Antônio. Em conversa, Lépido e Enobarbus comentam como anseiam que César e Antônio entrem em acordo. Mas para isso, algumas diferenças devem ser superadas até que os dois poderosos concordem em unir-se na condução da política e da guerra.

Com Antônio viúvo, o senador Agripa sugere um casamento como forma de consolidação da paz: a união entre ele e Otávia, irmã de Otávio César. A boda é logo resolvida, sem que Otávia seja sequer informada. Antônio e César, que estavam em conversações, saem dali, ficando em cena Mecenas e Agripa, que indagam de Enobarbus a respeito de Cleópatra, a mulher que tanto encantou Antônio. O fiel amigo descreve, então, como foi a primeira vez que ele a viu, em Cydnus:

A barca em que sentava, trono ardente,
Queimava as águas; era de ouro a popa;
As velas, púrpura e tão perfumadas,
Que estavam tontos de paixão os ventos.
Eram de prata os remos bem ritmados
Que, ao som das flautas, faziam as águas

Em que batiam correrem mais depressa,
Como se amando os golpes. Quanto a ela,
Nenhum retrato a iguala; recostada
Em seu dossel – brocado todo de ouro –
Era mais bela do que a própria Vênus,
Que, em sonhos, deixa pobre a natureza.
Ao seu lado, meninos quais cupidos
Sorriam, tendo abanos multicores,
Cujo vento abrasava o que arejavam,
Refazendo o desfeito.
(...)
A cidade
Manda seu povo pra vê-la; e Antônio,
Só, no mercado fica assoviando
Para o ar, que, não fora pelo vácuo,
Também iria vê-la.

Quando Mecenas sugere que agora Antônio tem de abandoná-la, Enobarbus é taxativo:

Nunca; não pode:
O tempo não a seca, e nem gastam-se
Com o uso seus encantos; outras cansam
O apetite que nutrem; porém ela
Afaima o satisfeito. O que há de vil
Cai-lhe tão bem que até os sacerdotes
A abençoam quando é mais devassa.

César, Otávia e Antônio estão terminando de selar o acordo do casamento, com direito a juras de bom comportamento por parte do noivo, quando ele fica só por uns minutos e um vidente o aconselha a partir logo para o Egito, a fim de evitar César, porque este sempre o vencerá. César domina Antônio assim como, em *Júlio César*, Brutus dominava Cassius, em situação indiscutível:

> Portanto, Antônio, não fique ao seu lado:
> O espírito, demônio[13] que o protege
> É nobre, bravo, alto, inigualável,
> E o de César, não. Mas perto dele
> Seu anjo treme, dominado, e assim sendo,
> Fique afastado dele.

Cleópatra fica sabendo do casamento e se desespera. Os triúnviros, juntos, vencem Pompeu, que os convida a comemorar o fim da luta em sua companhia; em conversa com outros romanos, Enobarbus confirma sua tese de que a resistência de Antônio à volta com Cleópatra faria do casamento do amigo com Otávia motivo de grande discórdia.

A fim de assumir o comando sobre a parte oriental do Império, Antônio vai para Atenas com Otávia e, de lá, recebe informações de que César não só está agindo sem consultá-lo como também afastou Lépido do triunvirato. A própria Otávia se oferece para servir de intermediária entre o marido e o irmão. Decidida, parte para Roma, acompanhada

13 Esse "demônio" ao qual o vidente se refere não é exatamente o diabo, mas sim o que seria um anjo da guarda pré-cristão.

apenas de uma pequena escolta. Ofendido, Otávio César considera a viagem da irmã apenas uma desculpa de Antônio para livrar-se da mulher e voltar para Cleópatra, o que de fato acontece.

Uma vitória de Ventidius, subordinado de Marco Antônio, serve para uma cena de perspicaz observação de Shakespeare sobre a política, mais particularmente, a militar, no Império Romano. Quando Silius diz a Ventidius que, tendo triunfado na Síria, este poderia fazer ainda mais e cobrir-se de glória, ele responde:

> Fiz o bastante. A patente menor
> Pode fazer demais. Pois saiba, Silius,
> É melhor não fazer do que, fazendo,
> Ter muita fama 'stando ausente o chefe.
> César e Antônio triunfaram sempre
> Mais por oficiais que em pessoa:
> Sossius, o meu antecessor na Síria,
> Só por acumular tanto renome
> De hora em hora, perdeu seu favor.
> Quem faz na guerra mais que o capitão
> Vira capitão deste: e a ambição,
> Virtude do soldado, antes prefere
> A perda ao ganho que faz sombra a ele.
> Podia fazer mais pro bem de Antônio,
> Mas iria ofendê-lo. E em tal ofensa,
> Morreriam meus atos.

No Egito, Enobarbus é repreendido por Cleópatra por reprovar sua participação na batalha contra Otávio César, prevendo que a presença dela fragilizaria Antônio. César se aproxima do Egito mais rapidamente do que o esperado e, com malícia e habilidade, desafia as forças egípcias para uma batalha no mar.

Antônio, por influência de Cleópatra e, contrariamente à opinião de seus comandantes, que sabem que, em terra, ele pode facilmente vencer, opta pela batalha marítima. Quando as forças estão equilibradas e Antônio tem a possibilidade de vencer, Cleópatra se assusta com uma manobra e foge, determinando a derrota. A vergonha e a raiva de Antônio são imensas mas, como sempre, Cleópatra, com seu encanto e personalidade, consegue acalmá-lo, a ponto de ele pedir perdão a ela e, humilhado, enviar um modesto professor para desafiar César para um combate singular. A ideia era fazê-lo aceitar e optar por permitir que Antônio ficasse no Egito ou se retirasse para Atenas como simples cidadão particular.

É claro que César, ao pressentir sua vitória, recusa ambas as propostas e envia um embaixador para oferecer a Cleópatra excepcionais vantagens na paz, caso ela repudie Antônio. Completamente desatinado com a proposta do adversário, ele manda chicotear o enviado de César. Com tudo já virtualmente perdido, na noite da véspera da batalha decisiva, que ocorre novamente no mar, Antônio pede um banquete e parece estar se despedindo da vida, enquanto lá fora, sob as estrelas, os guardas ouvem uma música, que identificam dizendo: "É Hércules, o deus que Antônio amava,/ Que o deixa."

A manhã é igualmente de despedida. Depois de todos os outros romanos já o terem abandonado, chega a notícia de que também Enobarbus, seu grande amigo, não querendo lutar contra romanos e, posteriormente, por vê-lo vencido, também o deixou. Profundamente chocado, Antônio lamenta ter levado um homem íntegro a ser traidor, e manda que enviem a Enobarbus tudo o que era dele. O gesto de Antônio atinge Enobarbus de tal modo que, sozinho, incapaz de lutar contra Antônio, morre de puro desgosto.

Na segunda batalha, Cleópatra novamente foge e, por medo de César, tranca-se no alto de um monumento. Temendo a raiva de Antônio, ela faz correr a notícia de sua morte. E é por seu amor outonal que, após vidas tão cheias de aventuras e erros, esses dois agora se redimem. Antônio, acreditando que Cleópatra se matara por honra, volta a ser romano, dizendo:

> Depois da morte de Cleópatra,
> Eu vivo em tal desonra, que os deuses
> Odeiam-me a vileza. Eu, que o mundo
> Parti em quatro, e no verde Netuno
> Com naves fiz cidades, me condeno
> Por não ter a coragem nem a mente
> Da mulher que, ao matar-se, disse a César:
> "A mim eu conquistei."

Antônio pede a Eros que segure a espada para ele se matar. Eros prefere matar a si mesmo. Antônio, então, posiciona a espada e joga-se em cima dela. Ferido mortalmente, ele agoniza, e é neste momento que recebe a notícia de que Cleópatra está viva. Antônio pede para ser levado ao monumento no qual a rainha se esconde. Cleópatra tem medo de abrir a porta e Antônio precisa ser içado até a janela para ficar junto dela. Morrendo, ele ainda preocupa-se com a proteção de Cleópatra. Já morto, recebe o mais alto elogio da rainha egípcia:

> A guirlanda da guerra feneceu!
> Foi-se a medida do soldado. O nível
> Agora é o mesmo para menino e homem.
> Foi-se a disparidade, e não restou
> Mais nada que devesse ser notado
> Sob a lua que nos visita.

Ao que ela acrescenta, falando com Dolabela:

> Eu sonhei com Antônio imperador;
> Quem me dera dormir, pra ver de novo,
> Outro homem igual!
> (...)
> As pernas montavam mares, e o braço
> Erguido coroava o mundo. A voz
> Tinha o som das esferas pros amigos;
> Mas, se queria abalar a terra toda,
> Era como o trovão. Seu gosto em dar

Não conhecia inverno; era um outono
Que ficava mais rico ao ser colhido;
Seu prazer, qual delfim, mostrava o dorso
Acima de seu mundo; ao seu serviço,
Coroas, diademas, reinos, ilhas,
Caíam-lhe dos bolsos, quais moedas.

Seria um engano mostrar Cleópatra por demais pura e santa, e é interessante ver revelado seu patético golpe ao tentar esconder joias de César, na hora de prestar contas a ele. Mas, depois da morte de Antônio, Cleópatra está realmente certa de preferir morrer a entregar-se a César, por mais garantias que ele ofereça a ela, todas falsas, de qualquer maneira. Mesmo vencida, ela mostra-se valorosa, e consegue enganar os romanos e receber as serpentes que encomendara como arma para o suicídio. Ao morrer, Cleópatra faz questão de ser digna de sua coroa e de Marco Antônio:

Deem-me o manto, ponham-me a coroa;
Tenho ânsias imortais em mim; não mais
O néctar de uvas molhará meus lábios.
Depressa, Iras, depressa: como que ouço
Antônio, que me chama; vejo-o erguer-se
Para louvar meu nobre ato, e rir-se
Da ventura de César – a que os deuses
Dão em desculpa à cólera divina.
Meu marido, eu já vou; minha coragem
Me dá direito ao uso desse nome.

Sou ar e fogo; os outros elementos
Dou à vida mais baixa. Tudo pronto?
Tomem-me o calor final dos lábios:
Adeus, gentil Charmiana; Iras, adeus.
Tenho veneno nos meus lábios? Morre?
Se ela tão fácil rompe com a vida
A morte é como o gesto de um amante
Que fere e é desejado. Está imóvel?
Se assim desmaia, afirma que este mundo
Não vale o nosso adeus.
(...)
Isso me faz vil:
Se ela chegar primeiro ao meu Antônio,
Ele a interrogará, dando-lhe o beijo
Que será o meu céu. Vem, miserável,
Com teus agudos dentes o intricado
Nó da vida desfaz. Apressa agora,
Assassino insensato, o desenlace.
(...)
Paz, paz,
Não vê aqui o filho que, no seio,
Adormece sua ama?

Em nenhuma outra de suas obras Shakespeare usa tanto a poesia para ressaltar a personalidade e as atitudes dos personagens. Ao encontrar Cleópatra morta, até o gélido César reconhece que os dois amantes merecem respeito:

Ela será enterrada com Antônio.
Não há tumba no mundo que contenha
Par tão famoso; eventos como estes
Afetam seus autores; sua história
Não é menor em dor que a glória dele,
Que os faz ser lamentados. A nossa tropa
Irá ao funeral com toda a pompa.

TIMON DE ATENAS
(1608)

PERSONAGENS

TIMON DE ATENAS, RICO ARISTOCRATA QUE SE EXCEDE EM SUA GENEROSIDADE PARA COM POBRES E RICOS
APEMANTO, FILÓSOFO INIMIGO DA HUMANIDADE, OBSERVADOR DOS ABUSOS DE UMA SOCIEDADE CONSUMISTA
FLÁVIO, LEAL E HONESTO ADMINISTRADOR DA CASA E DOS BENS DE TIMON
POETA, PINTOR E JOALHEIRO, QUE QUEREM "OFERECER" SUAS OBRAS A TIMON
SEMPRONIUS, SENADOR QUE GANHA MUITO COM A AMIZADE DE TIMON
ALCIBÍADES, GENERAL REVOLTOSO QUE ATACA ATENAS

PROVAVELMENTE ESCREVENDO não para o vasto Teatro Globe, que funcionava a céu aberto, mas para o novo teatro de palco italiano, situado em recinto fechado, Shakespeare experimenta uma alteração radical em sua dramaturgia. Agora, ele propõe uma estrutura na qual cada cena é física, visualmente expressiva da parábola das incertezas da fortuna e da traição dos falsos amigos e bajuladores. Cada cena, em estrutura, assim como por meio das falas e das imagens, constrói um significado específico e a soma delas expressa o significado total, cuja apreensão e avaliação o autor deixa a cargo da plateia.

Em Atenas, há uma grande festa em curso promovida na casa de Timon, rico aristocrata local. Os primeiros a chegar são os artistas – o pintor, o joalheiro, o poeta –, que fazem uma bajulação até justificada, uma vez que oferecem seus trabalhos para conseguir o dinheiro necessário à sobrevivência. Eles comentam a extrema generosidade de Timon, mas também deixam escapar as primeiras sugestões sobre os temas fundamentais da tragédia; e é pitoresco que essa ressalva seja feita por quem lucra com a generosidade do aristocrata:

POETA

Alguns de mais valor que ele, no momento,
Seguem-lhe os passos, enchem antessalas,
Em seus ouvidos chovem sacrifícios,
Dizem-no sacro e estribo, e é por ele
Que bebem ar grátis.

PINTOR

E daí?

POETA

Mas se a fortuna muda em seus caprichos
E esquece o antigo amor, seus agregados,
Lutando pra segui-lo até o topo,
Se arrastando, de quatro, o largam logo,
Pois ninguém segue passo que escorrega.

Timon aparece e exerce sua gentileza e generosidade com todos. Além dos artistas presentes na festa, chegam agora os amigos ricos de Timon e os senadores pródigos em elogios ao anfitrião. Sobre a generosidade de Timon, que fica evidente quando ele paga a fiança para liberar um amigo da cadeia e garante dote ao servo para que possa casar com moça rica, um nobre proclama:

Ele a jorra. Plutão, o deus do ouro,
É seu servo. A quem merece ele paga
Mais sete vezes: o presente dado a ele
Gera no doador ganhos que excedem
Qualquer acerto.

Apemanto, um filósofo cínico e bom observador da sociedade que odeia, alerta Timon continuamente sobre as amizades compradas ou pelo menos mantidas com presentes e dinheiro:

Isso é um nó
De rapapés e curvadas mesuras,
Não valem tanto assim suas pernas duras.
Toda amizade sofre seus percalços,
Não devem pisar firme os que são falsos.
Mesuras levam tolos à falência.

O mordomo, administrador dos bens de Timon, tenta em várias ocasiões chamar a atenção do amo para a realidade do estado de sua fortuna mas, na maior parte das vezes, é ignorado ou impedido de falar.

Na segunda cena, há um banquete cujos convidados são os mesmos do evento anterior. Agora, os exageros do aristocrata dão margem para que sua generosidade possa também ser compreendida como uma forma aguda de vaidade. Ao longo da ação, nesse clima festivo, chega aos ouvidos dos convivas um ruído inquietante, nascido de um levante contra Atenas que acontece sob o comando de Alcibíades e, pouco a pouco, vai ganhando força.

A estrutura cênica promove um impacto de natureza visual que se estende também ao texto e sua força fica clara quando, sem qualquer transição, logo após a cena do banquete, já aparece um senador querendo cobrar um empréstimo feito a Timon. A ação é seguida de uma rápida sequência em que as cobranças são tão generalizadas quanto as bajulações da cena anterior. Quando finalmente o mordomo consegue fazer Timon compreender a situação em que se encontra, o amo, por um momento, ainda acusa o fiel servidor de tê-lo roubado, mas o mordomo tem resposta impecável a dar:

Bom senhor,
Muita vez vim trazer-lhe as minhas contas,
Mostrei-as ao senhor, que as afastou
Por confiar na minha honestidade.
Quando por qualquer mimo me pediu
Que desse tanto, eu chorei desgostoso:
Contra as boas maneiras, lhe implorei
Que fechasse mais a mão. Suportei,
Com frequência, repreensões, se o lembrava
Que suas posses 'stavam na vazante,
E as dívidas, na cheia. Amo amado,
Escuta agora, mas é tarde; agora,
Falta a tudo o que tem, mais de metade
Da soma do que deve.

Ciente da dura realidade, Timon acredita na amizade e lealdade de todos aqueles a quem tanto presenteou. Mas o mordomo o desaponta logo, dizendo que os senadores, a quem ele quer se dirigir primeiro, já se recusaram a fazer qualquer contribuição que possa melhorar a sua situação.

Seguem-se cenas em que exatamente aqueles que foram alvos privilegiados dos muitos presentes e ajudas de Timon, encontram desculpas variadas para negar ajuda a ele. A mais inventiva é a de Sempronius ao saber da recusa dos outros:

Como? Todos recusaram?
Recusaram-lhe Ventidius e Lucullus?
E agora vem a mim? Sou o terceiro?
Pois mostra assim pouco amor e critério.
Sou último recurso? Amigos médicos

Vivem bem e o matam; e eu o curo?
Fui humilhado; zango-me com ele
Por não ver meu lugar. Não faz sentido;
Em hora assim devia eu vir primeiro,
Pois em verdade eu fui o primeiro
A receber presentes de sua mão.
E agora o meu valor ficou tão baixo
Que me busca por último? Ah, não!
Não quero ser motivo de chacota,
Ser tido pelos outros como um tolo.
Eu lhe dava três vezes o que pede,
Sendo o primeiro, só por amizade,
Pra fazer-lhe bem. Mas volte agora,
Juntando às outras más minha resposta:
Não dou dinheiro a quem de mim não gosta.

Diante das respostas dos falsos amigos, Timon se desespera, e o mordomo crê que o amo tenha ficado mentalmente perturbado quando este lhe anuncia que dará um novo banquete aos mesmos convidados: "Convide todos; pra corja, ao chegar/ Meu cuca e eu vamos nos preparar."

Na ilusão de que Timon continue rico, os convivas chegam, convencidos de que ele apenas fingira estar arruinado só para pôr à prova os amigos. Todos ocupam seus lugares à mesa, e entram os criados, carregando sopeiras e travessas, todas com tampas. Timon dá graças aos deuses pelo que será servido:

Grandes benfeitores, cubram de gratidão nossa sociedade. Por seus dons, sejam louvados; mas

> deem sempre, a fim de não serem desprezados. Emprestem a todos, para que nenhum peça a outro; pois, se os deuses pedissem aos homens, seriam abandonados. Amem mais a carne do que quem a dá. De cada vinte, que uma dúzia seja de vilões. De doze à mesa, fique uma dúzia como é. Aos outros inimigos, deuses, senadores e ralé – o que ainda falta, tornem condenável. Não abençoem tais amigos que nada são para mim nem são bem-vindos.

Ele completa sua fala dizendo diretamente aos convivas: "Cães, descubram e lambam." Quando as travessas são descobertas, só contêm água quente e pedras que Timon atira sobre os convidados:

> Que não vejam jamais festa melhor!
> Amigos de boca! Fumaça e água
> É o que merecem. Esse é o fim de Timon
> Que, salpicado com seus elogios,
> Ao lavá-los encharca os seus rostos
> Co'o odor da vilania.

A fúria do homem vai crescendo, sua agressividade fica fora de controle, e os convidados, num corre-corre, se atropelam para sair.

A primeira cena do ato IV é toda tomada por um longo monólogo de Timon, que se despede das muralhas de Atenas, maldizendo todos os que lá moram:

Quero olhá-las de novo. Oh muralha,
Que esses lobos abraça, caia e deixe
Atenas livre. Com velhas devassas,
Filhos rebeldes, que tolos e escravos
Arranquem do Senado os enrugados
E tomem seus lugares! Que a pureza
Dê agora lugar à imundice
Diante dos pais! Fiquem firmes, falidos;
Em lugar de pagar, puxem das facas
E cortem as gargantas dos credores.
Servos, roubem, como roubam seus amos,
Em pilhagem legal. O amo, no leito,
Tenha a serva, com a ama no bordel!
Filhos, usem as muletas dos pais mancos
Para agredi-los! Que a piedade e o medo,
Religião, paz, justiça, verdade,
Respeito em casa, sono, vizinhança,
Instrução, modos, mistérios e ofícios,
Gradações, ritos, costumes e leis
Decaiam, transformando-se no oposto.

Este tom de revolta vai até o final da fala, pois a raiva e o ressentimento de Timon são agora tão radicais quanto fora sua generosidade. Um grupo de antigos empregados de Timon se reúne e mostra a solidariedade que seus amigos ricos lhe negaram. O mordomo oferece para compartilhar com ele o dinheiro que havia guardado.

Em seguida, Timon faz novo monólogo, agora comparando a pura riqueza da natureza com a corrupção dos que a exploram e, ao procurar no chão raízes para alimentar-se, encontra um saco com moedas de ouro, que encara como elemento de perdição. Assim como houve uma série de pequenas cenas nas quais se viu a ajuda negada a Timon, agora o que se vê é o inverso: Timon recebe uma sequência de visitas de figuras que participaram de sua vida pregressa. O primeiro a aparecer é Alcibíades, que não tem dinheiro para suas tropas e a quem Timon dá uma parte do ouro que encontrou só para ver Atenas destruída. Uma outra parte é entregue a duas prostitutas que o acompanham, com a condição de que elas corrompam e contaminem o maior número de homens que puderem. A seguir vem Apemanto, que faz pouco da miséria de Timon, afirmando que ele não sabe o que é a verdadeira pobreza e Timon, por sua vez, o acusa de não poder sofrer a perda da fortuna, já que nunca a teve. Os dois se acusam mutuamente, mas Apemanto é mais agudo e certeiro em sua crítica:

> Você não conheceu a média humana; só seus extremos. Quando era todo dourado e perfumado, era debochado por seus requintes; em trapos não os tem, mas pelo oposto é desprezado.

E ainda:

> Que pródigo você já conheceu, amado depois de perder os seus bens?

A cena termina com Timon agredindo Apemanto com pedras, mas sem assumir a visão crítica do filósofo. Logo após chegam três bandidos que ouviram dizer que Timon achara ouro; eles ganham, com algumas moedas, tamanho estímulo ao crime que quase resolvem mudar de vida.

A sequência é interrompida por um momento de forte contraste: a visita do mordomo, modesto e leal, que se oferece para continuar a servir Timon, mesmo na miséria. O antigo amo reluta em acreditar, mas percebe a honestidade do mordomo e lhe dá ouro, com a recomendação de odiar a todos; e, recusando a oferta feita pelo empregado, Timon faz votos de nunca mais tornar a vê-lo.

Chegam agora o pintor e o poeta. Timon, sem ser visto, os ouve admitirem que não vão pedir nada mas apenas porque julgam que ele tornará a ficar rico e consideram suas atitudes um bom investimento. Timon os repudia e, mesmo ofendendo os dois artistas, acaba dando a eles um pouco de ouro.

Finalmente, chegam senadores, que só conseguem a atenção de Timon depois de muita insistência. Com os senadores, Timon é mais violento do que com todos os outros, a começar pela saudação:

> Que os queime o sol! Que falem e que morram;
> Pela verdade, chagas; e as mentiras
> Cauterizem as línguas pela raiz,
> E se findem com a fala!

Os senadores rastejam para pedir ouro a Timon. Não só pedem desculpas como prometem cobri-lo de honrarias, além de lhe oferecerem o comando supremo para defender Atenas contra Alcibíades, o que provoca uma incrível reação:

Eu voltarei, senhor, se for assim:
Se Alcibíades dizimar a todos,
Digam a ele, da parte de Timon,
Que este não liga. Mas, saqueando Atenas,
Agarrando os seus velhos pelas barbas,
Entregando-lhe as virgens pro deboche
De soldados que a guerra tornou feras,
Que ele saiba (e Timon é que o diz,
Por pena da velhice e juventude)
Que tenho de dizer-lhe que não ligo.
Que ele faça o pior – não ligo às facas
Enquanto houver pra elas suas goelas.
Quanto a mim, não há faca rebelde
A que eu não ame mais que às reverendas
Gargantas atenienses. E eu os deixo,
Esperando que os deuses os protejam
Qual guardas aos ladrões.

Timon conta que vinha escrevendo seu epitáfio e que os senadores irão vê-lo no dia seguinte. Ele ainda tem algumas falas nas quais se alternam palavras de solidariedade aos que sofrem e frases misteriosas, sempre negativas, para os senadores. O mais surpreendente é a despedida de Timon desses senhores:

> Não voltem mais aqui; a Atenas digam
> Que Timon fez sua morada eterna
> Na praia que limita o mar salgado
> Que, uma vez por dia, inchando a espuma,
> Há de cobrir com as ondas. Venham lá,
> E a minha tumba seja o seu oráculo.
> Uma palavra, e eu ficarei calado:
> Que a peste cure o que eu vejo de errado!
> Co'a tumba humana, a morte é que ganhou;
> Caia o sol; meu reino se acabou.

Despedida que é, também, a saída de Timon da peça, pois, diferentemente de todas as outras tragédias, o personagem central não aparece nas últimas cenas. A temática, no entanto, segue coerente. O que se vê agora é a covardia dos senadores que não sabem como enfrentar a nova situação, gerada pelo triunfo de Alcibíades, que, em lugar de trazer reformas ou preocupação com o bem comum, termina com a certeza de que um novo arreglo entre vencedor e vencidos fará tudo continuar na mesma, com o poder e a riqueza corrompendo como sempre. De Timon só há, no final, a leitura de seu epitáfio:

> Neste infeliz, alma e corpo não prestam;
> Sem nome, lanço pragas aos que restam!

Aqui jaz Timon, que viveu odiando;
Me maldiga ao passar, e vá andando.

E o comentário de Alcibíades que define Timon como nobre e como figura que merecerá o pensamento de todos depois das comemorações do fim da guerra.

CORIOLANO
(1608)

PERSONAGENS

CAIO MÁRCIO, CHAMADO CORIOLANO
VOLUMNIA, MÃE DE CAIO MÁRCIO
VIRGÍLIA, MULHER DE CAIO MÁRCIO
MENÊNIO AGRIPA, SENADOR AMIGO DA FAMÍLIA
TRÊS CIDADÃOS, DO LEVANTE POPULAR POR COMIDA
COMÍNIO E TITO LÁRCIO, SENADORES
TÚLIO AUFÍDIO, COMANDANTE DOS VÓLCIOS, INIMIGOS DE ROMA

CORIOLANO NÃO FALA da época imperial de Roma, como *Júlio César* e *Antônio e Cleópatra*, mas sim do período republicano de duzentos anos antes. Última das obras do período trágico, apresenta a luta de classes como tema e faz um estreito paralelo entre a personalidade de Coriolano e o conceito que os romanos patrícios, isto é, nobres, tinham de si e dos hábitos e valores por eles cultivados. A peça começa com os cidadãos amotinados em uma época de fome, ficando suas convicções muito bem enunciadas na fala do primeiro cidadão:

> Somos tidos como maus cidadãos, os patrícios como bons. Se eles nos cedessem apenas o que para eles é sobra, enquanto está saudável, poderíamos julgar que nos aliviavam por humanidade. Mas nós valemos muito para eles. A magreza que nos aflige, a nossa miséria concreta são uma espécie de inventário que dá conta detalhada de sua abundância. O nosso sofrimento é ganho para eles. Vinguemo-nos de tudo isso com nossas pás antes que eles nos transformem em dentes de ancinhos. Pois os deuses deles sabem que fazemos isso por fome de pão, não por sede de vingança.

O ressentimento dos cidadãos se volta em particular contra Caio Márcio. Apesar de todos os grandes serviços que ele tem prestado à pátria como general, um deles logo diz que ele só agiu por vaidade e para satisfazer a mãe, que sempre o ensinou a cultuar o orgulho de patrício. Menênio Agripa, amigo de

Caio Márcio, aparece para tentar acalmar os cidadãos que o têm como alguém que "sempre amou o povo". Ele procura convencer a todos que os nobres sempre se preocupam com o povo, mas esbarram na fome que estão passando e no fato de o trigo lhes ter sido negado, principalmente por Caio Márcio. Menênio, que sempre foi hábil, mesmo sendo tão conservador quanto seus colegas, oferece aos ouvintes uma história, que aliás fora muito popular desde a Antiguidade:

> Certa vez todos os membros do corpo,
> Em revolta, acusavam a barriga
> De, como um golfo, ela ficar sozinha,
> Sem fazer nada, no meio do corpo,
> Sempre a guardar reservas de comida
> Sem trabalhar; os outros instrumentos
> Olham, ouvem, pensam, andam, sentem,
> E participam todos no atender
> Aos apetites e afeições comuns
> Ao corpo todo. Responde a barriga...
> (...)
> É bem verdade, amigos tão unidos,
> Que eu recebo de início os alimentos
> Que os mantêm vivos, o que é justo e certo,
> Pois eu sou, do corpo, o armazém e a loja,
> E os mando, pelos rios de seu sangue,
> À corte-coração, ao trono-cérebro.
> Todos os cantos e tendões do homem,
> Do maior nervo à mais humilde veia,

De mim recebem a ração normal
Com a qual vivem. Se não podem todos
(...)
Ver o que entrego eu a cada um,
Posso eu contar tudo, pra que todos
De mim tenham de volta todo o trigo,
Só me deixando o joio.

Os senadores, alega Menênio, são a barriga, e reclama que os revoltosos não veem esse todo, acabando por descrevê-los como o "dedão do pé desta assembleia". Caio Márcio chega e ofende o povo de todos os modos possíveis, e não só nega que eles tenham direito ao trigo que reivindicam como ainda deixa claro que acha errado o povo agora ter direito a tribunos, para velar por eles junto ao Senado. Quando o conflito está no auge, entram os senadores Comínio e Tito Lárcio, avisando que os vólcios, inimigos conhecidos, chefiados por Túlio Aufídio, estão em armas contra Roma.

A notícia dá novos motivos para Caio Márcio agredir o povo e acusar todos de covardes, por ficarem pensando em comer e sobreviver, sem cultivar sua paixão pela guerra. Caio Márcio sai, e os tribunos Sicinius e Brutus aproveitam para fazer pouco da fama militar desse homem que consideram realmente um inimigo do povo.

Túlio Aufídio, em Corioli, conversando com seus senadores, sugere que entre eles há um romano infiltrado, já que sempre estão alertas quando são atacados. Mas, mesmo assim, preparam o ataque e Túlio Aufídio pessoalmente jura matar Caio Márcio se o encontrar.

Na casa de Caio Márcio, sua mãe, Volumnia, pede a Virgília, mulher dele, que se mostre mais alegre e pronta a estimular o marido agora que ele parte para a batalha. A figura de Volumnia é estranha, pois ela lembra com orgulho quantos ferimentos e coroas de louros o filho já recebeu. Viúva, passou a vida a instilar no filho tudo o que a ela pareciam ser as maiores virtudes romanas. Fez o que julgava que o marido faria, e acabou levando o filho ao excesso e à inflexibilidade, especialmente na lida com todos aqueles que considera seus inferiores, tanto no âmbito social quanto no militar. Caio Márcio esquece que, desde a Antiguidade, tratar o povo, em particular os fracos, como filhos era um dos preceitos básicos do bom governante. Ele é violento até mesmo com seus soldados, quando os vê forçados pelos vólcios a voltar às suas trincheiras:

> Que o contágio do sul pegue vocês,
> Ó vergonhas de Roma! Gado! Espero
> Que se cubram de pústulas, pra que
> Sejam abominados e infectem
> Só pelo cheiro um ao outro! São gansos
> Que com forma de homens se escafedem
> Ante escravos que até macacos vencem!
> Feridos por detrás, as costas rubras
> E o rosto pálido de medo e fuga!
> Avante, ou juro que largo o inimigo

Pra guerreá-los. Vão em frente! Alerta!
Se ficam firmes nós os despachamos
Pras mulheres, ficando para nós
As trincheiras. Sigam-me!

Em fúria, Márcio entra só pelas portas da capital inimiga. Elas são imediatamente fechadas e todos acreditam que ele será morto. Quando Lárcio o elogia, no entanto, ele sai, ensanguentado, perseguido por um inimigo, o que finalmente provoca novo ataque por parte dos romanos, desta vez com vitória.

O heroísmo de Márcio diante de Corioli não só é descrito em tons gloriosos por sua mãe, Volumnia, como também faz com que o Senado o indique para ser cônsul e proclame que, a partir daquele momento, ele seja chamado Coriolano. A nomeação para cônsul precisa do voto do povo e, a princípio, ainda no calor da vitória, a maioria deixa clara sua intenção de votar nele. Mas a tradição exige que Coriolano vista a "veste da humildade" para pedir votos aos cidadãos comuns, e também mostre-lhes as cicatrizes dos ferimentos de guerra. Revoltado por ter de se humilhar diante do povo, que é o que a tradição lhe parece, fica de mau humor e usa tom de deboche. Revoltado, se apresenta para pedir votos, mas evita mostrar qualquer marca de ferimento, ficando só na conversa.

Esse comportamento é notado pelos tribunos do povo, que se encarregam de reavivar o ressentimento contra o homem que sempre se opôs aos pobres, que só lutou pela própria glória e que, se eleito, fará tudo para tirar do povo todos os direitos que haviam sido conquistados. A falta de talento de Caio Márcio para o governo civil fica evidente quando, mesmo a caminho da eleição, ele só se interessa por notícias sobre as manobras de Aufídio, comandante dos vólcios.

Chegados ao Capitólio, os votos, que a princípio lhe tinham sido prometidos, vão contra Márcio e este se torna de tal modo agressivo contra o povo que, com dificuldade, Menênio consegue evitar que ele seja linchado. O povo quer que ele receba pena de morte, como traidor, e só com muita insistência de Volumnia ele se apresenta no Fórum com atitude mais humilde, mas que ele logo perde, assim que é novamente contrariado, e, com isso, é finalmente banido de Roma. Durante uma série de cenas a questão do voto é explorada, mas em momento algum Coriolano tem sequer sensibilidade política para coibir suas constantes afirmações de superioridade e de desprezo por aqueles a quem julga inferiores. Banido, Coriolano expressa com clareza o que sente:

> Ó matilha de cães de hálito imundo
> Como o do poço envenenado! Odeio-os
> Como às carcaças que, desenterradas,
> Corrompem-nos o ar. Eu os renego;
> Fiquem aqui com suas incertezas
> Que até boatos fazem palpitar!
> Que o farfalhar das plumas do inimigo
> Enche de horror! Terão poder ainda
> Pra banir os fiéis – até que um dia

Sua ignorância (que não pensa, sente),
Que só poupou vocês, vai entregá-los
Como os mais humilhados dos cativos
A uma nação que os vença sem um golpe.
Por vocês eu desprezo Roma e parto:
Existe um mundo fora destes muros!

Sua despedida da mãe e dos amigos é fria; Coriolano ignora a preocupação que todos têm com o seu futuro, para onde irá ele, o que fará. Ele não quer companhia nem conselhos, nem sequer falar uma palavra sobre seus planos. O gesto inesperado é Coriolano, em trajes pobres, embuçado, apresentar-se em Ânzio, onde Túlio Aufídio tem seu quartel-general, e oferecer-se para prestar seus serviços a ele. A princípio desconfiado, Aufídio acaba recebendo Coriolano com entusiasmo, oferecendo-lhe comando igual ao seu para a metade de suas tropas, com a garantia de que agora, sem dúvida, terá sucesso ao atacar Roma.

Em breve cena bem característica da dramaturgia de Shakespeare, alguns criados de Aufídio comentam a nova amizade entre os dois antigos inimigos, desconfiando dela, e prevendo a guerra como consequência do ócio no qual soldados não têm o que fazer. Quando os romanos mais simples ainda estão gozando a alegria de ter banido o inimigo, chega a notícia de que os vólcios agora atacam sob o comando de Aufídio e Coriolano, o que deixa todos em pânico, já que eles conhecem todas as possíveis deficiências das defesas de Roma. Do lado dos vólcios, no entanto, nem tudo está bem, pois Aufídio sente que o carisma de Coriolano está levando seus soldados a admirar e respeitar o romano mais do que a ele próprio, o que provoca ciúme e desconfiança.

O último ato abre com Comínio, o general romano que lutou ao lado de Coriolano, informando que este sequer o recebeu quando tentou estabelecer algum diálogo. Agora todos querem que Menênio, que sempre foi grande amigo não só de Coriolano mas de toda a sua família, vá fazer nova tentativa de acordo. Menênio reluta muito, mas, na ilusão de que a amizade será respeitada, acaba assumindo a tarefa, sendo afinal humilhado pelo tom de desprezo e inimizade com que Coriolano, só depois de muita insistência, o recebe.

A última cartada romana é mandar Volumnia, Virgília e o filho de Coriolano, o pequeno Márcio, irem falar com ele, que insiste para que Aufídio esteja presente ao encontro, a fim de verificar que ele não trairá os vólcios. A fala da mãe é um dos mais belos momentos da tragédia:

> Se ficássemos mudos, em silêncio,
> Nossos corpos e vestes mostrariam
> Como vivemos desde o teu exílio.
> Reflete como somos infelizes,
> Mais que todos os seres: só rever-te,
> Que devia fazer com que estes olhos
> Se enchessem de alegria, os corações
> Vibrassem consolados, ao contrário,
> Nos impele a chorar, cheios de medo,
> Fazendo a mãe, a esposa e o filho verem

Filho, marido e pai estraçalhando
As entranhas da pátria. E a nós, os pobres,
Teu ódio é mais horrível, pois impede
Nossas preces aos deuses, um conforto
Que todos compartilham, menos nós.
Como é que poderemos fazer súplicas
Por nossa pátria, à qual somos ligados,
E erguer preces aos céus por tua vitória –
À qual estamos presos? Ai de nós,
Teremos de perder a pátria amada,
Ou bem a ti, que és nosso apoio nela.
Teremos de enfrentar uma catástrofe,
Qualquer lado que vença, pois teremos
A ti como estrangeiro renegado,
Arrastando grilhões por nossas ruas,
Ou te veremos passar sobre esta terra
Em triunfo, carregando glória e a palma
Por teres derramado bravamente
O sangue de tua esposa e de teu filho.
Quanto a mim, não pretendo estar à espera
Do destino até que ele se decida:
Se não puder, meu filho, persuadir-te
A perdoar nobremente ambas as partes,
Em vez de procurar a morte de uma,
Não marcharás para assaltar a pátria –
Juro que o não farás – senão pisando
Sobre o ventre materno que te trouxe
A vida de que gozas neste mundo.

Apoiada pela nora e pelo neto, ela dobra Coriolano e, de certa forma o destrói, pois o faz agir contra tudo o que ela lhe ensinou. Ele tem a ilusão de que Aufídio aceitará como honrado e justo o seu gesto de não atacar Roma e assina um tratado que traz várias vantagens para os vólcios.

Coriolano volta para junto dos vólcios, mas Aufídio chama--o traidor, aproveitando para destruir o rival tão popular. Coriolano é morto e só depois disso Aufídio lamenta:

> Foi-se a ira,
> E a dor me atinge. Podem levantá-lo.
> Que os melhores soldados ajudem.
> Eu serei um. Tambores, rufem luto;
> E as lanças invertidas. A cidade
> Ele coalhou de órfãos e viúvas
> Que nesta hora choram o sofrido;
> Mas mesmo assim ele por nobre é tido.
> Ajudem.

OS ROMANCES FINAIS

CIMBELINE (1609)
PÉRICLES (1606)
CONTO DE INVERNO (1611)
A TEMPESTADE (1611)

EM 1608 SHAKESPEARE ABANDONA PARA sempre a forma da tragédia. Elizabeth I tinha morrido em 1603; o novo rei, James I, era escocês, e estava longe do "*pure English*" do qual a rainha tanto se gabava. O tom da vida na corte era outro e nem na própria cidade havia mais aquele clima de conquista, de descoberta, de ascensão que o público queria ver refletido no teatro.

É para atender às novas plateias que o profissional William Shakespeare começa a escrever um novo gênero de peça, hoje chamado de "romance" porque conta histórias complicadas, de amor e de aventuras, nas quais ações que antes resultariam em tragédia agora terminam em tom conciliatório, geralmente pela influência de filhos que conquistam a paz e o perdão para conflitos entre seus pais.

Cimbeline é a mais complicada e a menos satisfatória das quatro peças que compõem o grupo, muito provavelmente por ser a primeira e, portanto, aquela na qual o autor ainda buscava o caminho para explorar esse novo tom com que pretendia agradar plateias mais sofisticadas e, talvez, mais superficiais que a dos áureos tempos elisabetanos. A nova obra teria sido escrita para o palco italiano do pequeno teatro dentro do vasto espaço do antigo mosteiro dominicano dos Blackfriars, tomado à Igreja por Henrique VIII.

CIMBELINE (1609)

PERSONAGENS

CIMBELINE, REI DA GRÃ-BRETANHA
IMOGENE, FILHA DE CIMBELINE, CASADA COM PÓSTUMO
PÓSTUMO LEONATO, FIDALGO QUE O REI DEPORTA POR TER CASADO COM IMOGENE
RAINHA DA GRÃ-BRETANHA
CLOTEN, FILHO DA RAINHA DA GRÂ-BRETANHA
CAIO LÚCIO, GENERAL ROMANO QUE INVADE PARA COBRAR IMPOSTOS
FILÁRIO, AMIGO DE PÓSTUMO NA ITÁLIA
IÁQUIMO, MAU-CARÁTER AMBICIOSO QUE FAZ MALDOSA APOSTA COM PÓSTUMO
PISÂNIO, EMPREGADO E AMIGO DE PÓSTUMO
BELÁRIO, NOBRE BRETÃO BANIDO QUE USA O NOME DE MORGAN
GUIDÉRIO, FILHO DO REI, RAPTADO POR BELÁRIO, CHAMADO DE POLIDORE
ALVIRARGO, FILHO DO REI, RAPTADO POR BELÁRIO, CHAMADO DE CADWEL

A PEÇA TEM TRÊS LINHAS PRINCIPAIS de ação. Na primeira, Cimbeline, lendário rei da Grã-Bretanha, fica revoltado com o fato de sua filha Imogene ter se casado às escondidas com Póstumo Leonato, um cavalheiro sem riqueza ou títulos, mas de grandes qualidades e criado na corte. Seu desejo íntimo era vê-la casada com o estúpido e grosseiro Cloten, filho da rainha, sua nova esposa. A essa primeira linha de ação pertence a complicada aposta sobre a integridade de Imogene.

A segunda trata da luta de Cimbeline contra Roma para manter a independência política da ilha. Com a recusa de pagar tributo a Roma, ele provoca a invasão chefiada por Caio Lúcio.

A terceira conta a história de Belário e seus dois filhos, na verdade filhos do rei, raptados como vingança por ter sido injustamente banido do reino. Esta última acaba reunindo as três linhas, com Póstumo e os dois irmãos reais se distinguindo como heróis na luta contra os romanos.

O indignado Cimbeline bane o genro Póstumo Leonato, tema de conversa entre dois cavalheiros da corte:

> O rei então o tomou
> Para si, e o chama de Póstumo Leonato,
> Cria-o e o faz seu próprio camareiro,
> Dá-lhe o máximo de estudo que o tempo
> Lhe permite gozar, que ele assimila
> Qual nós o ar, assim que lho ensinam,
> E traz farta colheita; em nossa corte

O que é raro – é louvado e amado.
Exemplo pros mais moços, pros maduros
Espelho de si mesmos, pros mais velhos
Um guia infante. Para a sua amada
– Por quem ora é banido – o próprio preço
Proclama a sua estima; sua virtude
Pela escolha fez saber
Que espécie de homem é.

Em terna despedida, Póstumo dá a Imogene uma pulseira e recebe dela um anel com um grande brilhante que ambos terão de usar para sempre. Na Itália, Póstumo se hospeda em casa de Filário, onde se envolve em uma discussão com um francês e com o italiano Iáquimo sobre a integridade das mulheres belas. No calor do debate, acaba apostando seu anel de brilhante contra a metade da fortuna de Iáquimo e assegurando que Imogene é a mais incorruptível das mulheres.

Com uma carta de recomendação de Póstumo, Iáquimo apresenta-se em Londres. Em encontro com Imogene, depois dos mais rasgados elogios à princesa, diz que Póstumo Leonato está se divertindo muito na Itália e conquistando grande número de mulheres. Concluindo, ele se oferece para ser parceiro dela no que diz ser sua justa vingança; Imogene fica chocada e o repele com indignação, ao que Iáquimo responde que apenas a punha à prova e pede um favor. Tendo de viajar no dia seguinte, pede que ela guarde uma grande mala com um precioso presente que ele, Póstumo, e outros compraram para oferecer ao rei da França. Ela aceita e ele coloca seu plano em marcha. À noite, no quarto da princesa, Iáquimo sai de dentro da mala, examina em detalhe o quarto, repara que Imogene tem uma pequena marca em um seio e rouba a pulseira dada por Póstumo.

Nesse meio-tempo, a rainha pede ao seu médico a receita de um veneno, que ela dá a Pisânio, criado de Póstumo, que está servindo Imogene. Dizendo que é um ótimo fortificante, ela espera que o criado o dê à nova ama. Na verdade, o médico fica tão desconfiado que dá à rainha apenas um sedativo. Cloten, o filho da rainha, insiste em fazer a corte a Imogene, mas ela o acha repugnante, e em certo momento fica tão irritada com o assédio que diz ao grosseiro admirador que o mais gasto dos trajes de Póstumo é mais querido por ela do que ele, Cloten.

Lúcio chega como embaixador de Roma, para cobrar o tributo, e o covardão Cloten, para fazer-se brilhar, diz que é contra qualquer negociação. Lúcio, que já estava acompanhado por tropa considerável, então declara guerra.

Na Itália, acreditando na história e nas "provas" que lhe oferece Iáquimo, Póstumo escreve a Pisânio dando-lhe ordens de matar Imogene, por tê-la como adúltera. A fim de dar ao servo a oportunidade para o assassinato, escreve a Imogene, dizendo que está em Milford Haven e quer que ela vá encontrá-lo. Certo de que Póstumo é vítima de algum vilão, Pisânio sugere que Imogene se disfarce como pajem e procure serviço com Lúcio para poder ir a Roma e observar o marido. O servo dá a ela o "fortificante" da rainha para ajudá-la, caso precise, na viagem.

Perdida nas colinas de Gales, Imogene, agora chamada de Fidélis, encontra uma caverna, onde resolve descansar. É o lar de Belário e dos dois rapazes que são filhos do rei que ele raptou há vinte anos. Os dois sentem uma afeição inexplicável pelo jovem pajem, na verdade sua irmã Imogene, e o convidam a ficar morando com eles, com total aprovação de Belário. Na corte, a ausência de Imogene é notada, e Pisânio mostra a carta com a falsa notícia de que Póstumo estará em Milford Haven, já que Imogene partiu em busca dos romanos, em outra direção. Cloten, que ficara com aquela ideia na cabeça, pede um traje de Póstumo para usar e parte com a intenção de matar o marido e estuprar a mulher.

Procurando Imogene e Póstumo, Cloten encontra Belário, que o reconhece e teme alguma armadilha. Os dois filhos saem para um reconhecimento do terreno, encontram Cloten, o matam, cortam-lhe a cabeça e deixam o corpo perto do rio. Imogene, que estava muito deprimida, toma o tal fortificante da rainha e cai em profundo sono, e Guidério e Arvirago, os dois irmãos, julgando-a morta, deixam-na ao lado do corpo de Cloten. Quando ela acorda, pensa que o marido morreu e desmaia. A tropa de Lúcio está passando quando ela volta a si, e Fidélis, como agora é chamada Imogene, é aceito para servir ao comandante romano.

Uma nova tropa romana está vindo para apoiar Lúcio. Nela, Iáquimo é um dos capitães. Na corte, a rainha enlouquece e morre por causa do desaparecimento de seu filho, mas não antes de confessar todo o mal que tinha feito.

Nas colinas, os dois jovens começam a revoltar-se contra a proibição de Belário de que eles entrassem na luta contra os romanos. Eles finalmente se juntam à tropa inglesa e executam façanhas tais que os soldados acreditam estar sendo apoiados na luta por anjos guerreiros. Póstumo, que na esperança de morrer na guerra, lutara ao lado dos romanos, permanece vivo, e resolve apresentar-se ao ingleses como traidor, a fim de ser enforcado. Na prisão, ele tem uma visão de seu pai, mãe e irmãos mortos, e finalmente de Júpiter em cujas mãos há um bilhete que diz:

> Quando um filhote de leão, sem saber quem é, sem procurar, encontrar e for abraçado por um pedaço de vento suave; e quando de imponente carvalho forem podados dois ramos que, mortos por muitos anos, revivem e, restaurados ao velho cepo, crescem novamente, terminarão então as misérias de Póstumo, a Bretanha será afortunada e florescerá em paz e fartura.

Com a vitória dos bretões, Caio Lúcio, o capitão Iáquimo e o pajem Fidélis, capturados, são trazidos à presença de Cimbeline. A pedido de Lúcio, o pajem Fidélis é perdoado, e desaponta seu amo quando, em lugar de pedir que ele também seja perdoado, quer saber como Iáquimo obteve o anel que traz no dedo. Arrependido, Iáquimo confessa todo o mal que fez, e Póstumo então se apresenta, tentando agredir o pequeno pajem, delirando de dor e culpa. Pisânio conta a verdade. Belário, por sua vez, confessa que seus filhos são os filhos do rei, e o vidente interpreta o bilhete de Júpiter entregue a Póstumo: o filho do leão é Leo-nato Póstumo; o vento suave é uma mulher (*mollis aer*), Imogene; o imponente carvalho é Cimbeline; e os ramos restaurados são Guidério e Arvirago, os dois filhos do rei.

A reunião de Imogene e Póstumo é das mais comoventes, depois de tantas confusões. Póstumo toma em seus braços a pequena Imogene e diz:

> Pende aí qual fruto,
> Minh'alma, até que morra a árvore.

E o "romance" acaba em harmonia, até com Roma.

PÉRICLES
(1606)

PERSONAGENS

JOHN GOWER, POETA MEDIEVAL,
QUE APRESENTA A HISTÓRIA
PÉRICLES, REI DE TIRO
ANTÍOCO, REI DE ANTIÓQUIA
PRINCESA, FILHA DE ANTÍOCO
HELICANO, COM QUEM PÉRICLES DEIXA O PODER,
ENQUANTO FOGE DO MATADOR
QUE ANTÍOCO MANDOU ATRÁS DELE
THAILARD, O MATADOR MANDADO POR ANTÍOCO
CLEON, GOVERNADOR DE TARSO
DIONISA, MULHER DE CLEON
TRÊS PESCADORES, QUE SALVAM PÉRICLES E SUA ARMADURA
REI SIMONIDES DE PENTÁPOLIS
TAÍSSA, FILHA DO REI SIMONIDES, QUE CASA COM
PÉRICLES E SOME EM UM NAUFRÁGIO
MARINA, FILHA DE TAÍSSA E DE PÉRICLES, QUE O PAI DEIXA
COM CLEON E DIONISA PARA QUE SEJA CRIADA POR ELES
CERIMON, QUE SALVOU A VIDA DE TAÍSSA
LISÍMACO, GOVERNADOR DE MITILENO
CAFETINA DO BORDEL PARA O QUAL MARINA É VENDIDA

PÉRICLES JÁ É UM GRANDE AVANÇO para a criação do "romance" e tem muito bom rendimento no palco. A razão é que, apesar dos tropeços, nesta peça a ação caminha e há um protagonista que é a essência do fio da meada, do princípio ao fim da trama, ligando os episódios tão diferentes entre si.

Talvez sentindo a necessidade de manter a plateia informada ao longo da acidentada carreira de Péricles, príncipe de Tiro, Shakespeare adota o recurso do coro, personificado-o na figura do poeta John Gower. Talvez Shakespeare quisesse agradecer a ele por ter encontrado a história da peça em um poema desse escritor medieval.

Diante do palácio de Antíoco, cuja entrada é ornada por várias cabeças enfiadas no alto de mastros, Gower fala à plateia e, depois de se apresentar, conta:

> Antíoco fez, neste local,
> A sua sede principal,
> A mais bela da Síria...
> E muitos escritores dizem
> Que ele encontrou uma parceira
> Que faleceu parindo herdeira,
> Tão linda e alegre que, ao nascer,
> Do céu fez graças mil descerem.
> Dela seu pai tanto gostou
> Que ela ao incesto provocou.
> Filha e mau pai ficam unidos
> Por esses atos proibidos.
> Quem fica ao mal habituado

Esquece o ser ele pecado.
O encanto dessa pecadora
Traz muitos príncipes de fora
A desejá-la como par
De seus desejos pra casar;
Pra não perdê-la o pai baixou
Lei que aos homens assustou:
Errando o enigma, o que a queria,
A vida, como a noiva, perdia.
Muito varão morreu sem glória
Como lhe conta a nossa história.

A ação começa com Péricles, rei de Tiro, apresentando-se para enfrentar o enigma e, com isso, conquistar a filha do rei Antíoco. Ele é muito desencorajado para esse desafio, mas insiste e lê:

Eu vivo, sem ser serpente,
Da carne minha semente.
Quis marido, e em meu labor
Encontrei bom genitor.
Ele é pai, filho e esposo,
Eu, mãe, filha, e até seu gozo.
Como, em dois, pode isso ser,
Resolve tu, para viver.

Péricles compreende o significado do enigma, dá uma resposta confusa, afirmando que a princesa não interessa a ele e, certo de que Antíoco mandará matá-lo, foge para Tiro.

Péricles, que agora é rei, avisa aos nobres que corre grande perigo. Quer abandonar o reino mesmo que temporariamente, deixando-o nas mãos de seu sábio amigo Helicano. Mal Péricles embarca, chega a Tiro Thaliard, para matá-lo por ordem de Antíoco.

Em Tarso, o governador Cleon e sua mulher, Dionisa, estão desesperados, sem saber o que fazer, já que há tempos morreram todas as colheitas do reino e o povo passa fome. Quando a nave de Péricles é vista, o casal julga que o inimigo aproveitou a crise para invadir o país. Porém Péricles, ao desembarcar, declara que soube da crise e, por isso, trouxe a nave cheia de alimentos para toda a população.

John Gower conta que Péricles não pode demorar em Tarso, porque o assassino o seguiu. Diante disso, Péricles embarca imediatamente, mas a nave naufraga, e ele é atirado, seminu, a uma praia, onde é encontrado por três pescadores. Bem característico de Shakespeare, esse trio é o mais normal e bem-humorado que Péricles encontra em suas andanças. Um deles, para explicar como os peixes conseguem viver, declara:

> Como os homens na terra; os grandes comem os pequenos. Nada parece tanto com nossos avarentos ricos quanto uma baleia. Brincam, empurram os pobres dos pequenos, até engolir todos de uma vez. Já ouvi falar de baleias que só fecham a boca depois de engolir a paróquia, a igreja, campanário, sinos e tudo.

Os pescadores, além de salvar Péricles, também resgatam sua armadura, que, mesmo manchada pelo mar e um tanto amassada, serve para que ele se apresente para tomar parte em um torneio que celebra o aniversário de Taíssa, a filha do rei Simonides de Pentápolis, a terra dos pescadores

A apresentação dos participantes do torneio é toda formal, cada um com um lema escrito no próprio escudo, que ostenta também um brasão pessoal. Só Péricles tem o escudo em branco, onde lê-se apenas *In hac spe vivo* ("nesta esperança vivo"). Péricles vence o torneio e com sua história comove a princesa Taíssa e seu pai, o rei Simonides. O vencedor é premiado com a mão da princesa em casamento.

O enlace acontece quando John Gower anuncia que Antíoco e a filha morreram, Péricles revela sua verdadeira posição e, juntamente com Taíssa, embarca para Tiro. A cena seguinte tem lugar em alto-mar. Durante uma tempestade violenta, a ama aparece para dizer que Taíssa morrera ao dar à luz uma filha. Arrasado, Péricles encomenda um caixão rico e muito bem selado, que é atirado ao mar, mas em lugar de afundar, ele é levado pelas ondas até a praia em Éfeso. Revivida por Cerimon, um hábil médico, Taíssa é consolada por suas perdas, e o médico a leva ao templo onde a princesa se torna sacerdotisa de Diana. Enquanto isso, Péricles, lutando para salvar a filhinha, a quem deu o nome de Marina, consegue levá-la até Tarso, onde a deixa aos cuidados de Cleon e Dionisa.

Gower agora cobre a passagem de muitos anos e vemos Péricles governando Tiro, Taíssa ainda em Éfeso e Marina em Tarso. Esta agora é uma moça linda que provoca o ciúme e a ira de Dionisa. A esposa do governador sente que a beleza e os talentos de Marina a fazem ser mais procurada e elogiada que sua própria filha e, incomodada, a rainha contrata um vilão para matar Marina. Porém o vilão hesita, e a menina é salva por piratas, que a vendem para um bordel em Mitileno. Apesar do ambiente, Marina não só consegue preservar sua virgindade como converte vários dos que deveriam ser seus clientes a uma vida melhor. Entre eles Lisímaco, governador de Mitileno. Os donos do bordel, vendo que Marina só lhes dá prejuízo, permitem que ela saia e vá ganhar a vida com ofício melhor. Nessa altura Péricles, indo de Tiro a Tarso para recuperar a filha, recebe de dois antigos amigos a notícia de morte da jovem.

Desesperado, Péricles embarca para voltar a Tiro, mas os ventos o desviam para Mitileno, onde Lisímaco, o governador, ao ver o estado de tristeza em que se encontra o rei, faz vir a bordo uma moça cujo canto é não só lindo como também curativo. Péricles acaba reconhecendo a filha, e em seguida, quando uma música sobrenatural o faz adormecer, ele tem uma visão de Diana, que lhe ordena que faça um sacrifício no templo em Éfeso. Lá, ele conta sua história à sacerdotisa, que acaba reconhecendo como sua esposa desaparecida. Fica então resolvido que Marina e Lisímaco vão se casar e reinar em Tiro. A alegria deste momento fica em parte comprometida com a notícia da morte do rei Simonides, em Pentápolis, onde reinarão Taíssa e Péricles, que proclama:

Que o céu o faça estrela! Mas, rainha,
Lá terão lugar as núpcias, e nós
Naquele reino passamos nossos dias...
Os nossos filhos reinarão em Tiro.

Não contente com isso, Shakespeare traz Gower de volta para um "Epílogo" no qual de certo modo toda a história é novamente contada:

De Antíoco e a filha aqui souberam
O crime torpe e a pena que tiveram.
Já Péricles, sua rainha e filha,
Que percorreram tão difícil trilha,
A virtude de horrores protegeu
E os coroou, guiados pelo céu.
Em Helicano podem, à vontade,
Ver a verdade, a fé e a lealdade.
No velho Cerimon está presente
O alto valor que a caridade sente.
Quando de Cleon e a esposa o mal
Foi conhecida a ofensa fatal
Que fez a Péricles, se revoltou
Seu povo, que seu palácio queimou:
Os deuses gostam quando são punidos
Assassinos, até malsucedidos.
Sua paciência foi apreciada,
Saúde! E a peça está terminada.

CONTO DE INVERNO
(1611)

PERSONAGENS

LEONTES, REI DA SICÍLIA, QUE TEM UMA CRISE DE CIÚME
HERMIONE, MULHER DE LEONTES, QUE ELE REJEITA
MAMILIUS, FILHO DE LEONTES, QUE MORRE DE DESGOSTO
PERDITA, FILHA DE LEONTES, QUE ELE MANDOU MATAR, MAS SOBREVIVEU E MORA LONGE
POLIXENES, REI DA BOÊMIA, ALVO DAS ACUSAÇÕES DE LEONTES
CAMILO, NOBRE SICILIANO QUE FOGE COM POLIXENES
ANTIGONUS, NOBRE SICILIANO QUE MORRE QUANDO ABANDONA PERDITA
PAULINA, MULHER DE ANTIGONUS, E FIEL AMIGA DE HERMIONE, QUE MANTÉM PERENE A CONDENAÇÃO DE LEONTES
CLEOMENES E DION, QUE CONSULTAM O ORÁCULO DE APOLO, SEGUINDO ORDENS DE LEONTES
O TEMPO, QUE SE APRESENTA PARA INFORMAR QUE SE PASSARAM DEZESSEIS ANOS ANTES DA SEGUNDA PARTE DA PEÇA
FLORIZEL, FILHO DE POLIXENES
VELHO PASTOR, QUE ACHOU E CRIOU PERDITA
CÔMICO, SEU FILHO
AUTÓLICO, ALEGRE ESPERTALHÃO, QUE PROCURA OPORTUNIDADE NA INTRIGA

JÁ SENHOR DA NOVA DRAMATURGIA, Shakespeare narra agora com grande encanto a intriga romântica que agrada o público do teatro fechado Blackfriars, mantendo a mobilidade cênica e a verdade nas relações interpessoais que ele tão bem explorou nas primeiras fases da carreira.

O título da peça é uma expressão consagrada na língua inglesa para nomear uma história cheia de aventuras e emoções que, contada junto à lareira, preenche as longas horas de noites de inverno.

A cena começa na Sicília, onde o rei Leontes está recepcionando seu querido amigo de infância, o rei Polixenes. Chega a hora da partida e Leontes insiste que o amigo fique um pouco mais; diante da recusa, pede à sua mulher, a rainha Hermione, que também insista. Quando Polixenes finalmente concorda, Leontes fica insanamente enciumado, sem qualquer motivo para isso. A loucura chega a ponto de o rei pedir ao amigo e conselheiro Camilo, encarregado de servir o vinho ao convidado no jantar, que ponha bastante veneno no copo de Polixenes para que este morra.

Camilo fica horrorizado e, sentindo que o rei está realmente perturbado, prefere contar a Polixenes o que está acontecendo. Uma vez informado, o visitante resolve embarcar de volta para casa imediatamente, levando consigo Camilo, que não sobreviveria, já que o rei certamente o tomaria por traidor. Leontes acusa escandalosamente Hermione de adultério e a afasta do filho pequeno, Mamilius. Ela é mandada para a prisão, onde fica aguardando o julgamento. Todos protestam, mas é em vão. Leontes só concorda em mandar consultar o oráculo de Apolo porque tem absoluta certeza de que este confirmará sua acusação.

Com o choque, Hermione, que estava grávida, dá à luz uma filha um pouco antes do tempo, e Paulina, sua fiel dama de companhia, mulher de Antigonus, leva a menina para mostrar a Leontes, crendo que, ao ver a filhinha, ele cairá em si e pedirá perdão à esposa. Furioso, o rei não cede e, protestando, diz que fará uma concessão, deixando de matar a filha recém-nascida. Ele ordena que Antigonus, que defende a menina, embarque com a criança para abandoná-la em praia desconhecida e deserta.

No julgamento da mulher, Leontes faz com que seja lida em voz alta uma acusação de adultério e traição. Diante da violência do rei, não há um só nobre que saia em defesa de Hermione, que faz a própria defesa com imensa dignidade e singeleza:

Já que o que tenho a dizer é apenas
O que contesta a acusação, e mais
Por testemunho a meu favor apenas
O que sai de mim mesma, pouco adianta
Dizer-me "inocente"; minha verdade
Sendo dita mentira, assim também
Serei tida agora. Porém se os deuses
Olham as ações humanas (e o fazem),
Estou certa de que a inocência irá
Fazer corar a falsa acusação
(...)

Quanto à honra, ela é minha e dos meus,
E só a ela eu defendo. Aqui apelo
Que tenha consciência, meu senhor,
Do que fui antes de aqui chegar Polixenes,
E como o mereci; depois que veio,
Que encontros anormais com ele eu tive,
Que assim parecessem; se um fio
Além da honra, em pensamento ou ato,
Eles tenderam, que empedernidos
Fiquem os corações dos que me ouvem,
E até minha família me condene.

Nada disso abala Leontes. Chegam Cleomenes e Dion, que foram consultar o oráculo em nome do rei, trazendo uma mensagem que garantem não ter sido trocada por eles. A mensagem é lida em voz alta, e toda a corte ouve:

> Hermione é casta; Polixenes, sem culpa; Camilo súdito leal; sua filha inocente, bem gerada; e o rei viverá sem herdeiros, se o que foi perdido não for encontrado.

Hermione e os nobres dão graças ao oráculo, mas Leontes diz que não há verdade na mensagem e manda o julgamento continuar. Um criado, em pânico, temendo pelo que iria acontecer à rainha, entra para avisar ao rei que seu filho Mamilius morreu. Leontes sente a ira de Apolo pelo desrespeito ao oráculo e fica realmente sem herdeiros, já que baniu a filha, muito apropriadamente chamada de Perdita.

Chocada com a notícia da perda do filho, Hermione cai em desmaio profundo e é retirada do recinto por suas damas, comandadas por Paulina. Quando Leontes cai em si e anuncia que reconhece seu erro e que chamará de volta Hermione, Camilo, Antigonus e Perdita, a fiel Paulina anuncia que Hermione morreu. O ato III termina com uma emocionante cena em que Antigonus deposita Perdita em uma praia deserta. A menina está envolta em rica manta, com joias e um bilhete, no qual é identificada. Antigonus logo deixa o local e sai "perseguido por um urso".

Um pastor e seu filho encontram Perdita. Ele resolve criar a menina como se fosse sua filha, pois aquele tinha sido um dia de sorte e nada melhor que uma boa ação para retribuir a sorte. O filho do pastor conta que viu o urso matar Antigonus e a nau que estivera atracada junto à praia bater em umas pedras logo que começou a navegar, afundando com toda a tripulação, o que corta, portanto, qualquer possibilidade de comunicação entre a recém-nascida e seu mundo de origem.

A passagem do tempo aqui é resolvida de modo rápido e eficiente: o Tempo, no papel de coro, faz a ponte entre o passado triste e o futuro promissor, em um monólogo que começa assim:

> Se agrado alguns, a todos ponho à prova:
> O bom, o mau, o que provoca o erro;
> E agora vou, sob o nome de Tempo,
> Dar uso às asas. Não chamem de crime

Meu ou de minha pressa, ora eu saltar
Dezesseis anos, esquecendo o passado
Nessa falha, já que tenho o poder
De quebrar leis, e de uma hora pra outra
Criar e mudar hábitos.
(...)
Deixemos Leontes,
Que por sofrer o efeito do ciúme
Vive isolado, e imaginem a mim,
Gentil plateia, como estando agora
Na bela Boêmia, lembrando bem
Que já lhes disse que o rei tinha um filho
Chamado Florizel; e na mesma pressa
Eu falo de Perdita, moça e linda,
Digna de admiração...

Na segunda cena do ato IV, depois de passados dezesseis anos, encontramos, já idosos, Polixenes e Camilo. Este último serviu muito bem ao rei desde que juntos fugiram para a Boêmia. Agora, Camilo, julgando que o tempo tenha aplacado a ira de Leontes contra ele, deseja voltar para casa, mas Polixenes não permite. Os dois mudam de assunto e conversam, então, sobre o fato de o príncipe Florizel, filho de Polixenes, andar muito ausente, frequentando a casa de um pastor, por causa da linda filha deste. Resolvem que ambos, disfarçados, irão à festa da tosquia.

Um novo elemento aparece para alegrar o ambiente. É Autólico, um misto de mascate e vigarista, que a todos encanta com sua alegria e esperteza. Em determinada cena, ele encontra o filho do velho pastor, chamado apenas Cômico. Este é a vítima ideal para toda espécie de engano e exploração e, quando o pai lhe dá dinheiro para comprar pães, doces e outros quitutes, é claro que ele gasta boa parte com Autólico, a quem recomenda ir à festa, pois as moças todas hão de querer comprar suas fitas e enfeites. Este sai cantando:

Trota, trota, pela estrada,
E agora na porteira:
A alegria ajuda a andada,
Tristeza só traz canseira.

Para a grande festa entram o príncipe Florizel, a pastora Perdita, o Pastor, o Cômico, Polixenes, Camilo, e outras pastoras, pastores e criados. O príncipe está apaixonado pela pastora Perdita e é ela quem o adverte sobre a distância que há entre eles:

FLORIZEL

Essa roupa incomum, a cada aspecto
Seu dá vida; não pastora, mas Flora,
Que aparece em abril. Sua tosquia
É uma reunião de deuses lindos,
E você sua rainha.

PERDITA

Bom senhor,

Condeno tais excessos, não me cabem...
Perdão por mencioná-los; sua nobreza,
Bela imagem de nossa terra, esconde
Vestido de pastor; e eu, sua criada,
Sou deusa de brinquedo; e se esta festa
Não fosse de loucuras, que os convivas
Já nem reparam, eu enrubesceria
Por vê-lo assim, chegando a desmaiar
Se me visse no espelho.

Florizel insiste, garante que quer casar com ela, mas a moça diz que ele não pode tomar essa atitude sozinho. O Velho Pastor reclama que a filha está muito rainha da festa e pouco cozinheira, como estaria sua mulher, se fosse viva. Ao dar as boas-vindas a Polixenes, que aparece disfarçado, Perdita revela brilho e inteligência em uma discussão sobre flores, que na realidade contrapõe o que é natural ao que é cultivado pelo homem. Polixenes argumenta que, mesmo quando faz enxertos a fim de melhorar flores ou colheitas, o homem está trabalhando com elementos que em si são naturais.

A festa continua. Polixenes julga Perdita a mais bela "mal-nascida" que já viu, encontrando "algo maior" em seus gestos e palavras. Ao indagar quem é o pastor que faz a corte à moça, descobre que é um desconhecido que se gaba de "ter bom berço". Florizel insiste em assumir um compromisso com Perdita, pedindo a mão dela ao Velho Pastor, seu pai Polixenes pergunta se ele também tem permissão do pai, mas o príncipe se adianta e diz que se casará com ela mesmo sem permissão do pai, contrariando o rei.

Após toda espécie de complicação, Camilo, em parte para satisfazer seu desejo de voltar para casa e, em parte, por suspeitar da identidade da moça, dá a Florizel o conselho de fugir com Perdita para a Sicília e procurar o rei Leontes, dizendo que estiveram em um naufrágio e por isso não têm bagagem consigo. Polixenes, informado da fuga, também parte para a Sicília, convencido de que aquele casamento é impossível.

Na Sicília, Leontes vive acabrunhado por causa da culpa pela morte da mulher e do filho, e pela perda da filha banida. Paulina não permite que essa dor desapareça, nem que ele se case novamente para ter herdeiros. Florizel e Perdita chegam à corte da Sicília, são muito bem recebidos por Leontes, e, logo em seguida, aparecem Polixenes, Camilo, Autólico e o Pastor.

Aos poucos, fica claro que Perdita é a filha de Leontes. Ele ainda chora a morte da mulher e é Paulina quem convida todos para irem à sua casa visitar a estátua de Hermione que ela mandou fazer. Ao ver a obra, Leontes fica emocionadíssimo, assim como todos, pela incrível semelhança com Hermione. E, finalmente, quando Paulina diz a Perdita que se ajoelhe aos pés da estátua da mãe para pedir-lhe a bênção, para surpresa de todos, Hermione se move. Paulina revela que mantivera a ama isolada em sua casa por todos esses anos, mostra que ela está viva, e a peça termina com Leontes promovendo harmonia e casamentos para todos:

Paz, Paulina!
De minha mão tu terás um marido,
Como eu da tua uma esposa. O arranjo
Juramos entre nós. Me deste a minha;
Como, é um mistério, mas a vi,
Eu penso, morta; e em vão fiz muitas
Orações em sua tumba. Não vou longe –
Já sei o que ele pensa – pra trazer-te
Um honrado marido. Vem, Camilo,
E toma-a pela mão; por suas virtudes
Ela é famosa, e tudo é comprovado
Por este par de reis. Vamos embora.
(*Para Hermione*)
Eu lhe peço perdão, e ao meu irmão,
Por vis suspeitas. Este é o seu genro,
Filho do rei que, por ordem dos céus,
Noivou com sua filha. Tu, Paulina,
Conduz-nos para onde, com mais calma,
Indague cada um, e tenha sua resposta,
Sobre este longo tempo que passou,
Des' que nós nos separamos: vamos!

A TEMPESTADE
(1611)

PERSONAGENS

PRÓSPERO, DUQUE DE MILÃO, BANIDO
MIRANDA, FILHA DE PRÓSPERO, BANIDA COM ELE,
    QUE SE APAIXONA POR FERDINANDO
ANTÔNIO, IRMÃO DE PRÓSPERO, QUE LHE ROUBOU O DUCADO
ARIEL E CALIBAN, SERES QUE HABITAM A ILHA E QUE SERVEM
    A PRÓSPERO, O PRIMEIRO, UM ESPÍRITO LIGADO AO AR,
    O SEGUNDO, FILHO DA BRUXA SYCORAX, LIGADO À TERRA
ALONSO, REI DE NÁPOLES, QUE VOLTA DA ÁFRICA
    NA NAU QUE NAUFRAGA POR MÁGICA DE PRÓSPERO
SEBASTIÃO, IRMÃO DE ALONSO, QUE CONSPIRA
    PARA MATÁ-LO E USURPAR SUA COROA
FERDINANDO, FILHO DE ALONSO, E QUE
    SE APAIXONA POR MIRANDA
GONZALO, QUE CUIDOU DE BOTAR ROUPAS,
    COMIDA E LIVROS NA NAU EM QUE PRÓSPERO
    E MIRANDA FORAM DEIXADOS À DERIVA
ADRIANO E FRANCISCO, NOBRES DO SÉQUITO DE ALONSO
CONTRAMESTRE DA NAU QUE SOFRE O FALSO NAUFRÁGIO
TRÍNCULO E STEPHANO, MARINHEIROS BOÇAIS
    QUE ENCANTAM CALIBAN, DANDO-LHE VINHO

ÚLTIMA PEÇA QUE William Shakespeare escreveu sozinho, mas que problemas de direitos de publicação fizeram aparecer em primeiro lugar na famosa primeira edição das obras completas, o Fólio de 1623.

A tempestade não só é uma obra-prima como também uma das mais queridas e populares peças de Shakespeare. É tão leve, capta tão bem o clima do conto de fadas, que nem sempre o público se dá conta da densidade e da riqueza que a peça contém quando propõe a reflexão sobre a polêmica entre o natural e o cultivado, bem como sobre o bom e o mau governo.

A ação começa com a tempestade que, por mágica, Próspero, o banido duque de Milão, provocou. O mau tempo traz até a ilha a nau onde estão Alonso, rei de Nápoles, seu irmão Sebastian, Antônio, irmão de Próspero, que lhe usurpou o trono, Gonzalo, um nobre de Milão, e membros da tripulação; eles voltavam do casamento de uma filha de Alonso. Tudo começa no momento do naufrágio, durante o qual Shakespeare, mais uma vez, mostra como o homem comum, que trabalha em seu ofício, é mais objetivo e sensato do que os nobres a quem serve. Quando Gonzalo e Sebastian sobem ao convés para ver como estão indo as coisas, entram em gostoso conflito com o contramestre:

CONTRAMESTRE

> Não estão ouvindo? Estão atrapalhando o serviço; Fiquem nos camarotes; estão ajudando a tempestade.

GONZALO

Não, meu amigo; tenha paciência.

CONTRAMESTRE

Quando o mar a tiver. Fora! O que é um rei para estas ondas? Pros camarotes! Silêncio! Não atrapalhem!

GONZALO

Muito bem; mas lembre-se de quem tem a bordo.

CONTRAMESTRE

Ninguém de quem eu goste mais do que de mim mesmo. O senhor é conselheiro; se puder calar os elementos e trazer paz ao presente, nós não tocamos mais uma só corda; use a sua autoridade. Mas se não puder, dê graças por ainda estar vivo e vá preparar-se no camarote para os riscos do que pode acontecer numa hora desta.

A seguir, vem a longa cena explanatória em que Próspero, finalmente, conta à filha, Miranda, como e por que eles vieram parar na ilha. A moça se mostra preocupada com o sofrimento dos que estão na nave; de longe, ela vê que correm perigo de vida e acredita que a tempestade é provocada pelo pai e, assim, lhe pede que tenha cuidado com aquelas vidas. O pai então lhe conta:

O meu irmão, seu tio, que é Antônio,

Peço que note como pode um irmão
Ser assim pérfido... Aquele a quem,
Fora você, mais amava no mundo,
Fiz administrador do meu Estado,
O primeiro daquele principado,
Como era Próspero o primeiro duque,
Não só por dignidade, mas por ímpar
Nas artes liberais, por cujo estudo
Entreguei o governo ao meu irmão,
Tornando-me um estranho ao meu Estado,
Estudando o secreto. O tio falso...
(...)
Quando aprendeu a atender pedidos,
Como se os nega, se promove e a quem,
Se pune por querer demais, refez
Os quadros que eu criara, por mudá-los
Ou criar novos; já que tinha as chaves
De todo posto, afinou corações
Em tons que o agradassem; transformou-se
Na hera que sugava a minha seiva
E me ocultava.
(...)
Sem nada separando o seu papel
De quem o interpretava, precisou
Ser o próprio Milão
(...)
Para reinar,
Arbitrou-me incapaz, e arreglou,
Sequioso do poder, com o rei de Nápoles,

> Pagar tributo e render-lhe homenagem,
> Avassalar-se à coroa maior,
> E curvar o ducado então altivo
> E jamais subjulgado... Ai, Milão!

Como se não bastasse usurpar a coroa, Antônio ainda foi mais cruel ao mandar embarcar Próspero e a filhinha de dois anos em um casco podre, sem velas e abandonando-os em alto-mar. Só a bondade de Gonzalo os ajudou, pois às escondidas encheu a nave de vestimentas, alimentos e, o mais importante para Próspero, os livros aos quais se dedicava. O acaso os trouxe à ilha onde há doze anos vivem, com o serviço de dois escravos, Ariel – um espírito benigno, claro, alegre, apto a seguir o raciocínio e os desejos de Próspero – e Caliban – o sub-humano, incapaz de beneficiar-se de estudo ou cultivo, sempre revoltado com o cumprimento dos trabalhos mais pesados. Caliban tem em Próspero um usurpador de sua ilha:

> A ilha é minha, da mãe Sycorax,
> Que você me tirou. Logo que veio,
> Me afagava, mimava, ia me dando
> Umas frutinhas, e ainda me ensinou
> A chamar a luz grande e a pequena
> Que queimam, dia e noite. E eu te amava,
> E mostrei a você tudo na ilha –
> As fontes, onde é estéril e onde é fértil.
> (...)

Eu era rei. Você me fez de porco
Nesta pedra, guardando pra você
A ilha toda.

Os náufragos salvam-se todos. Próspero manda Ariel separar os passageiros e adormecer a tripulação. O primeiro a aproximar-se da caverna de Próspero é Ferdinando, o filho do rei de Nápoles. Cantando, Ariel o atrai para onde quer. Perdido, Ferdinando pensa que seu pai morreu e essa impressão é reforçada por uma canção de Ariel:

FERDINANDO

De onde vem a canção? Da terra ou do ar?
Já não se ouve; e estou certo que serve
Algum deus desta ilha. Ali, sentado,
Chorando inda uma vez o pai perdido,
Vinda das águas ouvi essa música
Acalmando sua fúria e minha dor
Com sua melodia. Eu a segui,
Ou ela me atraiu. Mas acabou.
Não; já começou de novo.

ARIEL

Teu pai repousa a cinco braças;
Seus olhos hoje são coral,
Em pérolas seus olhos traças,
Nada dele acaba, afinal.
É só mudado pelo mar

Em algo rico, algo sem par.
Ninfas, seus sinos vão dobrar,
Ding, dong, ouço badalar
Ding, dong.
Ouve! Ouve, eu ouço – Ding, dang, dong.

Miranda o vê, julga ser algum espírito, mas Próspero lhe diz que não, que é um dos humanos náufragos. Quando Ferdinando a vê, julga ser a deusa a que esses misteriosos ares da ilha obedecem. Ao falar com ela, o rapaz se apresenta como rei de Nápoles, pensando de fato sê-lo uma vez que acreditava que o pai estava morto. Próspero, que manipula toda a situação, sem ser ouvido, indaga a si mesmo o que pensaria o pai de Ferdinando ao ouvir o que ele diz. Essa é, então, uma terceira usurpação. Próspero planejou aquele encontro e seu desejo é mesmo que os jovens se apaixonem à primeira vista. Mas, para que Ferdinando não possa considerar Miranda conquista fácil, ele usa seus recursos mágicos. Ele impede o jovem de usar a espada para lutar por ela e o condena a carregar lenha para sua cela, tarefa que costuma ser executada por Caliban.

O segundo ato mostra outro grupo perdido: Alonso, Sebastian, Antônio, Gonzalo, Adriano e Francisco, os dois últimos nobres do séquito de Alonso. Gonzalo insiste que o rei deve ficar contente de ter sobrevivido, mas Alonso está arrasado com a morte do filho. Sebastian e Antônio debocham de Gonzalo o tempo todo, e nem mesmo Alonso ouve o que ele diz, pois não quer pensar em nada senão no filho perdido. De todo o grupo, só Gonzalo se encanta com as belezas da ilha, um mundo intocado. Tentando manter um diálogo com o rei, ele descreve, inspirado pelo cenário à sua volta como governaria a ilha caso ela fosse sua:

GONZALO

Pro bem-estar geral eu, contra os hábitos,
Faria tudo. Pois nenhum comércio
Admitiria. E nem magistrados;
Nada de letras. Riqueza e pobreza,
Qual serviços, nada. Nem sucessões,
Contratos, vinhas, limites de terra;
Nem uso especial de metais, milho, óleo ou vinho.
Nenhuma ocupação. No ócio o homem,
Como a mulher, mas puros e inocentes,
Nada de soberanias.
(...)
A natureza fartaria a todos
Sem esforço ou suor. Traição e crime,
Espada, facas ou necessidade
De todo engenho eu jamais teria,
Pois de si jorraria a natureza
Em abundância sua colheita boa,
Pr'alimentar o meu povo inocente.

Os dois vilões caçoam muito da utopia de Gonzalo, e Ariel aparece com sua música, fazendo Adriano, Francisco e Gonzalo adormecerem até que, com a garantia de que

Sebastian e Antônio guardariam seu sono, Alonso também adormece. Antônio, que está gozando o ducado do irmão, aproveita a ocasião para estimular Sebastian a fazer o mesmo que ele, apossando-se da coroa do irmão para reinar em seu lugar, planejando, portanto, mais uma usurpação.

Fica combinado que, aproveitando o sono dos companheiros, Antônio matará Alonso e Sebastian matará Gonzalo, pois sem testemunhas os dois poderão narrar como quiserem a morte do rei de Nápoles. Alertado por Próspero sobre essa possibilidade, Ariel entra e, quando os dois estão já com o braço levantado para o golpe de espada, Gonzalo desperta, acorda o rei, e a dupla do mal improvisa, dizendo que estão de espada em punho porque haviam sido ameaçados por criaturas estranhas e estavam defendendo o rei.

Em outra parte da ilha, Caliban, que estava carregando lenha, deita-se para descansar; Trínculo, o bobo do rei Alonso, o encontra e o examina, não sabendo resolver se o que encontrou é um ser humano ou não:

O que é isso? É homem ou peixe? Morto ou vivo? É peixe! O cheiro é de peixe; um fedor muito antigo e peixoso; uma espécie de badejo nada novo. Que peixe esquisito. Se eu estivesse na Inglaterra, agora, como já estive, e mandasse pintar esse peixe, não passava um otário de um forasteiro que não me desse por ele uma moeda de prata; lá, qualquer monstro faz um homem de qualquer um: não dão um vintém pra aliviar um mendigo, mas desperdiçam dez para ver um índio morto. (...) Ai, ai, ai, lá vem a tempestade de novo! Melhor eu me enfiar debaixo da capa dele; a miséria traz para a gente uns companheiros de cama muito esquisitos. Vou me embrulhar aqui até acabarem as últimas gotas de tempestade.

Nisso chega Stephano, o bêbado mordomo do rei, cantando e com uma garrafa na mão. Stephano pensa que as quatro pernas que saem de baixo da capa à sua frente pertencem a algum monstro da ilha com febre terçã e lhe oferece bebida, com a intenção de capturá-lo. Trata-se, é claro, de Caliban e Trínculo, abrigados da tempestade debaixo da mesma capa. Logo, Trínculo e Stephano se reconhecem mutuamente e comemoram o reencontro. Caliban, por sua vez, inicialmente pensa que os dois são espíritos malignos mandados por Próspero para deixá-lo enlouquecido; depois que bebe o "miraculoso licor" de Stephano, entretanto, jura que será seu escravo para sempre e ensinará aos dois todos os encantos da ilha, com a única condição de eles matarem o monstro estudioso que há doze anos o tem maltratado, e ainda lhes oferece Miranda para ser rainha da ilha.

Enquanto isso, Miranda chora ao ver o trabalho que Ferdinando tem para conquistá-la e os jovens trocam juras. Próspero, invisível, vê tudo e fica contente com o amor dos dois, dizendo que agora só falta o banquete.

Caliban leva os idiotas bêbados para conhecer a ilha e faz uma linda descrição do lugar, talvez com a intenção de mostrar que, quando não provocado em seu primarismo nato, ele pode se tornar bem melhor:

Não tenha medo; há ruídos na ilha,
Sons, árias doces; dão gosto e não ferem.
Saibam que, às vezes, mil cordas tangidas
Murmuram-me ao ouvido; outras, vozes
Que, se eu acordo depois de um bom sono,
Me adormecem de novo; e então, sonhando,
Nuvens que se abrem mostram-me tesouros
Prontos para chover em mim e, acordando,
Choro para sonhar de novo.

Enquanto Gonzalo se diz tão cansado a ponto de não conseguir dar mais nem um só passo, ele e Alonso se afastam para dormir um pouco. Antônio e Sebastian combinam que, à noite, quando todos forem dormir, eles cumprirão seu plano de assassinar Alonso e Gonzalo. Tão logo os dois combinam o crime, Próspero, invisível, ordena que várias formas estranhas entrem carregando um banquete.

Alonso e Gonzalo agradecem a aparição de tão lindo e farto banquete, mas os dois vilões dizem que tudo deve estar envenenado e não comem. Quando finalmente resolvem comer, há uma tempestade, o banquete desaparece, e Ariel tem uma fala que faz Alonso e Gonzalo lembrarem a hora da usurpação do trono de Milão e o que foi feito a Próspero e Miranda.

O ato IV começa diante da cela de Próspero, quando ele resolve dar um presente aos jovens apaixonados. Ele chama Ariel para providenciar tudo, e então há uma *masque*, forma dramática muito usada nessa época em festejos.

Para abençoar a união de Miranda e Ferdinando aparecem, em sequência, as deusas Íris, Céres e Juno, que abençoam o casal e a futura vida em comum, e ainda seus filhos. Ao término do espetáculo, Próspero tem uma das mais famosas falas da peça:

> Nossa festa acabou. Nossos atores,
> Que eu avisei não serem mais que espíritos,
> Derreteram-se em ar, em puro ar;
> E como a trava vã desta visão,
> As torres e os palácios encantados,
> Templos solenes, como o globo inteiro,
> Sim, tudo o que nos envolve vai sumir
> Sem deixar rastro. Nós somos do estofo
> De que se fazem sonhos; e esta vida
> Encerra-se num sono.

Próspero dá ordens a Ariel para assustar Caliban, Trínculo e Stephano, e os três, atraídos por peças de roupa coloridas, são depois expulsos por espíritos em forma de cães, que os perseguem e os fazem sair correndo.

O último ato começa com Próspero muito satisfeito com tudo o que os espíritos têm feito; ele garante a Ariel que, quando concluir seu plano, o libertará para sempre. Ariel informa que deixou Alonso e seus companheiros em suspenso, paralisados, aguardando as ordens de Próspero, e este, que vai enfrentar os humanos, de quem tanto queria vingar-se, agora pensa em outros termos, por isso se despede de sua mágica:

Oh elfos das colinas, rios, vales,
Que sem jamais deixar marcas da areia,
A fuga de Netuno perseguis
E cavalgais a glória do refluxo!
Oh, vós, semidemônios que talhais
O leite que não bebem as ovelhas,
E vós, cuja alegria à meia-noite
É fazer cogumelos que jubilam
Se a noite chega; que por sua arte –
Embora fôsseis vós bem fracos mestres –
Escureci o sol do meio-dia,
O tumulto dos ventos reclamei,
E entre o verde do mar e o azul do céu
Criei a guerra, e ainda incendiei
O trovão que alucina, estraçalhando
De Júpiter o tronco do carvalho
Com o próprio raio – e o vasto promontório
Sacudi; e das bases arranquei
O pinho e o cedro; sob o meu comando
As tumbas libertaram seus defuntos,
Graças à minha arte. Mas tal mágica
Aqui renego; e quando houver pedido
Divina música – como ora faço –
Para alcançar meus fins pelos sentidos
Que tal encanto toca, eu quebro a vara,

Enfio muitas barcas terra adentro,
E, mais profundo que a mais funda sonda,
Enterrarei meu livro.

Ariel agora traz o grupo principal ligado à usurpação de doze anos antes; ao reconhecer Próspero, Alonso pede perdão pelo apoio dado a Antônio que, sem sofrer punições especiais, fica reduzido a figura sem importância, devolvendo o ducado ao irmão. Ante a tristeza de Alonso com a perda do filho, Próspero abre a cortina da porta da cela e revela Miranda e Ferdinando, que jogavam xadrez. É perfeito o clima de reconciliação, graças em boa parte ao amor dos filhos, e é com ele que, de certo modo, Shakespeare se despede do teatro.

PASSANDO O BASTÃO

HENRIQUE III (1614)

LOGO DEPOIS DE ESCREVER *A TEMPESTADE*, William Shakespeare resolveu se aposentar e voltar a viver, como abastado e importante cidadão, em Stratford-on-Avon, onde comprara New Place, a segunda maior casa da cidade. Por razões que não conhecemos, the King's Men, como passou a ser chamada a companhia para a qual Shakespeare escreveu a totalidade de suas peças conhecidas, pediram socorro ao antigo dramaturgo principal, e ele colaborou com o jovem John Fletcher, herdeiro de sua posição, para escrever *Henrique VIII*. Há dúvidas sobre o que exatamente Shakespeare escreveu do diálogo, mas é tido como certo que a mão dele aparece em boa parte da estrutura da peça.

HENRIQUE VIII
(1614)

PERSONAGENS

HENRIQUE VIII
HENRY WOLSEY, ARROGANTE CARDEAL DE YORK,
CHANCELER DO REINO, QUE ACABA CAINDO EM DESGRAÇA
CRANMER, LÍDER PROTESTANTE QUE SERÁ
O NOVO CARDEAL DE CANTERBURY, DE CONFIANÇA DO REI
CATARINA DE ARAGÃO, MULHER DO REI, DE QUEM
ELE QUER SE DIVORCIAR
ANA BOLENA, AIA DA RAINHA, COM QUEM
HENRIQUE QUER SE CASAR
DUQUE DE BUCKINGHAM, PODEROSO AMIGO DO REI,
QUE WOLSEY CALUNIA E DESTRÓI, PORQUE PRETENDIA
DENUNCIAR O CARDEAL AO REI
LORDE ABERGAVENNY, GENRO DO DUQUE DE BUCKINGHAM,
TAMBÉM CONDENADO DUQUE DE NORFOLK,
DUQUE DE SUFFOLK E CONDE DE SURREY, NOBRES QUE LEVAM
A WOLSEY A NOTÍCIA
DE SUA QUEDA
CROMWELL, QUE É FIEL A WOLSEY ATÉ A MORTE, MAS DEPOIS
FARÁ GRANDE CARREIRA SERVINDO A HENRIQUE VIII

DE 1594 ATÉ A TEMPORADA 1611–12, para a qual escreveu *A tempestade*, Shakespeare escreveu teatro exclusivamente para a companhia Lord Chamberlain's Men, que depois passou a chamar-se The King's Men, onde ele era o dramaturgo principal. Quando resolveu aposentar-se e voltar a morar em Stratford-upon-Avon, onde nasceu e cresceu, foi substituído na companhia por John Fletcher, um jovem dramaturgo bem mais moço e muito mais empenhado em agradar a plateia da corte e do pequeno Blackfriars, onde os espetáculos eram à noite, à luz de velas, e muito mais caros que nos populares Theatre e Globe, as duas grandes salas a céu aberto que atendiam público variado amplamente servido pela dramaturgia elisabetana.

Shakespeare morava já em Stratford quando lhe chegou a encomenda de uma nova peça, que seria escrita com Fletcher. As discussões sobre o que é de Shakespeare e o que é de Fletcher em *Henrique VIII* não têm fim, e toda espécie de teoria tem sido propagada como a solução do mistério, mas todas elas têm se mostrado pouco perenes, durando só até o surgimento da próxima teoria.

A ação começa com uma conversa entre o duque de Norfolk, o duque de Buckingham e seu genro, lorde Abergavenny. Eles falam sobre o esplendor e o desperdício do chamado "campo do lamê dourado", no qual fora assinado um tratado de paz entre Inglaterra e França. Buckingham pensa que o acordo não tem força nem oferece vantagens para a Inglaterra, e acusa o cardeal Wolsey de ser o responsável por tudo, e de insuflar a discórdia entre o rei e sua esposa, Catarina de Aragão, há mais de duas décadas. Extraoficialmente sabia-se que a ideia era fazer o rei casar-se com uma princesa francesa. Buckingham está dizendo que irá ao rei denunciar Wolsey quando chega uma escolta para prender o próprio Buckingham por traição.

Na cena seguinte, a rainha Catarina interrompe uma reunião do rei para reclamar contra novos impostos que oprimem os pobres; Henrique sequer sabia do fato e ordena que Wolsey cancele tais cobranças. O cardeal dá instruções ao seu secretário para anunciar o cancelamento de forma a dar a entender que o benefício fora conseguido por ele, Wolsey. A rainha pede também por Buckingham, mas não adianta. O episódio serve para mostrar a força de Wolsey e o quanto ele domina o rei, servindo-se dos recursos mais sórdidos para alcançar seus objetivos. O cardeal chega a comprar um ex-funcionário de Buckingham, demitido por desonestidade, para acusá-lo de traição e desvio de verbas.

Para comemorar a "vitória" na França, Wolsey dá uma festa à qual comparecem as mulheres mais belas da Inglaterra, e onde Henrique conhece Ana Bolena.

O julgamento fraudado de Buckingham explora o fato de ele ser o herdeiro presumível do trono caso Henrique não tenha um filho homem. O rei, após conhecer Ana Bolena, começa a preocupar-se muito com a possível ilegitimidade de seu casamento, para o qual foi necessária permissão papal especial, já que Catarina era viúva de seu irmão. Ana Bolena é dama da corte da rainha e a defende sempre que possível, condenando as infidelidades de Henrique. Mas sua fidelidade à rainha começa a vacilar quando ela recebe o título de marquesa de Pembroke, e uma renda anual de mil libras.

Chocado com as atenções que o rei está dando a uma protestante, Wolsey sugere que o Vaticano demore para conceder o divórcio pedido. Ele tenta convencer Catarina a aceitar seu auxílio no caso, porém ela não confia nele. Por engano de Wolsey, cai nas mãos do rei uma cópia da carta enviada ao papa e um inventário de toda a riqueza do cardeal, grande o bastante para fazer inveja ao rei. Wolsey tenta se explicar, mas, tão logo o rei o deixa, chegam Norfolk, Suffolk e Surrey, que trazem ordens de destituir o cardeal de seus cargos e títulos, ficando claro que sua própria vida agora corre perigo. Sozinho em cena, Wolsey expressa, em longo monólogo, os tristes sentimentos que lhe acometem com a perda do favor real:

> É um longo adeus à grandeza que eu tive.
> É a condição humana; hoje germina,
> Tem folhas de esperança, depois flores
> E arca bem com o fulgor de suas honras;
> Um dia mais, vem geada mortal,
> E quando pensa em conforto e segurança
> Que amadurece, ela morde a raiz,
> E ele cai, como eu.
> (...)
> Que infeliz
> É o que depende do favor dos príncipes!

É quando entra Cromwell, seu secretário, que Wolsey tem seu mais interessante diálogo em toda a peça; com a queda, a perda da fortuna e dos privilégios, ele revê valores e aprofunda reflexões:

E nunca fui tão feliz, meu bom Cromwell;
Agora me conheço, sinto em mim
Paz acima de honrarias humanas,
Uma consciência calma. O rei curou-me,
E humilde eu lhe agradeço; destes ombros,
Colunas arruinadas, por piedade,
Tiraram carga que afunda uma esquadra.
As honras pesam, Cromwell, e são carga
Demais pra quem espera ir pro céu.

(...)

Quando eu for esquecido, e o serei,
Dormindo em mármore, e ninguém, jamais,
Falar em mim, diga que eu o ensinei;
Diga que Wolsey, que trilhou a glória,
E conheceu toda forma de honra,
O fez subir (superando a ruína)
Via segura, que o amo perdeu.
Olhe-me a queda; o que me arruinou:
Cromwell, lhe digo, abandone a ambição,
Por ela caíram anjos.

(...)

Minha batina
E a lealdade ao céu são tudo, agora,
Que ouso chamar de meu. Cromwell, Cromwell,
Servisse eu a Deus com meio zelo
Do que ao rei eu dei, e não 'staria
Agora nu ante o inimigo.

Arrependido, Wolsey é preso por traição e morre antes do julgamento. E nesse meio-tempo Henrique se casa, em segredo, com Ana Bolena.

Os escrúpulos do rei quanto ao divórcio, e a recusa de Catarina de comparecer ao seu julgamento, levam Cranmer, o novo arcebispo de Canterbury, a anular o casamento com Catarina de Aragão. Enquanto a nova rainha está sendo coroada, a ex-rainha, muito doente, amparada por seus poucos servos fiéis, tem uma grande visão enquanto dorme: espíritos da paz, em vestes brancas, aproximam-se e a coroam com uma guirlanda de flores. Logo depois, tendo recomendado a filha e os servos fiéis ao rei, ela morre.

Cranmer, o grande teólogo da nova religião, o anglicanismo, tem agora a mesma importância que tivera Wolsey, e a nobreza católica o considera "arqui-herege" e corruptor de todo o país. Henrique confia tanto nele e em sua integridade que permite que seja julgado pelos nobres, dando antes ao novo cardeal um anel seu, para sua segurança. Os nobres agem da pior maneira para com Cranmer; deixam-no esperando na antessala só com os empregados, e, quando o julgam, ele só escapa da condenação e da morte porque apresenta o anel do rei. Henrique, que tudo observara sem ser visto, repreende os nobres e, para dar prova mais forte de sua confiança e amizade por Cranmer, convida-o para ser padrinho da filha que Ana Bolena lhe dá. No final da peça o texto avança para o futuro, com a fala do cardeal sobre a nova princesa:

> Esta infanta real – que Deus a guarde –
> Embora inda no berço, já promete
> Bênçãos mil a esta nossa terra,
> Que florirão com o tempo. Ela há de ser
> (Embora não vivamos para vê-lo)
> Modelo aos príncipes de sua época,
> E aos que virão depois. Nunca Sabá
> Foi tão rica em virtudes condizentes
> Quanto esta alma pura. Todas as graças
> Principescas fazem dela algo ímpar,
> E todas as virtudes que o bem cercam
> São duplas nela. Nutriu-a a verdade;
> Seus guias são os santos pensamentos;
> Temida e amada, terá do povo bênçãos;
> Seu inimigo, qual trigal ao vento,
> Curva-se à dor: o bem cresce com ela;
> Com ela o povo há de comer em paz,
> Sob a vinha que planta, e cantará
> Cantos alegres de paz com os vizinhos.

Em nenhuma peça só de sua autoria Shakespeare fez tantos elogios à Coroa, embora tenha vivido no auge do reinado de Elizabeth, mas Fletcher, muito mais moço, é produto do superficial reino de James I, que parecia viver como se cada dia fosse o último.

BIBLIOGRAFIA

H.A. Watt, K.J. Holzknecht e R. Ross. *Outlines of Shakespeare' Plays*, Barnes & Noble, Nova York, USA.

WILLIAM, Shakespeare. *Obra completa*, edição Arden, Methuen & Co. Ltd., Londres, Inglaterra.

_____. *Tragédias*, Nova Aguilar, Rio de Janeiro, Brasil.

_____. *Obra completa*, edição Penguin, Penguin Books Ltd., Harmondsworth, Middlesex, Inglaterra.

_____. *Comédias*, Nova Aguilar, Rio de Janeiro, Brasil.

_____. *1,2,3, Henry VI, Rei João, Henrique VIII*, trad. Barbara Heliodora, inéditas.

Este livro foi editado na Cidade de São Sebastião do Rio de Janeiro
e publicado pela Edições de Janeiro na primavera de 2014. O texto
foi composto com as tipografias Garamond Premier e ITC Johnston e
impresso em papel Pólen Soft 70 g/m² nas oficinas da gráfica Edelbra.
Este é um exemplar da primeira reimpressão, feita em fevereiro de 2015.